D1667223

REDLINE WIRTSCHAFT

Kai Christian Dietrich
Petra Hirscher

Musterbeschwerdebriefe

REDLINE WIRTSCHAFT

Kai Christian Dietrich/Petra Hirscher
WISO Musterbeschwerdebriefe
Schadenersatzforderungen / Garantieansprüche / Mahnungen / Rechnungskürzungen
Frankfurt: Redline Wirtschaft, 2004
ISBN 3-636-01103-0

Unsere Web-Adresse:
http://www.redline-wirtschaft.de

Umschlag: INIT, Büro für Gestaltung, Bielefeld
Coverabbildung: Zefa, Düsseldorf
Copyright © 2004 by Redline Wirtschaft, Redline GmbH, Frankfurt/M.
Ein Unternehmen der Süddeutscher Verlag Hüthig Fachinformationen

Juristische Prüfung: Silke Möhring, Frankfurt/Main
Koordination: Medienagentur Drews, Augsburg

Satz: Sachartschenko & Spreitzer OEG, Wien
Druck: Himmer, Augsburg
Printed in Germany

Inhaltsverzeichnis
WISO Musterbeschwerdebriefe

Vorwort

Vielleicht kennen Sie den Spielfilm „Falling Down". Michael Douglas spielt darin einen verbitterten, von seiner Familie getrennt lebenden Mann. Eines Tages, die Sonne scheint heiß auf Los Angeles, steht er im Stau. Plötzlich lässt er sein Auto stehen und rastet aus. Ab jetzt will er sich wehren, will sich nichts mehr gefallen lassen. Mit allen Menschen, die ihm ab jetzt „quer" kommen, wird „kurzer Prozess" gemacht.

Ich muss hin und wieder an diesen Film denken. Wenn ich mich über meine Krankenversicherung ärgere, die nicht zahlt. Oder darüber, dass meine nagelneue Satellitenschüssel nicht so funktioniert, wie sie soll. Wenn mal wieder der bestellte Handwerker nicht kommt oder dann, wenn er da ist, „Mist" baut. Situationen wie in „Falling Down" gibt es eigentlich jeden Tag. Die Frage ist doch immer: Setze ich mich zur Wehr, und wenn ja, wie?

Natürlich sollte am Anfang einer berechtigten Beschwerde ein sachliches Gespräch mit dem Verursacher des Mangels stehen. Darin sollte der Betroffene freundlich, aber bestimmt die Mängel aufzählen und Abhilfe fordern. Doch nicht jeder Händler/Banker/Handwerker usw. hat dafür ein offenes Ohr. Und nicht jeder Betroffene kann sich so ausdrücken, dass ihn sein Gegenüber wirklich versteht oder verstehen will.

Dann hilft es vielleicht, das Problem in einem Beschwerdebrief zu schildern. Weil nicht jeder Jurist ist oder die richtigen Worte bei der Hand hat, gibt es in diesem Buch über 80 Musterbriefe. Mitunter reicht es sogar, nur den jeweiligen Brief zu kopieren beziehungsweise leicht zu verändern, die Adresse einzusetzen und das Ganze abzuschicken. Denn die Schriftform hat einen weiteren Vorteil: Sie hilft Missverständnissen vorzubeugen. Und in manchen Fällen sind Briefe sogar unerlässlich: zum Beispiel bei der Schadenmeldung für die Versicherung oder bei der Kündigung eines Versicherungsvertrages.

Wenn auch das nicht weiterhilft, bleibt vielleicht nur der Gang zum Anwalt. Doch gerade dann stellt sich die Frage nach Nutzen und Kosten, zumal für den, der keine Rechtsschutzversicherung hat oder wenn diese nicht zahlen will. Eine mögliche preisgünstige Alternative zum Anwalt ist der Gang zu einer Verbraucherberatung. Jedes Bundesland verfügt meist in der jeweiligen Landeshauptstadt über eine Verbraucherzentrale, über die jeder schnell die Adresse einer Beratungsstelle in seiner Nähe erhält (die Adressen der Verbraucherzentralen finden Sie übrigens am Ende dieses Buches). Immer mehr in Mode kommt auch der alte Spruch: „Schlichten ist besser als richten!" Aus Schweden hat der „Ombudsmann" den Weg in immer mehr Branchen bei uns gefunden, außerdem gibt es für verschiedene Berufsgruppen Schieds- oder Schlichtungsstellen.

Michael Douglas „löste" seine Probleme ohne Worte – mit der Waffe in der Hand. Am Ende des Films war er allerdings tot. Wer lieber noch länger – und in Freiheit – leben will, für den ist dieses Buch dabei hoffentlich eine wertvolle Hilfe.

Kai Christian Dietrich
Mainz, im September 2004

Hinweis:
Auf der beiliegenden CD finden Sie alle im Buch enthaltenen Musterbeschwerdebriefe im Word-Format zum Ausdrucken. Geben Sie jeweils Ihre persönlichen Angaben (Adressen, Datum, Sachverhaltsschilderung usw.) ein – und schon ist Ihr persönlicher Beschwerdebrief fertig zum Ausdrucken und Abschicken.

I. Wie Sie zu Ihrem Recht kommen – auch ohne Anwalt

1. Heute schon reklamiert?

Es gibt viele Gründe, um zu reklamieren. Nennen Sie es Reklamation, Beanstandung oder Beschwerde: Im Rahmen eines Rechtsgeschäfts kann der Betroffene – juristisch gesprochen – Rücktritt oder Minderung geltend machen.

Reklamationsgründe sind:

... wenn der Händler den vereinbarten Liefertermin nicht einhält oder die zumutbare Lieferfrist überschreitet. Sie sollten dann zunächst mündlich eine Nachfrist setzen und Ihrer Forderung schriftlich Nachdruck verleihen. Die zumutbare Nachfrist richtet sich nach der Länge der vereinbarten Lieferfrist. Bevor Sie gegen den Verkäufer vorgehen, müssen Sie die Lieferung angemahnt haben. Ihre Mahnung muss erkennen lassen, dass das Ausbleiben der Lieferung für den Verkäufer Folgen haben wird.

... wenn das Produkt einen Mangel aufweist. Man spricht von mangelhafter Ware, wenn sie sich zum vorgesehenen Gebrauch nicht eignet oder wenn Ihnen zugesicherte Merkmale und Eigenschaften der Ware, die für ihren Wert wichtig sind, fehlen. Dann haben Sie gesetzliche Gewährleistungsansprüche. In den ersten sechs Monaten nach Kauf sind Ihre Rechte als Käufer am stärksten.

Kostenvoranschläge

Wegen der ungenauen gesetzlichen Bestimmungen sind Kostenvoranschläge auch beliebte Beschwerdegründe. Lohnt sich die Reparatur? Kann ich mir die Renovierung leisten? Bei Werkverträgen, zum Beispiel mit Reparaturwerkstätten oder Handwerkern, hat man durch einen Kostenvoranschlag eine überschlägige Berechnung der voraussichtlich im Rahmen des Werkvertrags entstehenden Kosten in Händen. Als Kunde haben Sie damit die Möglichkeit, Preise zu vergleichen und Ihre Ausgaben zu kalkulieren. Wird dieser Kostenvoranschlag wesentlich überschritten, können Sie als Besteller den Werkvertrag kündigen. Der Anbieter darf den dort fixierten Betrag nur um höchstens 10 bis 20 Prozent überschreiten. Sollte sich während der Arbeiten herausstellen, dass die Kosten die 20-Prozent-Schmerzgrenze übersteigen, muss Sie der Unternehmer darauf hinweisen. Sie haben dann das Recht, den Vertrag zu kündigen und nur die bereits geleistete Arbeit zu bezahlen. Obwohl Kostenvoranschläge laut Bundesgerichtshof grundsätzlich unverbindlich sind, können Sie zum Beispiel mit dem Handwerker auch einen verbindlichen Kostenvoranschlag vereinbaren. Dieser gilt dann als Festpreis, der einzuhalten ist.

Wenn Sie einkaufen

Wir alle tun es, oft täglich – und denken dabei kaum im Detail darüber nach, was wir da eigentlich tun: Was passiert beim Kauf? Die Geschäfte zwischen dem Kaufmann und seinen Kunden sind in rechtlicher Hinsicht Kaufverträge. Das Bürgerliche Gesetzbuch (BGB) bezeichnet den Kauf als gegenseitigen Vertrag, meint also den Austausch von Waren gegen Geld. Dazu § 433 BGB:

„(1) Durch den Kaufvertrag wird der Verkäufer einer Sache verpflichtet, dem Käufer die Sache zu übergeben und das Eigentum an der Sache zu verschaffen. Der Verkäufer hat dem Käufer die Sache frei von Sach- und Rechtsmängeln zu verschaffen.

(2) Der Käufer ist verpflichtet, dem Verkäufer den vereinbarten Kaufpreis zu zahlen und die gekaufte Sache abzunehmen."

Der Kaufmann beziehungsweise der Verkäufer muss die Ware aushändigen und ist zur Übertragung des Eigentums an ihr verpflichtet. Im Gegenzug dafür hat der Käufer den vereinbarten Kaufpreis zu zahlen und den Kaufgegenstand abzunehmen. Zum Thema „Kauf" gibt es diverse Varianten, zum Beispiel den „Kauf auf Probe", bei dem die Billigung der Ware im Belieben des Käufers steht, will sagen: „gefällt mir, nehme ich" – „gefällt mir jetzt doch nicht, ich verzichte". Für den „Kauf auf Raten" gilt das Verbraucherkreditgesetz, für den Kauf per

Versandhandel oder Internet das in das BGB integrierte Fernabsatzgesetz. Sowohl Käufe auf Raten wie „aus der Ferne" kann man binnen zwei Wochen widerrufen. Stellt der Käufer weitere Kaufabschlüsse unverbindlich in Aussicht, spricht man vom „Kauf zur Probe". Ein „Kauf nach Probe" findet statt, wenn ein Muster die Beschreibung der Ware ersetzt. Ein „Kauf unter Eigentumsvorbehalt" erfolgt in der Regel, wenn der Verkäufer die Ware sofort liefert, der Kunde aber erst später zahlt. Erst mit der vollständigen Bezahlung des Kaufpreises oder der letzten Kaufpreisrate wird die Ware das Eigentum des Erwerbers.

Und wie ist das mit der Gewährleistung?

Wenn Sie etwas eingekauft haben, sollten Sie immer den Kassenzettel aufheben. Hört sich trivial an, die Quittung ist aber Ihr Faustpfand, um Ihr Käuferrecht im Reklamationsfall auch durchsetzen zu können! Wer Neuware kauft, kann sicher sein, dass der Verkäufer für einwandfreie Qualität haften muss. Das ist die gesetzliche Gewährleistung. Jede Zusage, dass das Produkt auch einwandfrei funktioniert, kann man im Allgemeinen als „Garantie" bezeichnen.

Mit der Schuldrechtsreform, die zum 1.1.2002 in Kraft trat, haben Sie als Käufer mehr Rechte als früher. Für Mängel haftet der Verkäufer vom Gesetz her seitdem mindestens zwei Jahre statt nur sechs Monate. In dieser Zeit haben Sie als Käufer bei Mängeln das Recht auf Rücktritt vom Kauf oder Preisminderung. Zuvor hat der Händler das Recht der zweimaligen Nachbesserung.

Diese Frist gilt seit 2002 auch für Reparaturarbeiten. Als Mangel gilt seitdem auch, wenn dem Produkt eine fehlerhafte oder missverständliche Bedienungsanleitung beiliegt. Allerdings: Nach Ablauf von sechs Monaten müssen Sie als Käufer beweisen, dass der Mangel schon beim Kauf vorlag. Das kann oft schwierig bis unmöglich sein.

Beim Kauf von Gebrauchtwaren gilt seit 2002 neuerdings eine Gewährleistungsfrist von einem Jahr, auch beim Gebrauchtwagenkauf! Damit gehört der früher übliche Verkauf „unter Ausschluss jeglicher Gewährleistung" der Vergangenheit an. Die Frist gilt aber nicht bei Verkäufen zwischen Privatleuten oder wenn sie vorher von beiden Parteien ausdrücklich ausgeschlossen wurde.

Auf Grund der Gewährleistung hat der Schuldner (sprich: der Verkäufer, der Handwerker oder Hersteller) die gesetzliche Verpflichtung, eine Sache oder ein Werk in einwandfreiem, also mangelfreiem Zustand abzuliefern. Erfüllt der Verkäufer diese Verpflichtungen nicht, handelt es sich um eine „Pflichtverletzung". Allgemein führt jede „Pflichtverletzung" zum Schadenersatzanspruch, so § 280 Abs. 1 Satz 1 BGB. Dies gilt nur dann nicht, wenn der Schuldner die Pflichtverletzung nicht zu vertreten hat, vgl. § 276 BGB.

Die Rechte des Käufers bei Mängeln regelt § 437 BGB: „Ist die Sache mangelhaft, kann der Käufer, wenn die Voraussetzungen der folgenden Vorschriften vorliegen und soweit nicht ein anderes bestimmt ist,

1. nach § 439 Nacherfüllung verlangen,
2. nach den §§ 440, 323 und 326 Abs. 5 von dem Vertrag zurücktreten oder nach § 441 den Kaufpreis mindern und
3. nach den §§ 440, 280, 281, 283 und 311a Schadenersatz oder nach § 284 Ersatz vergeblicher Aufwendungen verlangen."

Für sämtliche Gewährleistungsansprüche gibt es Verjährungsfristen, die Sie unbedingt beachten müssen! Beim Kauf, beispielsweise, können Sie Ihre Ansprüche zwei Jahre geltend machen. Beeilen Sie sich, wenn Sie einen Kauf rückgängig machen oder auf Herabsetzen des Kaufpreises drängen wollen.

Schlechte Ware, Pfuscharbeit – welche Möglichkeiten haben Sie?

Welche Ansprüche können Sie anmelden, wenn feststeht, dass eine Ware fehlerhaft ist? Das kommt auf die jeweilige Situation an, aber grundsätzlich bestehen verschiedene Wahlmöglichkeiten. Beim Kauf sind das: Rücktritt, Minderung, Umtausch und Schadenersatz.

Rücktritt bedeutet, dass Sie verlangen, den Kaufvertrag rückgängig zu machen: Sie geben die defekte Ware zurück, der Händler muss den Kaufpreis zurückerstatten. Sie brauchen keine Gutschrift zu akzeptieren. Eine weitere Alternative ist die **Minderung** des Kaufpreises. Sie lösen bei dieser Variante den abgeschlossenen Kaufvertrag nicht auf, sondern behalten das Produkt. Sie haben dann einen Anspruch auf die verhältnismäßige Herabsetzung des für die Ware bezahlten Kaufpreises. Dadurch erstattet Ihnen der Kaufmann einen Teil des gezahlten Preises. Ist die Ware schon bezahlt, fordern Sie die Differenz zwischen dem bezahlten und dem geminderten Kaufpreis zurück. Haben Sie noch nicht bezahlt, entrichten Sie nur den geminderten Kaufpreis. Die dritte Wahlmöglichkeit, der **Umtausch** (fehlerfreie Ersatzlieferung), kommt ausschließlich bei Serienprodukten zum Tragen. Gegen Rückgabe der fehlerhaften Ware kann der Kunde ein mangelfreies Stück verlangen. Wann können Sie als Kunde **Schadenersatz** verlangen? Wenn Ihnen der Kaufmann oder seine Verkäufer eine bestimmte Wareneigenschaft zugesichert haben, die nun aber fehlt. Das gilt auch für den Fall, dass der Verkäufer einen Fehler arglistig verschwiegen hat.

Ihre Ansprüche beim Werkvertrag sind Selbstvornahme, Minderung, Rücktritt und Schadenersatz. Beim Reisevertrag: Minderung, Schadenersatz, Abhilfeverlangen. Dazu jedoch später.

Aber was ist, wenn Sie zum Beispiel erst zu Hause entdecken, dass Ihnen die Farbe der gekauften Jacke nicht mehr gefällt? Oder Sie sehen das gute Stück bei der Konkurrenz billiger? Tja, das sind leider keine Umtauschgründe. Im Bürgerlichen Recht gibt es den Grundsatz, dass einmal geschlossene Verträge eingehalten werden müssen. Somit besteht auch grundsätzlich kein Rechtsanspruch auf Umtausch einer mangelfrei gelieferten Ware. Sollte Ihr Kaufmann die Jacke zurücknehmen, ist dies sein persönliches Entgegenkommen. Er ist aber dazu berechtigt, die Rücknahmebedingungen der Ware selbst zu bestimmen. Ob er Ihnen also eine andere Jacke, Geld zurück oder einen Gutschein anbietet, liegt in seinem Ermessen.

Garantie und AGB

Ein anderes Paar Stiefel als die gesetzliche Gewährleistung ist die Übernahme einer Garantie. Die Leistungen im Rahmen einer Garantie, also ihr Inhalt, Umfang und Garantiefrist, müssen immer vertraglich ausdrücklich vereinbart sein. Garantiezusagen stehen in der Regel neben den gesetzlichen Gewährleistungsansprüchen. Eine freiwillige Serviceleistung des Herstellers sind Garantiekarten, die dem Produkt beiliegen. Damit verpflichtet sich der Hersteller zum kostenlosen Austausch fehlerhafter Teile innerhalb einer bestimmten Frist; wer die Arbeitskosten übernimmt, muss bei diesem Angebot aber extra geklärt werden.

In vielen Branchen des Einzelhandels werden beim Abschluss des Kaufvertrages allgemeine Geschäftsbedingungen (AGB) vereinbart, die die Kundenrechte im Reklamationsfall teilweise einschränken können. Der Verkäufer behält sich zum Beispiel in seinen AGB meistens vor, den Mangel zum Nulltarif – als Nachbesserung – zu beseitigen. Erst danach soll der Kunde das Recht zur Minderung des Preises oder zu einer Ersatzlieferung haben. Fruchten diese Nachbesserungen jedoch nicht, leben Ihre Rechte auf Herabsetzen des Kaufpreises, Rückgängigmachen des Kaufvertrages und Schadenersatz wegen Nichterfüllung wieder auf. Bei komplizierten Produkten müssen Sie mitunter schon bis zu drei Reparaturen akzeptieren. Sie haben aber auch das Recht,

den Schaden an der Ware selbst, jedoch auf Kosten des Verkäufers, beseitigen zu lassen.

WISO-Tipps zum problemlosen Umgang mit Handwerkern

Jeder von uns hat einmal mit Handwerkern zu tun – und ist froh, wenn er an gute Leute gerät. Wie toll sieht das Wohnzimmer aus, wenn es von einem professionellen Raumausstatter renoviert wurde. Wie schön, wenn der Fernseher wieder funktioniert oder sich die automatische Garagentüre wieder auf Knopfdruck öffnen lässt.

Wenn Sie mit einem Handwerker ins Geschäft kommen und ihm einen Auftrag erteilen, schließen Sie mit ihm einen so genannten Werkvertrag. Das Bürgerliche Gesetzbuch (BGB) regelt das Verhältnis zwischen Handwerkern und deren Kunden in den Paragrafen 631 ff. Die Rechte des Kunden („Bestellers") bei Mängeln regelt § 634: Ist das Werk mangelhaft, kann der Besteller, wenn die Voraussetzungen der folgenden Vorschriften vorliegen und soweit nicht ein anderes bestimmt ist, Nacherfüllung verlangen oder den Mangel selbst beseitigen und Ersatz verlangen oder vom Vertrag zurücktreten, die Vergütung mindern beziehungsweise Schadenersatz verlangen.

Um einen seriösen und zuverlässigen Handwerker zu finden, blättern Sie einfach einmal die Gelben Seiten durch oder fragen Sie bei Freunden und Bekannten nach. Ganz sicher können Sie schwarze Schafe beziehungsweise Schwarzarbeiter vermeiden, wenn Sie sich gleich bei der zuständigen Innung, bei der Handwerkskammer oder einer Verbraucherzentrale erkundigen, ob es sich um einen eingetragenen Fachbetrieb handelt. Lassen Sie sich immer, bevor Ihr Kandidat mit den Arbeiten beginnt, seine Handwerkskarte zeigen. Sie belegt die Mitgliedschaft in der Handwerkskammer.

Da mündliche Aussagen des Handwerkers über die voraussichtlichen Kosten im Streitfall völlig wertlos sind, holen Sie sich stets schriftliche Kostenvoranschläge ein (siehe auch oben). Am besten bei verschiedenen Handwerkern, damit Sie einen realistischen Preisvergleich haben und nicht zu viel bezahlen. Besprechen Sie mit Ihrem Handwerker möglichst genau Art und Umfang der auszuführenden Arbeiten. Erkundigen Sie sich auch im Detail über die anfallenden Kosten. Dazu gehören zum Beispiel Stundenverrechnungssätze, Höhe der Fahrtkosten, Zahlungskonditionen usw. Welchen Vorteil bringt das Nachhaken? Der Handwerker kann den Bedarf an Zeit, Werkzeug, Material und Personal besser kalkulieren. Und Sie sparen sich unnötige Kosten.

Hinterlassen Sie bei der Auftragsvergabe und Terminvereinbarung immer Ihre Telefonnummer, damit Sie im Falle zeitlicher Verschiebungen, bei unvorhersehbaren Problemen oder bei Erreichen der finanziellen Toleranzgrenze rechtzeitig benachrichtigt werden können. Als Dokumentation der dann später in Rechnung gestellten Arbeitszeit sollten Sie den Stundenzettel des Handwerkers quittieren und eine Durchschrift davon behalten.

Immer wieder gibt es Schwierigkeiten mit Handwerkern. Streitpunkte und Hauptklagen der Kunden betreffen Unzuverlässigkeit, schlechte Arbeit und Pfusch, Faulheit und zu hohe Kosten. Sprechen Sie deshalb ganz offen mit dem Handwerker, wenn Sie Anlass zur Reklamation sehen, und schieben Sie dann erst Ihre schriftliche Beschwerde nach. Einige Beispiele finden Sie im ersten Teil der Briefe „Mängel bei Waren und Dienstleistungen". Kommen Sie bei Ihren Unstimmigkeiten alleine nicht weiter, sollten Sie sich an die Vermittlungsstelle der zuständigen Handwerkskammer wenden. Geht es um größere Summen, haben Sie außerdem immer die Möglichkeit, einen Prozess anzustrengen oder sich im Rahmen einer Schlichtung zu wehren. Der Schlichtungsversuch ist in etlichen Bundesländern bis zu einem Streitbetrag von 750 Euro zwingend. Dazu wendet man sich an die so genannte Gütestelle des zuständigen Amtsgerichts.

Bei einem Handwerker, der Mitglied der Handwerkskammer ist, können Sie sich auch direkt mit Ihrer schriftlichen Stellungnahme zu den von Ihnen beanstandeten Mängeln an die Kammer wenden. Auf diesem Weg kann gegebenenfalls außergerichtlich eine Einigung erzielt werden, und die Sache ist erledigt. Als Ultima Ratio, wenn also gar nichts anderes mehr eine Aussicht auf Erfolg eröffnet, bleibt Ihnen nur noch der Gang zum Gericht. Ein neutraler Gutachter kann aber zuvor zur Beweissicherung noch die von Ihnen monierten Mängel bestätigen. Bei der Begutachtung sollten Sie aufpassen, dass der Gutachter alle Ihre Kritikpunkte auch aufnimmt.

Keine Berührungsängste mit Behörden

Wenn Sie mit dem Inhalt eines behördlichen Schreibens nicht einverstanden sein sollten, können Sie auch dies „reklamieren". Allerdings müssen Sie ein paar wichtige Besonderheiten beachten. Erhalten Sie ein Schriftstück,

das eine Behörde, zum Beispiel das Finanzamt oder eine sonstige Institution wie Sozialhilfeträger oder Gemeinde, an Sie schickt, dann ist Sorgfalt geboten. Das gilt besonders dann, wenn das Schriftstück mit „Bescheid" überschrieben ist, wie Einkommensteuerbescheid, Gebührenbescheid, Kostenbescheid oder schlicht nur Bescheid. Solch einen Bescheid können Sie nur wirksam „anfechten", so die Terminologie, wenn Sie gewisse Regeln, was Form und Frist anbelangt, beachten. So sind bestimmte Fristen einzuhalten, die in der Regel recht kurz bemessen sind, zum Beispiel ein Monat oder zwei Wochen ab Bekanntgabe des Bescheides. Zum Teil sind diese Fristen aber auch noch kürzer. Außerdem gilt es konkrete Formvorschriften zu wahren. Je nach Art des Bescheides legen Sie Ihren Einspruch, zum Beispiel bei der Einkommensteuer, oder Ihren Widerspruch, etwa bei einem Baugenehmigungsbescheid, schriftlich ein und fügen Ihre Begründung gleich bei. Wer nicht selbst schreiben will, kann auch zur zuständigen Behörde gehen und dort vor Ort seine Einwände mündlich vorbringen. Sie werden dort von der Behörde „zur Niederschrift" erklärt. Lesen Sie in jedem Fall den Bescheid sorgfältig und bis zum Schluss durch. Zumeist ist die so genannte Rechtsbehelfsbelehrung ganz am Ende des Schriftstücks abgedruckt. Oder sie ist auf einem gesonderten Blatt beigefügt, das Sie zusammen mit dem Bescheid erhalten. Diese Rechtsbehelfsbelehrung klärt Sie darüber auf, wie Sie sich gegen den Bescheid wehren können, nennt Ihnen Form und Fristen und vor allem, auf welche Weise und bei welcher Stelle Sie die behördliche Entscheidung anfechten und Widerspruch oder Einspruch einlegen können. Der Rechtsbehelf steht für die Möglichkeit des Bürgers, in einem Verfahren eine behördliche oder gerichtliche Entscheidung anzufechten. Es gibt formlose Rechtsbehelfe, wie zum Beispiel Petition, Gegenvorstellung, Aufsichtsbeschwerde oder Dienstaufsichtsbeschwerde, und es gibt förmliche Rechtsbehelfe. Dazu gehören Widerspruch, Klage, Verfassungsbeschwerde.

Damit Sie keine Frist versäumen, muss Ihr Einspruch/Widerspruch rechtzeitig bei der genannten Stelle eingehen. Das Eingangsdatum Ihres Schreibens ist maßgeblich, nicht das Absendedatum! Nur wenn hiermit diese Frist eingehalten wird, können Sie den Bescheid noch anfechten. Ist die Frist abgelaufen, können Sie den Bescheid grundsätzlich nicht mehr in Frage stellen, es sei denn, Sie hätten die Frist unverschuldet, zum Beispiel wegen Krankheit, versäumt.

Bevor Sie die „Anfechtung" eines Bescheides in Angriff nehmen, sollten Sie in jedem Fall bedenken, dass bei Einspruchs- oder Widerspruchsverfahren fast immer Kosten wie behördliche Gebühren anfallen, die Sie dann tragen müssen, wenn Sie mit Ihrer „Reklamation" keinen Erfolg haben sollten. Wichtig ist es jedenfalls stets, ein gründliches Augenmerk auf die Form- und Fristvorschriften zu richten. Bei Zweifeln sollten Sie sich schnellstens kundig machen, entweder bei der Behörde beziehungsweise bei der Institution, von der Sie den Bescheid erhalten haben, oder bei einem Rechtsanwalt. Neben diesen form- und fristgebundenen Eingaben gibt es auch die formlosen Beschwerden, die an keine bestimmte Frist gebunden sind. Anders als bei den oben genannten formellen Rechtsbehelfen haben Sie jedoch in diesen Fällen keinen Anspruch auf ein Einschreiten der angegangenen Stelle.

Ärger mit der „Schufa"

Es gibt Tage, da macht man morgens den Briefkasten auf – und der Tag ist gelaufen. Für Angelika G. war der 12. März 2001 so ein Tag. Da schrieb ihr die Commerzbank Stuttgart und forderte Geld, nämlich über 25.000 Mark (etwa 12.780 Euro) aus einem Darlehen. Sollte Frau G. nicht fristgemäß antworten, so die Bank, „... werden wir ohne weiteres Anschreiben die uns als geeignet erscheinenden Maßnahmen ergreifen".

Angelika G. gegenüber WISO: „Ich hatte nie ein Konto bei der Commerzbank Stuttgart. Und ein Darlehen hatte ich dort auch nicht."

Sie glaubte gleich an eine Namensverwechslung. Doch dann erhielt sie wieder Post, diesmal von der Kreissparkasse Böblingen. Die wollte 13.000 Mark (6.646 Euro). Damit nicht genug: Nur drei Tage später wollte eine Inkassofirma Geld: Das sei die „letzte Mahnung vor Mahnbescheid", „innerhalb von 7 Tagen" solle sie über 5.900 Mark (3.016 Euro) zahlen.

WISO ging der Sache nach. Die Commerzbank teilte auf Anfrage mit, sie hätte die Daten von der „Schufa". Die Schufa – das steht für „Schutzgemeinschaft für allgemeine Kreditsicherung" – hat Finanzdaten von knapp 60 Millionen Deutschen gespeichert und wird von Banken und Unternehmen genutzt, die sich absichern wollen. Die Schufa gab schließlich zu: „Es war eine Namensverwechslung – ein Fehler des Mitarbeiters." Das kann passieren, aber warum erfuhr die Kundin nichts davon? Immerhin, so die Schufa, habe man die Kreditinstitute von dem Feh-

ler informiert. Bei der Kreissparkasse Böblingen sah man das anders: „Es ist nicht zutreffend, dass wir von der Schufa in irgendeiner Weise über die erfolgte Namensverwechslung informiert wurden." Irgendwo scheint es mit dem Informationsfluss doch arg zu hapern. Die Leidtragenden sind ahnungslose Bürger, wie Angelika G. Immerhin – die Schufa entschuldigte sich und kündigte an, alle Anwaltskosten von Frau G. zu übernehmen. Und sie hat Besserung versprochen … Trotzdem: Den Musterbrief wegen falscher Schufa-Einträge finden Sie unter „Die Briefe", Kapitel Banken und Versicherungen.

Die lieben Vermieter

Das Besitzrecht des Mieters an der gemieteten Wohnung ist ein Grundrecht. Es ist Eigentum im Sinne des Artikels 14 Absatz 1 Grundgesetz: „Das Eigentum und das Erbrecht werden gewährleistet. Inhalt und Schranken werden durch die Gesetze bestimmt." Trotzdem: Wer zur Miete wohnt, wird früher oder später mit dem Mietrecht konfrontiert: Kann ich wegen des Baulärms die Miete mindern? Um wie viel? Wer muss die Reparatur am Boiler zahlen? Die Mietervereine wissen davon ein Lied zu singen. Die Zivilgerichte sind verpflichtet, bei Mietprozessen die grundrechtlich geschützten Interessen des Mieters ebenso zu berücksichtigen wie die des Vermieters. Ein wahrer Eiertanz! Das deutsche Mietrecht nimmt den Mieter vor vielem in Schutz, doch sollten Sie Ihr Mietproblem im Einzelfall genau begutachten, nicht zuletzt, um Fristen und Formalitäten einzuhalten. Die Stichworte typischer Mietrechtsprobleme (und davon gibt es Hunderte) sind zum Beispiel: Kündigung wegen Eigenbedarfs, Haustiere, Instandhaltungskosten, Mietminderung wegen Baulärms, Räumungsklage, Nebenkostenabrechnung, Maklerprovision und Mietkaution, Mietspiegel und ortsübliche Vergleichsmiete, Mieterhöhung bis hin zu Mietwucher, Staffelmiete, Zeitmietvertrag und Übergabeprotokoll.

Der Mietvertrag

Von den zwei bis drei Millionen Mietverträgen, die durchschnittlich pro Jahr abgeschlossen werden, sind die meisten schriftlich auf vorgedruckten Vertragsentwürfen. Wann kann man von einem wirksamen Mietvertrag sprechen? Es muss lediglich hierüber Übereinstimmung bestehen: Wer ist Mieter und wer Vermieter? Welche Wohnung wird vermietet? Zu welchem Preis? Wann soll das Mietverhältnis beginnen? Bei vorgedruckten Vertragstexten sind viele Vertragsklauseln überflüssig und manche gar nicht wirksam, da sie den Mieter einseitig benachteiligen. Aber, wenn Sie nun einmal unbedingt in diese bestimmte Wohnung ziehen wollen, bleibt Ihnen gar nichts anderes übrig, als die Standardvereinbarung zu akzeptieren. Ihnen bleibt natürlich unbenommen, sich vor Vertragsabschluss beraten zu lassen. Dies gilt auch für den Fall, dass der Vermieter Ansprüche aus einem solchen Formularmietvertrag ableitet. Adressen von Mieterhilfsvereinen finden Sie im Adressteil.

Vertragsmodalitäten für Mietverträge gibt es unterschiedliche. Da ist zunächst der unbefristete Mietvertrag. Hier läuft das Mietverhältnis unbefristet ohne fixiertes Vertragsende. Bei Zeitmietverträgen steht das Vertrags- und Mietende von vornherein fest. Am Ende der vorgesehenen Vertragszeit kann der Mieter die Fortsetzung des Mietverhältnisses verlangen, indem er seinen Vermieter zwei Monate vor Ablauf des Mietverhältnisses über sein „Fortsetzungsverlangen" informiert. Nun braucht der Vermieter einen triftigen Kündigungsgrund, um den Vertrag zu beenden, zum Beispiel Eigenbedarf. Es sei denn, Sie haben bei Vertragsabschluss andere Vereinbarungen getroffen. Versäumen Sie allerdings die form- und fristgerechte Fortsetzungserklärung, so endet Ihr Mietverhältnis zum vertraglich vereinbarten Zeitpunkt. Häufig sind Zeitmietverträge zugleich auch als Staffel- oder Indexmietverträge formuliert.

Die Kündigung

Normalerweise schließen Mieter und Vermieter einen unbefristeten Mietvertrag ab. Um diesen wieder zu kündigen, brauchen Mieter keine Gründe anzugeben, Vermieter schon. Dem vertragstreuen Wohnraummieter kann der Vermieter nur ausnahmsweise kündigen, und zwar mit einem Kündigungsgrund, der gesetzlich anerkannt ist, wie zum Beispiel bei berechtigtem Eigenbedarf. Der Vermieter muss in seiner schriftlichen Kündigung die Kündigungsgründe so genau beschreiben, dass sie der Richter in einem eventuellen späteren Räumungsprozess genau nachvollziehen und überprüfen kann. Sie können der berechtigten Kündigung widersprechen, wenn auf Sie § 574 BGB zutrifft:

„(1) Der Mieter kann der Kündigung eines Mietverhältnisses über Wohnraum widersprechen und vom Vermieter die Fortsetzung des Mietverhältnisses verlangen, wenn die vertragsmäßige Beendigung des Mietverhältnisses für den Mieter oder seine Familie eine Härte bedeuten

würde, die auch unter Würdigung der berechtigten Interessen des Vermieters nicht zu rechtfertigen ist.(...)

(2) Eine Härte liegt auch vor, wenn angemessener Ersatzwohnraum zu zumutbaren Bedingungen nicht beschafft werden kann."

Kündigt Ihnen der Vermieter grundlos, handelt er unzulässig und Sie können sich dagegen wehren. Auch darf er Sie im Regelfall nicht „von heute auf morgen" vor die Türe setzen. Er muss die gesetzlichen Kündigungsfristen beachten: Bei einer Wohndauer bis zu fünf Jahren sind dies drei Monate, bei mehr als fünf Jahren gilt ein halbes Jahr als Kündigungsfrist und neun Monate bei einer Wohndauer von mehr als acht Jahren (siehe § 573c BGB). Diese neun Monate sind seit der Mietrechtsreform 2001 das Maximum. Kann der Vermieter auch fristlos kündigen? Ja, „aus wichtigem Grund", zum Beispiel bei schweren Verstößen seines Mieters, wenn dieser beispielsweise seine Miete nur unpünktlich oder überhaupt nicht bezahlt (siehe § 543 BGB).

Wenn Sie als Mieter selbst kündigen wollen, brauchen Sie seit 2001 normalerweise nur eine Kündigungsfrist von maximal drei Monaten zu beachten, unabhängig davon, wie lange Sie bereits die Wohnung gemietet haben (§ 573 c BGB). Wichtig: Die Kündigung muss beim Vermieter bis zum dritten Werktag des ersten Monats der Kündigungsfrist eingegangen sein. Entgegenstehende Vereinbarungen sind unwirksam, soweit sie zum Nachteil des Mieters von der gesetzlichen Regelung abweichen (§ 573c Abs. 4 BGB). Denn mit der Mietrechtsreform von 2001 wurden so genannte einfache Zeitmietverträge abgeschafft – Leitbild für den Gesetzgeber war der „unbefristete Mietvertrag". Nur noch so genannte qualifizierte Zeitmietverträge sind zulässig (§ 575 BGB). Voraussetzung ist, dass im Mietvertrag einer der folgenden Gründe der Befristung angegeben wird. Entweder will der Vermieter die Wohnung nach Ablauf der vorgesehenen Mietzeit für sich, seine Familien- oder Haushaltsangehörigen nutzen. Oder der Vermieter will die Wohnung zulässigerweise abreißen, vollständig umbauen oder so umfassend sanieren, dass ein weiteres Wohnen unmöglich ist. Oder – drittens – der Vermieter will die Wohnung an einen seiner Arbeitnehmer vermieten.

Ist ein wirksamer Zeitmietvertrag mit einem dieser Befristungsgründe geschlossen worden, dann muss der Mieter nach Ablauf der vorgesehenen Vertragszeit ausziehen, ob er will oder nicht. Allerdings kann er vier Monate vor Ablauf der vereinbarten Mietzeit von seinem Vermieter Aufklärung fordern, ob der Befristungsgrund

noch besteht. Der Vermieter muss innerhalb eines Monats antworten. Ist der Befristungsgrund zwischenzeitlich entfallen, kann der Mieter verlangen, dass das Mietverhältnis unbefristet fortgesetzt wird.

Allerdings: Ein Urteil des BGH vom 22.12.2003 (Aktenzeichen: VIII ZR 81/03) hat vielleicht die einfachen Zeitmietverträge quasi durch die höchstrichterliche Hintertür wieder eingeführt: Zugrunde lag ein Mietvertrag vom Oktober 2001, in dem der Mieter für den Zeitraum von fünf Jahren auf eine ordentliche Kündigung verzichtet hatte. Der BGH sah in der von den Parteien getroffenen Vereinbarung keinen Verstoß gegen § 573 c Abs. 4 BGB. Die Frage, mit welcher Frist das Mietverhältnis gekündigt werden könne, stelle sich vielmehr erst, wenn dem Kündigenden ein Kündigungsrecht zustehe; dies solle aber durch einen von den Parteien vereinbarten Kündigungsverzicht für einen bestimmten Zeitraum ausgeschlossen werden. Denn in der Begründung zum Regierungsentwurf zu § 575 BGB sei darauf hingewiesen worden, dass die Parteien für einen vertraglich festgelegten Zeitraum auf das ordentliche Kündigungsrecht beiderseits verzichten könnten, so der BGH. Hier ist vermutlich noch nicht das letzte Wort gesprochen worden.

Wenn die Wohnung unbewohnbar ist, können Sie als Mieter ebenfalls aus wichtigem Grund fristlos kündigen. Will der neue Eigentümer einer zu einer Eigentumswohnung umgewandelten Wohnung kündigen, gelten zusätzlich Kündigungssperrfristen von drei Jahren. Die Bundesländer haben die Möglichkeit, durch eine Verordnung Gemeinden zu bestimmen, in denen die Kündigungssperrfrist bis zu zehn Jahre beträgt.

Altmietverträge bis 2001

Die Frage, welche Kündigungsfristen bei Altmietverträgen, die bis zum In-Kraft-Treten des Mietrechtsreformgesetzes am 1. September 2001 abgeschlossen wurden, gelten, ist in den so genannten Übergangsvorschriften (Art. 2 des Mietrechtsreformgesetzes) geregelt. Danach gelten die neuen gesetzlichen Kündigungsfristen nach In-Kraft-Treten des Mietrechtsreformgesetzes grundsätzlich auch für Altmietverträge. Anderes gilt nur, wenn in den alten Verträgen eine Vereinbarung über Kündigungsfristen enthalten ist.

Eine solche Vereinbarung liegt zum einen vor, wenn die Parteien in zulässiger Weise Kündigungsfristen vereinbart haben, die von den seinerzeitigen gesetzlichen Kündigungsvorschriften abweichen. Haben etwa Mieter und Vermieter im Mietvertrag beiderseits längere Fristen

    I. Wie Sie zu Ihrem Recht kommen – auch ohne Anwalt

als die bisherigen gesetzlichen festgelegt, so besitzen diese auch zukünftig noch Gültigkeit.

Zum anderen liegt eine Vereinbarung im Sinne der Übergangsvorschriften vor, wenn in einem Formularmietvertrag der alte Gesetzeswortlaut wörtlich oder sinngemäß wiedergegeben wird. Dies war zunächst streitig und wurde von den Gerichten unterschiedlich beurteilt. Der Bundesgerichtshof hat am 18. Juni 2003 entschieden, dass auch die wörtliche oder sinngemäße Wiedergabe der vor der Mietrechtsreform geltenden, gesetzlichen Kündigungsfristen eine vertragliche Vereinbarung im Sinne der Übergangsvorschrift ist. Diese Kündigungsfristen gelten somit fort.

Die Nebenkosten

Zur Miete hinzugerechnet werden können die Nebenkosten, sofern Sie eine wirksame Vereinbarung im Mietvertrag über diesen Punkt unterschrieben haben. Die Nebenkosten setzen sich zum Beispiel aus der Grundsteuer, die oft auch als „öffentliche Lasten des Grundstücks" bezeichnet wird, aus Wasserkosten und Abwasser, Straßenreinigung und Müllabfuhr, Schornsteinreinigung und Versicherungen wie Gebäudeversicherungen gegen Feuer-, Sturm- und Wasserschäden, Glasversicherungen sowie Haftpflichtversicherungen für Gebäude, Öltank und Aufzug zusammen.

Die Kaution

Wie steht es mit der Kaution? Automatisch gibt es gar nichts, auch keine Mietkaution bei Vertragsabschluss – es sei denn, diese Mietsicherheit ist im Vertrag fixiert. Über die Kautionshöhe können Sie verhandeln, absolutes Limit sind jedoch drei Monatsmieten. Diese Obergrenze darf die vom Vermieter verlangte Kaution nicht überschreiten. Üblich ist die Barkaution, bei der Sie den besprochenen Betrag übergeben oder überweisen. Sie können diese Summe auch auf drei Monatsraten aufteilen. Der Vermieter hat diese Kaution auf einem Sonderkonto anzulegen, getrennt von seinem restlichen Vermögen. Alle anderen Formen müssen extra zwischen den Parteien ausgehandelt werden. Ist das Mietverhältnis beendet und hat der Vermieter keine Ansprüche an seinen ehemaligen Mieter mehr, muss er die Kaution samt aller Zinsen und Zinseszinsen zurückzahlen.

Die Mieterhöhung

Während eines Mietverhältnisses hat Ihr Vermieter das Recht, die Miete auf die ortsübliche Vergleichsmiete anzuheben. „Ortsüblich" bedeutet das, was an Miete für vergleichbare Wohnungen am Wohnort des Mieters verlangt wird. Neu ab dem 1. September 2001 ist, dass der Vermieter sich auch auf die Auskunft einer Mietdatenbank stützen kann, soweit sie von der Gemeinde selbst beziehungsweise von Mieterverein und Hauseigentümerverein gemeinsam geführt wird. Neu ist vor allem aber auch, dass es so genannte „qualifizierte Mietspiegel" gibt. Mietspiegel, die nach wissenschaftlichen Erkenntnissen erstellt worden sind und von der Gemeinde beziehungsweise den beiden Interessenverbänden – Mieter und Vermieter – gemeinsam anerkannt worden sind, haben jetzt einen besonderen Stellenwert im Mieterhöhungsverfahren. Soweit es vor Ort einen qualifizierten Mietspiegel gibt, muss der Vermieter auf die Zahlen dieses Mietspiegels zurückgreifen. Außerdem muss der Vermieter eine Sperrfrist einhalten, was bedeutet, dass mindestens 15 Monate seit Ihrem Einzug oder der letzten Mieterhöhung vergangen sein müssen. Behalten Sie auch die „Kappungsgrenze" bei einer Mieterhöhung im Auge. Ihr Vermieter kann die Miete nicht „auf einen Schlag" auf die ortsübliche Vergleichsmiete anheben. Die Miete darf dort in drei Jahren höchstens um 20 Prozent steigen. Die Mieterhöhung – und ob Sie damit einverstanden sind – können Sie in Ruhe prüfen. Nehmen Sie dazu den Monat, in dem Sie die Mieterhöhung erhalten haben, und die beiden darauf folgenden Monate her. Ist die Mieterhöhung formal in Ordnung und begründet, müssen Sie zustimmen.

Reparaturen

Müllschlucker oder Toilettenspülung defekt? Eine Wasserleitung leckt? Die Mischbatterie in der Dusche funktioniert nicht mehr? Für derartige Reparaturen und Instandhaltungen ist allein der Hausherr zuständig. Haben Sie bei ihm Mängel angezeigt, muss er sie innerhalb einer angemessenen Frist beseitigen lassen: Je schwerer der Mangel oder je leichter die Fehlerbehebung, desto kürzer ist die Frist. Unternimmt der Vermieter dessen ungeachtet nichts, können Sie unter Umständen den Mangel selbst auf Kosten des Vermieters beheben lassen, Sie haben möglicherweise Schadenersatzansprüche oder ein Zurückbehaltungsrecht an der Miete. Informieren Sie sich darüber genau. Ausnahmen sind die so genannten Kleinreparaturen. Enthält der Mietvertrag dazu eine wirksame Kleinreparaturklausel, muss sie der Mieter zahlen. Obergrenze sind 75 Euro für einzelne Kleinreparaturen beziehungsweise 300 Euro oder zehn Prozent der Jahreskaltmiete für sämtliche Kleinreparaturen, die innerhalb eines

Jahres anfallen. Diese Kleinreparaturen betreffen nur Reparaturen an Gegenständen, auf die der Mieter unmittelbaren Zugriff hat.

Auch Schönheitsreparaturen sind nach dem Gesetz Sache des Vermieters, es sei denn, eine wirksame Schönheitsreparaturklausel wäre vertraglich vereinbart. Grundsätzlich können Sie davon ausgehen, dass der Mieter nicht mehr Schönheitsreparaturen durchzuführen oder zu bezahlen hat, als er selbst verwohnt hat. In die Rubrik „Schönheitsreparaturen oder Renovierung" fällt alles, was sich beim normalen Wohnen im Laufe der Zeit verschlissen hat und mit Farbe, Tapete oder Gips erneuert werden kann, wie das Tapezieren der Wände und Decken, Streichen der Heizkörper oder der Türen innerhalb der Wohnung, das Streichen der Fenster und der Wohnungstür von innen. Wirksame Mietvertragsklauseln sind jedoch nur diejenigen, die dem Mieter alle drei Jahre eine Renovierung von Küche, Bädern und Duschen und alle fünf Jahre von Wohn- und Schlafräumen abverlangen. Für alle anderen Nebenräume gelten rechtmäßig alle sieben Jahre. Die Zeit beginnt ab Einzug beziehungsweise der letzten Renovierung durch den Mieter zu laufen.

Wenn der Vermieter modernisiert, kommt meistens schon bald darauf eine Mieterhöhung ins Haus geflattert. Ist das in Ordnung? Müssen Sie das akzeptieren? Nach Reparaturen kann der Hausherr keine Mieterhöhung verlangen. Wenn seine Baumaßnahmen den Wohnwert auf Dauer erhöhen, das Wohnumfeld verbessern, Energie oder Wasser sparen, ist die Mieterhöhung allerdings berechtigt. Das können beispielsweise auch bessere Schallschutzmaßnahmen oder neue Sanitäreinrichtungen sein. Auf alle Fälle, so rät der Deutsche Mieterbund, sollten Sie Mängel und Schäden fotografieren, sobald der Eigentümer eine Modernisierung ankündigt. Als Mieter haben Sie außerdem das Recht, Einsicht in die Originalrechnungen zu verlangen, um die Beträge zu überprüfen. Der Eigentümer muss Sie schriftlich über seine Pläne und Baumaßnahmen informieren – und zwar mindestens drei Monate vor Beginn der Arbeiten! Im Ernstfall können Sie bei größeren Aktionen die Baustelle mit einer einstweiligen Verfügung zum Stopp bringen, bis das Gericht geklärt hat, ob und wann modernisiert werden darf.

Reisemängel gibt es „wie Sand am Meer"!

Die Abflugzeit verschiebt sich, das Hotel ist überbucht, laute Baustellen anstelle von Meeresrauschen, schlechtes Essen ... Zum Glück können sich Pauschalurlauber bei Reklamationen erfolgreich auf das Pauschalreiserecht stützen – meistens mit Erfolg, wenn sie dabei wichtige Regeln und Fristen beachten. Dazu sagt das BGB in § 651c:

„(1) Der Reiseveranstalter ist verpflichtet, die Reise so zu erbringen, dass sie die zugesicherten Eigenschaften hat und nicht mit Fehlern behaftet ist, die den Wert oder die Tauglichkeit zu dem gewöhnlichen oder nach dem Vertrage vorausgesetzten Nutzen aufheben oder mindern.

(2) Ist die Reise nicht von dieser Beschaffenheit, so kann der Reisende Abhilfe verlangen."

Beim Reisenden liegt die Beweislast für die Rechte und Ansprüche, die er geltend machen möchte. In der Praxis bedeutet das, Sie müssen sowohl das Vorliegen eines Reisemangels, Dauer, Art und Intensität als auch dessen rechtzeitige Reklamation beweisen.

Sollte sich nach Ihrem Reiseantritt herausstellen, dass die Leistungen nicht den gebuchten und im Reisevertrag zugesicherten Leistungen entsprechen, reklamieren Sie sofort und unverzüglich bei der örtlichen Reiseleitung. Denn:

„(1) Ist die Reise im Sinne des § 651c Abs. 1 mangelhaft, so mindert sich für die Dauer des Mangels der Reisepreis nach Maßgabe des § 638 Abs. 3 (...)

(2) Die Minderung tritt nicht ein, soweit es der Reisende schuldhaft unterlässt, den Mangel anzuzeigen" (BGB § 651d).

Erläutern Sie dabei die Mängel genau und verlangen Sie vor Ort vom Reiseveranstalter oder seinem Ansprechpartner Abhilfe. Setzen Sie dazu eine angemessene Frist und lassen Sie sich Ihre Forderungen vom Reiseleiter schriftlich bestätigen. Eine kurze schriftliche Bestätigung der Reiseleitung, dass sie von Ihrer Reklamation Kenntnis genommen hat, ist völlig ausreichend. Idealerweise finden Sie einen Hotelgast (nicht Ihren Verwandten oder einen Mitreisenden), der Sie als Zeuge zum Reklamationsgespräch begleitet. Verlangen Sie von der Reiseleitung ein Beschwerdeprotokoll über das Beschwerdegespräch.

Die Reisebeschwerde

Planen Sie deshalb Ihre Reisen gut und bereiten Sie sich auf das Gespräch im Reisebüro vor. Teilen Sie Ihre Sonderwünsche genau mit und lassen Sie sich eine schriftliche Bestätigung geben. Checken Sie Tickets, Reisebestätigung, Reservierungen usw., sobald Sie sie in Händen haben. Nicht vergessen: Die Gerichte verlangen immer öfter eine möglichst detaillierte Mängel-Dokumentation. Versuchen Sie deshalb, Mängel so gut wie möglich darzu-

stellen. Aussagekräftige Videos und Fotos sind hilfreich, lassen Sie sich die Adressen von Zeugen geben, fertigen Sie Pläne oder Skizzen an. Richtig verfahren Sie nach dem Prinzip, Mängel so zu beschreiben, dass das Gericht die Abweichung von den vereinbarten Reiseleistungen klar erkennen kann. Allgemeine beziehungsweise subjektive Wertungen reichen dazu nicht aus.

Wird keine Abhilfe geleistet, kann ein Anspruch auf Minderung des Reisepreises oder auf Schadenersatz bestehen. Aber: Auf eigene Faust vorzeitig abzureisen oder das Hotel zu wechseln, ist nur bei erheblichen Mängeln berechtigt! Ihre Reisebeschwerde muss innerhalb eines Monats nach dem Ende der Reise beim Veranstalter liegen, das ist die Zeit der so genannten Ausschlussfrist. Hier ist der Rückreisetag, wie er Ihren Unterlagen zu entnehmen ist, relevant, und nicht der Tag, an dem Sie tatsächlich von Ihrer Reise zurückkehren. Dazu das Reiserecht nach BGB in § 651g: „Ansprüche nach den §§ 651c bis 651f hat der Reisende innerhalb eines Monats nach der vertraglich vorgesehenen Beendigung der Reise gegenüber dem Reiseveranstalter geltend zu machen. Nach Ablauf der Frist kann der Reisende Ansprüche nur geltend machen, wenn er ohne Verschulden an der Einhaltung der Frist verhindert worden ist."

Dass Reisende im Einzelfall auch nach der Vier-Wochen-Frist Chancen haben, zeigt ein Urteil des Bundesgerichtshofs (BGH) vom 3. Juni 2004: Zugrunde lag der Fall einer Mallorca-Urlauberin, die in ihrem Urlaubshotel auf der Marmortreppe gestürzt war und sich dabei verletzt hatte. Sie machte Ansprüche erst nach Ablauf der vier Wochen geltend, obwohl der Reiseveranstalter „sämtliche Ansprüche" in einer Klausel an die Vier-Wochen-Frist gekoppelt hatte. Der BGH dazu: Die Klausel, die die Ausschlussfrist ganz allgemein auch auf Ansprüche aus unerlaubter Handlung ausdehnt, benachteiligt den Reisekunden jedoch unangemessen. (...) Die Ausdehnung der Ausschlussklausel auf sämtliche Ansprüche umfasst darüber hinaus auch Fälle, in denen besonders schwer wiegende Rechtsverletzungen, insbesondere des Körpers und der Gesundheit, eingetreten sind. Eine Zurückführung der Klausel auf ihren erlaubten Inhalt ist nach der ständigen Rechtssprechung des Bundesgerichtshofs ausgeschlossen, sodass die Klausel insgesamt unwirksam ist (Aktenzeichen: X ZR 28/03).

Der Tag, an dem laut Reisevertrag Ihre Reise enden soll, ist ein wichtiger Termin. Erstens läuft ab dann die einmonatige so genannte Ausschlussfrist, in der Sie Ihre Reklamation beim Reiseveranstalter einbringen müssen.

Zweitens beginnt mit diesem Tag auch die zweijährige Verjährungsfrist für Ihre Ansprüche. Die Verjährung beträgt ein Jahr, wenn der Reiseveranstalter dies in seinen AGB bestimmt.

Schicken Sie Ihre Reklamation am besten per Einschreiben mit Rückschein. Wer taktisch vorgehen will, lässt zuerst den Reiseveranstalter einen Erstattungsvorschlag machen, bevor er seinen Anspruch beziffert. Sie müssen jedenfalls in Ihrem Schreiben ganz deutlich sagen, dass Sie auf Grund der Mängel eine Rückerstattung des Reisepreises verlangen. Nur dann wird die Ausschlussfrist gewahrt.

Sollten Sie mit dem Reiseveranstalter nicht einig werden, bleibt nur noch der Klageweg! Zögern Sie nicht, rechtzeitig einen Rechtsanwalt einzuschalten, wenn Ihnen das Ganze zu unsicher wird.

Gesundheit!

Jeder Mensch wird einmal krank. Doch „ein armer Mensch ist, wer von der Hilfe der Ärzte abhängig ist", wusste schon der deutsche Reformator Martin Luther. Wer indisponiert, fiebrig, bettlägerig ist oder Schlimmeres zu erleiden hat, wünscht sich als Patient nichts weniger, als dass es in dieser Situation zu Fehlern bei der Behandlung kommt.

Wichtigste Pflicht des Arztes ist die gründliche Aufklärung: Er muss seinen Patienten vor der Behandlung umfassend informieren und über Risiken, Chancen und auch mögliche Komplikationen der Maßnahmen in Kenntnis setzen. „Umfassend" meint in diesem Zusammenhang so ausführlich, dass der Patient sich selbst ein Urteil bilden kann, ob er die Behandlung will oder nicht. Denn nur er entscheidet, was mit seinem Körper geschehen soll. Kann der Kranke auf Grund einer oberflächlichen Unterrichtung durch den Arzt objektiv gar nichts entscheiden, macht sich der Mediziner der Körperverletzung schuldig. Wenn Sie nun einen ärztlichen Kunstfehler vermuten, haben Sie die besten Erfolgsaussichten mit dem Argument der mangelhaften beziehungsweise unterlassenen Aufklärung. Andernfalls befänden Sie sich in der schwierigen Position, als Patient den Behandlungsfehler beweisen zu müssen.

Was tun nach einer Falschbehandlung?
Selbstverständlich tun viele Ärzte ihr Bestes. Geht es Ihnen vor allem darum, Ihren Unmut über die Behandlung

des Arztes zu äußern, können Sie sich bei der zuständigen Ärztekammer beziehungsweise dem Träger des Krankenhauses beschweren. Im Vordergrund steht allerdings dabei dann nicht Ihr Patienteninteresse, sondern die Wahrung der ärztlichen Berufsehre. Doch wie können Sie vorgehen, wenn Sie einen Kunstfehler in Ihrer Behandlung vermuten? Wann liegt überhaupt der Verdacht auf einen Behandlungsfehler nahe? Wenn beispielsweise eine der folgenden Aussagen auf Sie zutrifft:

- Bei Ihnen verliefen zum Beispiel Behandlung und Heilung schlechter als bei allen anderen Patienten mit derselben Indikation.
- Bei Ihnen traten Begleitumstände auf, die sogar Ihnen als Laie verdächtig vorkommen, wenn beispielsweise nach der kieferchirurgischen Operation die halbe Unterlippe gefühllos bleibt.
- Bei Ihnen verläuft zwar alles im „grünen Bereich", Sie wurden jedoch nicht auf die möglichen Folgen der Behandlung hingewiesen.

Ob Chefarzt, niedergelassener Arzt oder selbst liquidierender Krankenhausarzt: Wenn Sie als Patient mit der Behandlung durch den Mediziner unzufrieden sind, sollten Sie zuerst einmal mit dem Arzt selbst sprechen. Auf diese Weise können Sie mögliche Missverständnisse aus dem Weg räumen und versuchen, die Situation aufzuklären. Kommen Sie damit nicht weiter und dieses Gespräch führt zu nichts, sollten Sie ein Gedächtnisprotokoll erstellen. In diesem Protokoll über den Ablauf der vermuteten Fehlbehandlung notieren Sie sich die Namen und Anschriften denkbarer Zeugen, Behandlungstermine und Untersuchungen, die Namen nachbehandelnder Ärzte usw. Achten Sie darauf, sich die Vollständigkeit und Richtigkeit der Dokumentation von den Fachleuten bestätigen zu lassen, am besten schriftlich. Sammeln und bewahren Sie alle Unterlagen auf: Dazu gehören Belege und Rechnungen, die Sie als Patient selbst gezahlt haben, denn nur so können Sie zum Beispiel den Nachweis eines materiellen Schadens führen. Spätestens jetzt ist ein Gespräch mit Ihrer Krankenkasse oder privaten Krankenversicherung sinnvoll, da der Gesetzgeber die Krankenkassen bevollmächtigt hat, ihre Versicherten zu unterstützen, sollten diese Schadenersatzansprüche durchsetzen wollen. Sie benötigen in der jetzigen Situation auch die Dokumentation Ihres behandelnden Arztes beziehungsweise des Krankenhauses. Bei der Beschaffung kann Ihnen die Krankenkasse behilflich sein. Außerdem können Sie sich hier die Anschriften von Beratungsstel-

len oder Selbsthilfegruppen nennen lassen. (Eine Auswahl finden Sie im Adressteil am Schluss dieses Buches.)

Ist der Fall komplex, kann Ihnen nur geraten werden, im nächsten Schritt einen Anwalt mit dem Tätigkeitsschwerpunkt Arzthaftung aufzusuchen. Bevor nämlich in einem Rechtsstreit geklärt wird, inwieweit der Arzt für einen Behandlungsfehler haftbar gemacht werden kann und ob dem Patienten Schadenersatz oder Schmerzensgeld zusteht, könnte dieser Anwalt zunächst aus Kostengründen nur mit der außergerichtlichen Prüfung der Situation beauftragt werden. Seien Sie versichert, dass der Arzt, den Sie für den Schadensfall in Anspruch nehmen, unverzüglich den Fall bei seinem Versicherer anzeigen wird, weitere Maßnahmen mit einem beauftragten Rechtsanwalt bespricht und höchstwahrscheinlich den direkten Dialog mit Ihnen vermeidet.

Sie können auch bei Ihrer Krankenkasse die Anschrift der regional zuständigen Gutachter- und Schlichtungsstellen, wie zum Beispiel der Schlichtungsstelle für Arzthaftpflichtfragen, erfragen und diese dann gegebenenfalls einschalten. Auf diesem Weg lässt sich ein Rechtsstreit möglicherweise vermeiden. Das Verfahren vor der Schlichtungsstelle – insbesondere das Gutachten – ist kostenfrei.

Schönheitsoperationen

Auch für den Spezialbereich „Ärztepfusch bei Schönheitskorrekturen" können Sie diesem Schema folgen, selbst wenn Sie diese Eingriffe fast immer aus Ihrer Privatschatulle begleichen – es sei denn, sie wären medizinisch notwendig. Damit Sie sich Beschwerden und Schmerzen ersparen, sollten Sie sich vor einem schönheitschirurgischen Eingriff genauestens über die Risiken und Kosten der gewünschten Maßnahme informieren und auch über die Praxen, die sich auf diese Operationen spezialisiert haben. Klären Sie unbedingt Preise und Leistungsumfang ab, die von Praxis zu Praxis sehr variieren können.

Im Vorgespräch stellen Sie Folgendes fest:
1. Wie viel Erfahrung hat der jeweilige Operateur mit dem gewünschten Eingriff?
2. Wie wird er durchgeführt?
3. Wie beurteilt der behandelnde Arzt die individuellen Risiken?
4. Welche Alternativen gibt es zur Operation?

Fühlen Sie sich nach solch einem Gespräch nicht vollkommen ernst genommen oder gründlich beraten, soll-

ten Sie auf die Behandlung in dieser Praxis verzichten. Vor dem Eingriff muss der Schönheitschirurg seine Patienten genau untersuchen und sie schriftlich über alle Risiken und Komplikationen aufklären. Zwischen der Unterzeichnung des Aufklärungsbogens und dem Eingriff sollten einige Tage vergehen, in denen sich die Patientin oder der Patient das Ganze noch einmal gut überlegen kann.

Ombudsmann und Schlichtung

Auch wenn Sie sich mit Ihrer Beschwerde im Recht glauben, kann es sein, dass Sie bei der Gegenseite auf Granit beißen. Selbst der beste Beschwerdebrief kann vielleicht nichts ausrichten. Dann müssen Sie sich entscheiden: Lassen Sie die Sache auf sich beruhen oder – ja, oder was? Der „normale" Weg würde jetzt vor Gericht führen. Mit Hilfe eines möglichst spezialisierten Rechtsanwaltes könnten Sie die Gegenseite zum Beispiel auf Mängelbeseitigung oder Schadenersatz verklagen. Doch Vorsicht: Das kann teuer werden, denn Sie wissen nicht, ob Sie den Prozess gewinnen werden. In jedem Fall ist es sinnvoll, mit einem Anwalt in einer Erstberatung abzuklären, ob ein weiteres Verfolgen aussichtsreich wäre und wie viele Kosten im ungünstigsten Fall auf Sie zukommen können. Diese Erstberatung darf seit In-Kraft-Treten des Rechtsanwaltsvergütungsgesetzes (RVG) am 1. Juli 2004 höchstens 190 Euro kosten, zuzüglich bis zu 20 Euro Auslagenpauschale plus Mehrwertsteuer, also maximal 243,60 Euro. Das RVG hat nach 47 Jahren die Bundesgebührenordnung für Rechtsanwälte (BRAGO) abgelöst. In vielen Fällen verteuert es die Kosten eines Rechtsstreits – im Extremfall bis zu 70 Prozent gegenüber früher.

Doch vielleicht geht es auch anders und für Sie risikoloser. Banken und Versicherungen haben zum Beispiel einen „Ombudsmann", der nur für Beschwerden der Kunden da ist. Der Begriff stammt aus dem Schwedischen und heißt „Vertrauensmann". Gibt es keinen Ombudsmann, ist vielleicht eine „Schlichtung" möglich. Öffentliche Schlichtungsstellen sind (bis auf Baden-Württemberg, Hamburg und Bremen) bei der Gemeinde oder dem Amtsgericht eingerichtet. Nicht zuletzt haben auch verschiedene Branchen eigene Schlichtungsstellen, wie zum Beispiel die Sparkassen. Einige dieser Schlichtungsstellen sind paritätisch besetzt. Im Schlichtungsgremium sitzen Interessenvertreter der streitenden Parteien. Als Schlichter fungiert eine neutrale Person, meist ein ehemaliger Richter oder ein Rechtsanwalt. Andere Schlichtungsstellen wiederum sind nur mit Vertretern des Berufsstandes besetzt – was die Neutralität nicht beeinträchtigen muss, aber kann.

Banken-Ombudsmann

Um Meinungsverschiedenheiten zwischen Banken und ihren Kunden einfacher klären zu können, haben die privaten Banken ein außergerichtliches Schlichtungsverfahren eingeführt. Dabei sollen von den Banken unabhängige Ombudsmänner dabei helfen, Differenzen schnell und unbürokratisch zu bereinigen. Der Ombudsmann, der tatsächlich aus mehreren natürlichen Personen besteht, ist ausschließlich für die Banken zuständig, die dem Bundesverband deutscher Banken angehören und sich diesem Verfahren angeschlossen haben. Ombudsverfahren sind bis auf Porto- oder Telefonkosten für den Kunden kostenlos! Das Verfahren ist für Bankkunden nicht nur kostenlos, sondern auch ohne Risiko. Sind die Kunden mit den Entscheidungen der Schlichter nicht einverstanden, steht ihnen der Weg zu den ordentlichen Gerichten weiterhin offen.

Hat die Beschwerde Erfolg, kommen Sie schnell und einfach zu Ihrem Recht. Rechtsnachteile, etwa durch Verjährung, können während des Schlichtungsverfahrens nicht eintreten.

Die Banken haben sich verpflichtet, Ombudsmannsprüche bis zu einem Beschwerdegegenstand von 5.000 Euro zu akzeptieren. Diese Bindungswirkung ist keine Selbstverständlichkeit; verbindliche Entscheidungen gehören nicht zum allgemeinen Standard bei freiwillig von der Wirtschaft getragenen Schlichtungseinrichtungen. Wie die Praxis zeigt, akzeptieren die Banken zumeist auch die gegen sie ergangenen unverbindlichen Schlichtungssprüche mit einem Streitwert, der über 5.000 Euro liegt.

Wann wird der Ombudsmann tätig – und wann nicht?

Wenn der Kunde meint, durch das Verhalten seiner Bank einen Nachteil erlitten zu haben, kann er den streitigen Vorgang dem Ombudsmann vorlegen. Dies gilt auch, wenn sich ein Verbraucher darüber beschwert, dass eine Bank ihm kein Girokonto – zumindest auf Guthabenbasis – einrichtet.

Allerdings sind einige Fälle von dem Verfahren ausgenommen. Der Ombudsmann wird zum Beispiel nicht tätig, wenn sich bereits eine andere außergerichtliche Schlichtungsstelle oder ein Gericht mit dem Verfahren beschäftigt oder wenn der Anspruch bereits verjährt ist und die Bank sich auf Verjährung beruft. Zudem kann eine

Schlichtung nicht erfolgen, wenn Zeugen gehört werden müssten, um einen streitigen Sachverhalt zu klären.

Wichtig: Die Ombudsleute können nicht helfen, wenn eine reine Rechtsberatung vom Kunden gewünscht wird. Auch wenn sich ein Gericht bereits mit der Beschwerde befasst oder befasst hat, greifen die Schlichter nicht ein. Dasselbe gilt für den Fall, dass Zeugen gehört werden müssten, um den Sachverhalt zu ermitteln.

Jeder Privatkunde kann sich an den Ombudsmann wenden. Geht es um eine Streitigkeit aus der Anwendung des Überweisungsrechts oder wegen des Missbrauchs einer Zahlungskarte, steht der Ombudsmann aber auch Unternehmen und Selbstständigen zur Verfügung.

Was muss der Kunde tun?

Der Kunde schreibt an die Kundenbeschwerdestelle beim Bundesverband deutscher Banken, Postfach 04 03 07, 10062 Berlin. Für einen streitigen Vorgang, der eine private Hypothekenbank betrifft und nicht das Überweisungsrecht oder den Missbrauch einer Zahlungskarte zum Gegenstand hat, ist die Kundenbeschwerdestelle beim Verband deutscher Hypothekenbanken, Postfach 64 01 36, 10047 Berlin, zuständig.

Der Kunde schildert kurz den Sachverhalt und fügt Kopien der notwendigen Unterlagen bei. Er versichert, dass er in der Streitigkeit noch kein Gericht, keine Streitschlichtungsstelle und keine Gütestelle angerufen oder auch keinen außergerichtlichen Vergleich mit der Bank abgeschlossen hat.

Sie können für Ihre Beschwerde ein Formular verwenden, das Sie am Schluss dieses Buches (zum Beispiel zum Kopieren) finden. Oder Sie laden es sich direkt aus dem Internet herunter: http://www.bdb.de/pic/artikelpic/112003/Anschreiben-Ombudsmann-Formular.pdf

Wie läuft das Verfahren ab?

Die Kundenbeschwerdestelle prüft die vom Kunden eingereichten Unterlagen und bittet ihn – soweit erforderlich – um ergänzende Informationen. Hält die Kundenbeschwerdestelle die Beschwerde für unzulässig, legt sie diese dem Ombudsmann zur Entscheidung über die Zulässigkeit vor. Bei Beschwerden, deren Zulässigkeit die Kundenbeschwerdestelle oder der Ombudsmann bejaht, wird die Stellungnahme der betroffenen Bank eingeholt. Bereinigt die Bank den Vorgang nicht, wird er dem Ombudsmann vorgelegt.

Der Ombudsmann entscheidet grundsätzlich im schriftlichen Verfahren. Für die Dauer des Verfahrens verjähren die Ansprüche des Kunden nicht. Der Ombudsmann benachrichtigt den Kunden selbst; er leitet ihm den Schlichtungsspruch unmittelbar zu. Alle Kundenbeschwerden werden vertraulich behandelt. Über Schlichtungssprüche kann in anonymisierter Form berichtet werden.

Welche Wirkung hat der Schlichtungsspruch?

Der Schlichtungsspruch ist für die Bank bindend, wenn der zwischen Bank und Kunden strittige Betrag 5.000 Euro nicht übersteigt. Dies gilt jedoch nicht für den Kunden. Ist er mit der Entscheidung des Ombudsmannes nicht einverstanden, kann er auch nach einem Schlichtungsspruch sein Anliegen vor Gericht weiterverfolgen. Diese Möglichkeit hat die Bank nur, wenn der Streitwert mehr als 5.000 Euro beträgt.

Schlichtungssprüche bei Beschwerden von Verbrauchern, dass die Bank ihnen kein Girokonto – zumindest auf Guthabenbasis – einrichtet, beschränken sich auf die Feststellung, ob die Bank die Empfehlung der Spitzenverbände der deutschen Kreditwirtschaft (ZKA) zum „Girokonto für jedermann" beachtet hat.

Beschweren als Volksbank-Kunde

Wie schon erwähnt, sind für Kunden von Sparkassen und Volks- beziehungsweise Raiffeisenbanken die Ombudsleute des Bundesverbandes deutscher Banken nicht zuständig. Der Bundesverband der Deutschen Volksbanken und Raiffeisenbanken hat einen eigenen Ombudsmann berufen. Die Teilnahme am Schlichtungsverfahren ist freiwillig. Der Schlichter ist in seiner Aufgabe unabhängig, neutral und unterliegt keinerlei Weisungen. Er muss die Befähigung zum Richteramt besitzen und wird für die Dauer von drei Jahren bestellt. Der Ombudsmann unterbreitet auf der Grundlage der eingereichten Unterlagen, der Stellungnahmen beider Kontrahenten sowie der gesetzlichen Bestimmungen unter Berücksichtigung von Billigkeitserwägungen einen Schlichtungsvorschlag an den Verbraucher und die Bank. Eine Beweisaufnahme – außer durch Vorlegung von Unterlagen – sowie eine Anhörung von Zeugen führt der Schlichter nicht durch. Diese Möglichkeiten bleiben den Zivilgerichten vorbehalten. Der Schlichtungsvorschlag ist weder für den Verbraucher noch für die Bank bindend. Beiden steht es frei, ihn anzunehmen. Streitwertgrenzen bestehen daher nicht. Kunde und Bank werden über den Ausgang des Verfahrens schriftlich unterrichtet.

Kunden, die den Ombudsmann der Volks- und Raiff-

eisenbanken anrufen möchten, richten ihre schriftliche Beschwerde an folgende Adresse:

Bundesverband der Deutschen Volksbanken und Raiffeisenbanken (BVR)
Kundenbeschwerdestelle
Postfach 30 92 63
10760 Berlin

Beschweren als Sparkassen-Kunde

Die Sparkassen haben bislang in der Regel keinen Ombudsmann, aber regionale Schlichtungsstellen (Adressen siehe am Ende des Buches). Eine löbliche Ausnahme bildet die Nassauische Sparkasse (Naspa) mit Sitz in Wiesbaden. Der Ombudsmann der Naspa ist zu strengster Neutralität verpflichtet, so die Naspa. Ziel seiner Schlichtungsbemühungen ist es, eine für beide Seiten akzeptable Lösung zu finden und so aufwändige gerichtliche Auseinandersetzungen zu vermeiden. Die Adresse:

Ombudsmann der Naspa
Rheinstraße 42–46
65185 Wiesbaden
Telefon: 0611/364 00-220
Fax: 0611/364 00-297

Beschweren als Bausparkassen-Kunde

Wenn Sie sich über eine private Bausparkasse beschweren wollen, können Sie sich an die Kundenbeschwerdestelle des Verbandes der Privaten Bausparkassen e.V. wenden und die Einleitung des Ombudsverfahrens beantragen. Dafür wird dort eine Sachverhaltsdarstellung benötigt. Beizufügen sind entsprechende Kopien Ihrer Unterlagen, der konkrete Beschwerdegrund und ein Beschwerdeantrag. Richten Sie dies bitte an:

Verband der Privaten Bausparkassen e.V.
Kundenbeschwerdestelle
Postfach 30 30 79
10730 Berlin

Ombudsmann der Versicherungen (ohne Krankenversicherung)

Gegenwärtig gehören dem Verein 264 Versicherungsunternehmen mit einem Marktanteil von etwa 95 Prozent und der Gesamtverband der Deutschen Versicherungswirtschaft e.V. (GDV) an (Stand: Oktober 2003). Die privaten Krankenversicherer sind dem Versicherungsombudsmann e.V. nicht beigetreten; sie haben einen eigenen PKV-Ombudsmann eingerichtet (siehe nächstes Kapitel).

Im Unterschied zum Bankenombudsmann ist bei den Versicherungen Voraussetzung für die Einleitung des Ombudsmannsverfahrens in jedem Fall, dass Sie zuvor bei Ihrem Versicherungsunternehmen Ihren Anspruch erfolglos geltend gemacht haben.

Wichtig: Die Beschwerde muss innerhalb von acht Wochen nach der Antwort des Versicherungsunternehmens beim Ombudsmann erhoben werden, sofern das Versicherungsunternehmen den Kunden auf diese Frist hingewiesen hat und diese Frist nicht schuldhaft versäumt wurde.

Wie beschwere ich mich beim Versicherungs-Ombudsmann?

Das Verfahren beginnt damit, dass sich der Versicherungsnehmer mit seiner Beschwerde an den Ombudsmann wendet. Dies kann er telefonisch, schriftlich oder per e-Mail tun. Am besten benutzen Sie ein vorbereitetes Beschwerdeformular (siehe Ende des Buches zum Kopieren). Sie können es auch aus dem Internet herunterladen unter:

http://www.versicherungsombudsmann.de/pdf/
beschwerdeformular__.pdf.

Die Adresse des Ombudsmannes:

Versicherungsombudsmann e.V.
Postfach 080 632
10006 Berlin
Telefon: 01804/22 44 24 (24 Cent pro Anruf)
Fax: 01804/22 44 25
e-Mail: beschwerde@versicherungsombudsmann.de

Die Beschwerde wird durch die Eingabestelle entgegengenommen. Deren Mitarbeiter sind ausgebildete Versicherungskaufleute und kennen sich in der Materie aus. Wenn es erforderlich ist, helfen die Mitarbeiter dem Beschwerdeführer, seinen Antrag zu formulieren und den Sachverhalt zu präzisieren. Sie nennen ihm auch die erforderlichen Unterlagen, die er einreichen soll.

Weitere wichtige Voraussetzungen:

- Der Beschwerdeführer muss im strittigen Fall Kunde (Versicherungsnehmer) sein. Ansprüche Dritter sind ausgeschlossen (zum Beispiel Streitigkeiten zwischen geschädigten Dritten und der Haftpflichtversicherung des Schädigers).
- Ein Ombudsmannverfahren findet nur statt, wenn der Streitwert 50.000 Euro nicht überschreitet. Die Wertermittlung findet nach den Grundsätzen der Zivilprozessordnung statt, bei einer Teilbeschwerde ist der Gesamtwert maßgeblich.

- Ausgeschlossen sind Beschwerden, die Rückversicherungen, Kreditversicherungen und Krankenversicherungsverträge betreffen.
- Der Beschwerdegegenstand darf nicht bereits gerichtlich verhandelt oder entschieden worden sein.

Der Ombudsmann beschäftigt sich erst mit der Beschwerde, wenn der Kunde dem Versicherungsunternehmen Gelegenheit gegeben hat, der Beschwerde innerhalb von sechs Wochen abzuhelfen (zum Beispiel durch hausinterne Prüfung oder eine Kulanzregelung).

Wenn sich der Beschwerdeführer vorher bei der Bundesanstalt für Finanzdienstleistungsaufsicht (BaFin) beschwert hat, beschäftigt sich der Ombudsmann erst mit der Beschwerde, wenn das Beschwerdeverfahren der BaFin abgeschlossen ist.

Wie geht der Ombudsmann vor?

Wenn keine Einigung möglich ist, ermitteln der Ombudsmann und die ihm unterstehenden juristischen Referenten und klären den strittigen Sachverhalt auf. Persönliche Anhörungen der Parteien oder Zeugen finden nicht statt. Schriftliche Urkunden sind als Beweismittel geeignet. Gegebenenfalls fordert der Ombudsmann zusätzliche Unterlagen von den Beschwerdeführern oder den Versicherungsunternehmen an. In geeigneten Fällen macht er einen Schlichtungsvorschlag. Der Ombudsmann und seine Mitarbeiter behandeln alle Informationen vertraulich.

Ombudsmann der Privaten Krankenversicherung

Der PKV-Ombudsmann ist der für die private Kranken- und Pflegeversicherung zuständige, außergerichtliche Streitschlichter. An den PKV-Ombudsmann kann sich jeder Versicherte mit Beschwerden zur privaten Kranken- und Pflegeversicherung wenden.

Beachten Sie bitte, dass der Ombudsmann keine Beschwerden bearbeitet, wenn die gleiche Streitfrage bereits von einem Gericht, einer Schiedsstelle oder einer anderen Einrichtung, die sich mit der Bearbeitung von Verbraucherbeschwerden befasst (zum Beispiel die Bundesanstalt für Finanzdienstleistungsaufsicht), behandelt wird oder wurde.

Wie läuft das Verfahren vor dem PKV-Ombudsmann ab?

Es handelt sich um ein schriftliches Verfahren, nur ausnahmsweise wird mündlich verhandelt. Für eine Beschwerde vor dem PKV-Ombudsmann ist eine kurze schriftliche Sachverhaltsschilderung erforderlich; in dieser sollen neben dem Beschwerdegrund auch die wichtigsten persönlichen Daten (Name, Geburtsdatum, Anschrift, Telefonnummer, Fax) enthalten sein. Dem Schreiben sollen außerdem alle für die Entscheidung des Verfahrens wichtigen Unterlagen (in Kopie) beigefügt werden. Der weitere Ablauf:

- Nach Eingang der Beschwerde erhält der Beschwerdeführer eine Eingangsbestätigung, gegebenenfalls wird er um ergänzende Informationen gebeten.
- Die (zulässige) Beschwerde wird dann an das Versicherungsunternehmen mit der Bitte um Stellungnahme übermittelt.
- Nachdem der Ombudsmann das Vorbringen der Beschwerdeparteien geprüft hat – soweit er es für erforderlich hält, kann er auch medizinischen Sachverstand einholen –, entscheidet der Ombudsmann mit einer für beide Seiten *unverbindlichen* schriftlichen Empfehlung. Damit ist das Verfahren beendet. Eine Beschwerde gegen diese Entscheidung oder eine nochmalige Anrufung des Ombudsmanns ist nicht möglich.

Ist das Beschwerdeverfahren für den Versicherten mit zusätzlichen Risiken verbunden?

Der Beschwerdeführer geht mit der Einlegung einer Beschwerde beim PKV-Ombudsmann keinerlei Verpflichtungen ein, das heißt insbesondere, dass ihn die Empfehlung des Ombudsmanns in keiner Weise bindet. Er ist insbesondere nicht gehindert, anschließend seine Ansprüche im Klageweg zu verfolgen.

Während des Verfahrens vor dem PKV-Ombudsmann ist die gesetzliche Verjährungsfrist gemäß § 12 Versicherungsvertragsgesetz (VVG) gehemmt, das heißt, der Zeitraum der Beschwerdebearbeitung – ab Eingang der Beschwerde beim PKV-Ombudsmann –, längstens aber sechs Monate werden bei der gesetzlichen Verjährungsfrist und der Frist zur gerichtlichen Geltendmachung abgelehnter Ansprüche nicht mitgerechnet.

Das Verfahren vor dem Ombudsmann ist für den Beschwerdeführer kostenfrei. Kosten, die dadurch entstehen, dass er einen Anwalt hinzuzieht, sowie sonstige persönliche Auslagen muss er aber selbst tragen, und zwar auch dann, wenn der Ombudsmann zu seinen Gunsten entscheidet.

Datenschutz und Schweigepflicht

Der PKV-Ombudsmann und seine Mitarbeiter sind zur

Geheimhaltung verpflichtet. Eine Verwendung von persönlichen Daten erfolgt nur insoweit, als es für die Beschwerdebearbeitung erforderlich ist.

Für die schriftliche Beschwerde beim Ombudsmann gibt es ein Formular, welches Sie am Schluss des Buches finden oder sich im Internet herunterladen können (http://www.pkv-ombudsmann.de). Wenn Sie eine Beschwerde einreichen wollen, senden Sie dieses Formular bitte vollständig ausgefüllt zusammen mit allen notwendigen Unterlagen an:

Ombudsmann Private Kranken- und
Pflegeversicherung
Leipziger Straße 104
10117 Berlin
Telefon: 0180/255 04 44
Fax: 030/204 589 31

Schlichtungsstellen des Handwerks

Bei allen Handwerkskammern (Adressen siehe Schluss des Buches) sind Schlichtungsstellen eingerichtet. Die Schlichtungsstellen der Handwerkskammern sind unabhängige, unparteiische Einrichtungen und die Vermittlung ist bis auf wenige Ausnahmefälle kostenlos. Die Schlichtungsverfahren haben zum Ziel, eine Einigung zur Zufriedenheit der Parteien herbeizuführen und so ein kostenintensives und zeitaufwändiges Gerichtsverfahren zu vermeiden. Laut Handwerkskammer-Statistik mit Erfolg: Über 80 Prozent der von den Schlichtungsstellen bearbeiteten Fälle werden einer gütlichen Einigung zugeführt.

Schlichtung im Bereich Gesundheit

Bevor Sie Ihren Arzt verklagen, können Sie versuchen, über eine Schlichtungsstelle bei der regionalen Ärztekammer zu Ihrem Recht zu kommen. Beispielhaft dafür ist nachfolgend auszugsweise die Satzung der „Gutachterstelle für Arzthaftungsfragen" der Sächsischen Landesärztekammer aufgeführt:

„Die **Gutachterstelle** kann wegen des Vorwurfs fehlerhafter ärztlicher Behandlung angerufen werden.

- Aufgabe dieser Gutachterstelle ist es, durch objektive Begutachtungen ärztlichen Handelns Patienten die Durchsetzung begründeter Ansprüche und Ärzten die Zurückweisung unbegründeter Vorwürfe zu erleichtern.
- Die Gutachterstelle kann erst angerufen werden, wenn der Haftpflichtversicherer zu dem Arzthaftungsanspruch Stellung genommen hat.

- Durch das Verfahren bei der Gutachterstelle wird der Rechtsweg nicht ausgeschlossen. Das Verfahren ist weder ein Schiedsverfahren im Sinne der Zivilprozessordnung noch eine andere außergerichtliche Streitbeilegung im Sinne des Gesetzes zur Förderung der außergerichtlichen Streitbeilegung.
- Die Gutachterstelle wird nicht bei geltend gemachten Ansprüchen gegen den Staat tätig, es sei denn, für die in Anspruch zu nehmende Einrichtung besteht eine Haftpflichtversicherung. Die Anrufung ist unzulässig, wenn in gleicher Sache ein zivilrechtliches Verfahren beantragt wurde, anhängig ist oder bereits ein rechtskräftiges Urteil vorliegt. Die Gutachterstelle wird ebenfalls nicht tätig, wenn in gleicher Sache ein strafrechtliches Ermittlungsverfahren oder ein Strafverfahren anhängig ist. Die Gutachterstelle setzt das Verfahren aus, solange ein solches Verfahren in gleicher Sache anhängig ist.
- Die Gutachterstelle ist mit einem Vorsitzenden, der Arzt sein soll, und einem Juristen besetzt. Es können jeweils auch Stellvertreter bestellt werden.
- Die Bestellung des Vorsitzenden und der Mitglieder und ihrer Stellvertreter erfolgt durch den Vorstand der Sächsischen Landesärztekammer für die Dauer einer Wahlperiode.
- Die Mitglieder der Gutachterstelle sind bei der Wahrnehmung ihrer Aufgaben unabhängig und an Weisungen nicht gebunden. Sie sind nur ihrem Gewissen und ihrer ärztlichen oder rechtlichen Überzeugung verantwortlich. Sie sind zur Vertraulichkeit und Verschwiegenheit verpflichtet.

Antragsberechtigt sind der Patient, der behandelnde Arzt oder die Haftpflichtversicherung des Arztes. Sofern ein Krankenhausträger für die Tätigkeit eines Arztes in Anspruch genommen werden soll, ist dieser auch antragsberechtigt.

- Ist ein Haftpflichtversicherer nicht beteiligt, so kann die Gutachterstelle bei Einverständnis aller Parteien angerufen werden, sofern diese verbindlich gegenüber der Gutachterstelle erklären, wer die Kosten für die Erstellung des Gutachtens übernimmt. Die Gutachterstelle kann einen Kostenvorschuss verlangen.

Das **Verfahren** wird mit einem formlosen schriftlichen Antrag eingeleitet, der eine Darstellung des Sachverhaltes aus der Sicht des Antragstellers enthalten muss. Die behaupteten haftungsbegründenden Tatsachen für eine

Verletzung der Regeln der ärztlichen Sorgfalt sind möglichst schlüssig darzulegen.

- Die Durchführung des Verfahrens setzt das Einverständnis aller Beteiligten voraus. Der Patient muss den behandelnden Arzt oder die behandelnden Ärzte von der ärztlichen Schweigepflicht entbinden.

- Unter Einbeziehung des Gutachtens gibt die Gutachterstelle abschließend eine mit Gründen versehene Stellungnahme darüber ab, ob ein Anspruch dem Grunde nach auf Grund einer fehlerhaften ärztlichen Behandlung besteht oder nicht. Die Stellungnahme ergeht schriftlich und ist zu begründen. Das Gutachten wird ebenfalls übersandt.

- Das Verfahren vor der Gutachterstelle wird grundsätzlich schriftlich durchgeführt.

- Sind nach Art, Dauer und Auswertung nur geringfügige Beeinträchtigungen vorhanden oder zu erwarten, kann die Gutachterstelle den Antrag mit der Begründung zurückweisen, dass die Durchführung eines Verfahrens wegen des damit verbundenen Aufwandes zur Sachaufklärung nicht vertretbar ist.

- Zur Feststellung, ob eine schuldhafte, fehlerhafte ärztliche Behandlung bei dem Patienten einen Gesundheitsschaden verursacht hat, ist in der Regel von einem, erforderlichenfalls von einem weiteren Sachverständigen (Zweitgutachter) ein Gutachten einzuholen. Die Gutachterstelle bestimmt den Gutachter.

- Kommt die Gutachterstelle zu dem Ergebnis, dass ein vorliegendes Gutachten zur Beurteilung nicht ausreicht, so ruft sie den Sachverständigenrat an. In mündlicher Beratung wird der Sachverhalt interdisziplinär erörtert. Ein Anwesenheitsrecht besteht für die Verfahrensbeteiligten nicht. Das Ergebnis der mündlichen Erörterung wird den Beteiligten schriftlich bekannt gegeben." – So weit die Auszüge aus der Satzung.

Die Adresse:
Sächsische Landesärztekammer
Körperschaft des öffentlichen Rechts
Schützenhöhe 16
01099 Dresden
Telefon: 0351/8267-0
Fax: 0351/8267-412

Ombudsmann für Ärzte

Nicht nur Patienten, auch Ärzte haben mitunter Grund, sich zu beschweren, zum Beispiel über zu lange Arbeitszeiten an Krankenhäusern, und darunter können wiederum Patienten leiden. Einige Ärztekammern wie die des Saarlandes oder die von Westfalen-Lippe haben darauf reagiert und einen Ombudsmann für Ärzte eingerichtet. Die Anfragen werden vertraulich behandelt. Möglicherweise folgen ja andere Kammern dem Beispiel. Nachfolgend die Adressen:

Ombudsmann
c/o Ärztekammer des Saarlandes
Faktoreistraße 4
66111 Saarbrücken

Ombudsmann
c/o Ärztekammer Westfalen-Lippe
Postfach 40 67
48022 Münster
e-Mail: ombudsmann@aekwl.de
Fax: 0251/929-2009

2. Die optimale Vorbereitung

Erst ein Gespräch, dann der Brief

Sie haben ein Problem? Es besteht Klärungsbedarf? Wägen Sie ab: Nicht immer ist sofort wirklich ein Brief nötig. Sie erreichen manches Ziel bisweilen schneller und besser, wenn Sie mit den Menschen, mit denen Sie zu tun haben, unmittelbar kommunizieren. Versuchen Sie daher zunächst, Unstimmigkeiten mit Herstellern, Behörden oder Vertragspartnern persönlich oder telefonisch zu lösen. Zu den wichtigsten und auch effektivsten Kommunikationsformen gehört jedoch das persönliche Gespräch, bei dem man sich gegenüber sitzt und in die Augen schauen kann. Gute Gespräche laufen meist in einer freundlichen Atmosphäre ab. Trotzdem sind sie ehrlich und deutlich, auch wenn dies für viele wie ein Widerspruch klingen mag. Entweder ehrlich oder freundlich, kann man da hören. Aber mit Disziplin, Geschick und Erfahrung können Sie beides problemlos unter einen Hut bringen. Geben Sie also Ihrem Gegenüber ruhig die Gelegenheit, Fehler oder Schäden erst einmal eigenhändig auszubügeln, bevor größere Geschütze aufgefahren werden. Deshalb ist es immer eine Überlegung wert, ob Sie, vor allem bei weniger schwer wiegenden Problemen, stets sofort schriftlich reagieren.

Sie sollten sich aber auch darüber im Klaren sein: Ein direktes, persönliches Gespräch ist ebenfalls aufwändig. Um Erfolg damit zu haben, müssen Sie sich auf ein solches Gespräch mindestens genauso gut vorbereiten wie auf einen Brief, also Ihre Argumente zurechtlegen und Ihre Materialien sichten. Hinzu kommt der Aufwand für das Gespräch selbst. Bei einem Anruf ist er noch relativ gering. Aber wenn Sie erst einen Termin vereinbaren und dann zu Ihrem Gesprächspartner auch noch hinfahren müssen, kann sich das für Sie schon zu einem beachtlichen Kosten- und Zeitfaktor auswachsen.

Vor allem große Institutionen sind außerdem an persönlichen Gesprächen oft gar nicht interessiert, sondern wollen von vornherein, dass Sie Ihr Anliegen schriftlich vorbringen.

Ein Brief hat also immer ein höheres Gewicht und bereitet demjenigen, der sich damit auseinander setzen muss, meist mehr Arbeit und Aufwand. Aber trotzdem können andererseits kompliziertere Sachverhalte schriftlich auch besser und zügiger geklärt werden. Wenn Sie davon überzeugt sind, dass Sie Ihre Interessen auch mündlich durchsetzen können, sollten Sie immer zuerst ein klärendes Gespräch suchen. Dies ist vor allem dann sehr aussichtsreich, wenn die andere Seite vielleicht auf den Mangel, den Sie beanstanden, selber noch gar nicht aufmerksam geworden ist. Insbesondere bei größeren Firmen oder Behörden wird aus jedem Brief ein „Vorgang", der dann auf einem bestimmten betriebsinternen „Dienstweg" abgearbeitet werden muss. Versetzen Sie sich ruhig einmal in die Lage der Mitarbeiter solcher Institutionen: Da wäre es Ihnen doch auch lieber, Sie würden auf Dinge, die nicht gut gelaufen sind, erst einmal diskret aufmerksam gemacht und könnten diese Fehler ebenso reibungslos beheben, als „von oben herab" mit Mängelrügen bombardiert zu werden. Dies gilt aber nur in solchen Fällen, die sich mündlich in Ihrem Sinne lösen lassen! In jedem Fall ist es lohnend, bei Problemen auf den anderen zuzugehen, persönlich, am Telefon oder aber per Brief. Nur so hat der andere überhaupt die Chance, sich der beanstandeten Mängel bewusst zu werden und für Abhilfe zu sorgen.

Richtig schriftlich beschweren

Es gibt verschiedene Extrempositionen: zum einen diejenigen Kunden, die sich fast wie ein Hobby über alles und jedes beschweren und als penetrante Querulanten sogar vors Gericht ziehen. Daneben gibt es auch immer einige Oberschlaue, die eine großzügige Garantie oder Kulanz ungerechtfertigt ausnützen werden. Die unangenehmste Spezies sind die Unverschämten oder die, die sich am Rande des Betrugs bewegen. Auf der anderen Seite gibt es dann die großen Dulder und Schweiger – „Da kann man halt nichts machen!"–, die sich ohne Not zurückziehen und aus falsch verstandener Bescheidenheit oder Scham niemandem zu nahe treten wollen. Diese Zeitgenossen lassen alles mit sich machen und verzichten im Zweifelsfall sogar auf das, was Ihnen rechtmäßig zusteht. Sie werden rasch zum Opfer schamloser Geschäftemacher. Also aufpassen, dass Sie weder zur einen noch zur anderen Gruppe gehören.

Wenn es Ihrer Meinung nach wirklich um etwas geht, sollten Sie eine schriftliche Beschwerde ins Auge fassen –

zumindest, bevor Sie zum Rechtsanwalt gehen und Ihr Gegenüber verklagen. Wo berechtigter Grund zur Klage besteht und Nachteile nicht behoben werden, sollten Sie möglichst schnell Ihre Ansprüche schriftlich anmelden. Wieso sollten Sie es unwidersprochen hinnehmen, dass Sie nicht das bekommen, wofür Sie Ihr Geld hingelegt haben, oder was Ihnen nach Recht und Gesetz zusteht? Wer kennt sie nicht, diese Reaktion beim Händler, Finanzdienstleister oder Handwerker, wenn Sie als Kunde unzufrieden sind: Da beruft man sich auf die Unternehmensvorschriften oder die des Herstellers, man lässt vernehmen: „Ich bin dafür nicht zuständig", man vermittelt Ihnen das deutliche Gefühl, Ihre Beschwerde sei nicht wichtig oder gar lästig, und zur Beschwichtigung leistet man Versprechen, die ganz sicher nicht erfüllt werden können – kurzum, man wimmelt Sie ab. Um eine schriftliche Beschwerde kommen Sie in diesem Fall nicht herum! In diesem Buch finden Sie viele Beispiele, bei denen es sinnvoll ist, schriftlich zu reagieren. Etwa, wenn Sie formell Einspruch oder Widerspruch einlegen. Aber es gibt auch weniger formalisierte Anlässe, bei denen Sie mit einem Brief die besseren Karten haben, um Ihre Interessen durchzusetzen. Sie schaffen sich nämlich damit selbst ein Forum, wo Sie die zugrunde liegenden Fakten aus Ihrer persönlichen Sicht eingehend erläutern können. Besonders bei fristgebundenen Anlässen sind Sie damit auf der sicheren Seite.

Überhaupt sollten Sie sich, damit Sie eventuell vor Gericht um Ihr Recht kämpfen können, bei konkreten Fristen immer schriftlich beschweren. Mit diesem schriftlichen Nachweis erinnern Sie sich nicht nur besser an sämtliche Fakten (das macht Sie außerdem zu einem kompetenten Gesprächspartner und hilft später auch Ihrem Rechtsanwalt), sondern dokumentieren im Zweifelsfall zudem vergebliche Einigungsversuche.

Grundsätzlich ist es immer gut, alles, was mit Ihrem Anliegen zusammenhängt, auf Papier zu bannen. Zum einen schaffen Sie sich so eine geistige Stütze: Denn wenn Sie eine Beschwerde vorbringen wollen, haben Sie immer die wichtigen Punkte Ihrer Forderung und der Nachteile, die Ihnen daraus entstanden sind, konkret vorliegen. Zum anderen leistet Ihnen diese Zusammenstellung auch nützliche Dienste, wenn Sie zunächst einmal zur Klärung des Problems ein Gespräch führen wollen – sei dies telefonisch oder direkt. Es kann also durchaus vorkommen, dass ein sehr kurzer, aber effektvoller Beschwerdebrief eine lange Vorbereitung braucht. Sie dürften dann im Eifer der Diskussion kaum wesentliche Aspekte vergessen.

Wenn Kunden sich beschweren, sind Verkäufer, Hersteller oder Veranstalter oft unangenehm berührt und nehmen sofort eine abwehrende Haltung ein. Ist es überhaupt sinnvoll, Auseinandersetzungen um Beschwerden bis vor die Schranken des Gerichts zu treiben? Oder verschwenden Sie damit nur Zeit und Energie? Das muss von Fall zu Fall entschieden werden. Beschwerden sind nämlich kein lästiges Übel, sondern auch für die andere Seite eine große Chance, die Beziehung zum Kunden zu verbessern und ähnliche Fehler künftig zu vermeiden. Beschwerden sind eine wesentliche Informationsquelle in einer Kundenbeziehung. Und speziell in unserer wettbewerbsorientierten Welt ist die Handhabung von Beschwerden ein entscheidender Faktor im Konkurrenzkampf: Wer mit Beschwerden richtig umgeht und sie als Feedback ansieht, sichert sich einen wesentlichen Wettbewerbsvorteil. Denken Sie auch daran, wenn Sie wegen einer Beschwerde ins Grübeln geraten sollten.

Kleine Praxisanleitung

Schritt 1: Weg mit dem Ärger

Sind Sie besonders verärgert? Steigt Ihnen die Galle hoch? Dann kann es therapeutisch durchaus sinnvoll sein, den ganzen Ärger erst einmal ungeordnet, frei von der Leber weg aufzuschreiben. Bei dieser Fingerübung werden Sie selbst Ihr dankbarster Leser sein. Ist der Dampf abgelassen, dann lässt sich auch einfacher gefasst formulieren. Und Sie sehen vielleicht jetzt selber besser, wo das Problem liegt und was Sie konkret fordern wollen und realistisch können.

Schritt 2: Stichpunktliste

Bereiten Sie Ihren Text durch gründliche Vorarbeit optimal vor. Halten Sie Ihre Erkenntnisse schriftlich fest, aber jetzt auf einer distanziert-inhaltlichen Ebene. Erstellen Sie dazu eine Art Liste. Bringen Sie den Sachverhalt Punkt für Punkt in die richtige Reihenfolge. Oder entwerfen Sie mit Hilfe eines Textverarbeitungssystems ein Inhaltsverzeichnis. Nehmen Sie sich Zeit für diese genaue Aufgliederung des Problems.

Schritt 3: Zieldefinition

Mit Ihrer Auflistung der Fakten entwickeln Sie bereits die Zielsetzung Ihres Briefes und werden sich darüber klar, was er bewirken soll. Jetzt können Sie für sich daraus ab-

leiten, wie Sie vorgehen müssen. Extrem wichtig ist zum Beispiel Ihre Marschrichtung: Was möchten Sie mit Ihrer Reklamation erreichen: persönliche Genugtuung, finanziellen Ausgleich oder rechtliche Konsequenzen?

Eine Reklamation, egal, um welches Thema oder um welche Branche es geht, ist immer ein längerer Prozess. Unterteilen Sie doch einmal Ihre Beschwerdesituation in immer kleinere Schritte. Nutzen Sie für sich schon den ersten Beschwerdemoment bewusst zu Ihrem Vorteil! Da gibt es zunächst die Emotionen bei Ihnen als Beschwerdesteller: Ärger, Wut, Entrüstung, um nur einige Beispiele zu nennen. Die wollen richtig kanalisiert sein, damit Sie dann auch den unmissverständlich richtigen Ton treffen.

Selbstverständlich gibt es im Reklamationsprozess auch die menschliche Komponente des Empfängers: Versetzen Sie sich doch einmal in die Situation Ihres Gegenübers, dann fällt es Ihnen nicht schwer, auch unter kritischen Umständen Verständnis für dessen Situation zu zeigen. Das könnte sogar dazu führen, dass Sie nicht nur monieren und fordern, sondern einen Vorschlag für eine Lösung machen oder anbieten, gemeinsam mit ihm nach einer Lösung zu suchen. Nennen Sie dabei klar Ihre Zeitvorstellungen für den weiteren Ablauf und halten Sie diese auch ein.

Schritt 4: Sammeln und strukturieren

„Schreiben ist organisierte Spontaneität", meint der deutsche Schriftsteller Martin Walser. Natürlich spricht er von der Literatur, aber in gewisser Weise gilt das auch für das Verfassen nichtliterarischer Briefe. Denn, richtig gesammelt ist halb geschrieben!

Bevor Sie konzentriert (Ihre Wutphase ist nun bereits abgearbeitet ...) mit dem Schreiben loslegen, müssen Sie unbedingt alle relevanten Unterlagen sammeln. Tragen Sie Quittungen, Verträge, Bestätigungen, Protokolle, Daten und Fakten zusammen. Sammeln Sie alle nötigen Namen und Daten, checken Sie Adressen und Ansprechpartner. Informieren Sie sich über Dienstbezeichnungen und Zuständigkeiten. Jetzt ordnen Sie diese Dokumente chronologisch. Auf diese Art und Weise gliedern Sie bereits den sachlichen Inhalt. Ihren Infostapel arbeiten Sie dann in der Reihenfolge ab. Am Ende kommt aus dem vielen Material vielleicht nur ein kurzer Brief heraus. Was in der Regel aber besser ist als umgekehrt, also wenig vorzustrukturieren und einen endlosen Text abzusondern. Deshalb: An den Leser denken und Fakten, Fakten, Fakten liefern!

Schritt 5: Die richtigen Fragen stellen

Was will ich dem Empfänger sagen? Wie soll ich es sagen? Was soll der Empfänger letztendlich mit meinem Schreiben anfangen? Schreiben Sie niemals Beschwerdebriefe aus der hohlen Hand! Sie steigen dazu jetzt in die Recherchephase ein. Nutzen Sie diese hilfreichen Fragen: Wer, was, wo, wie, wann, welche Konsequenz? Die wichtigsten Fragen sind jedoch: Wer ist mein Leser? Was will ich ihm sagen? Welchen Schluss soll er aus dem Schreiben ziehen? Wenn Sie sich die folgenden Grundfragen Ihres Lesers vor Ihr geistiges Auge halten, schreibt sich Ihr Brief fast von allein: „Woher kommt dieser Brief? Wer unterschreibt? Soll ich den Brief lesen? Aus welchem Grund schreibt er mir? Wer beweist das? Was soll ich konkret tun? Was passiert nach meiner Reaktion? Hat die Antwort noch Zeit? Was passiert, wenn ich nicht reagiere?" Ihre Antworten darauf sind schon die halbe Miete!

Schritt 6: Über den rechtlichen Hintergrund informieren

Lesen Sie noch einmal am besten das Kleingedruckte des betreffenden Vertrages nach oder erkundigen Sie sich nach der ungefähren Rechtslage zu besagtem Problem. (Hilfreiche Quellen hierzu finden Sie am Schluss des Buches.) Damit wissen Sie ziemlich genau, wie es um die Stärke Ihrer eigenen Position steht. Und damit wiederum treffen Sie im Gespräch den richtigen Ton. Denn eine Bitte um Kulanz ist eben etwas anderes als die dritte Mahnung zur Erledigung einer fest vereinbarten Leistung.

Schritt 7: Fristen beachten

Schnelligkeit, Sachlichkeit und die richtige Form sind das Rezept für eine erfolgreiche Beschwerde, und oft gilt es außerdem, Fristen zu beachten. Schamfristen sind vollkommen überflüssig, wichtig ist vielmehr, dass Sie auf Mängel, Fehler oder Störungen so schnell wie möglich reagieren. Sie könnten sonst wichtige Fristen ungenutzt verstreichen lassen, zum Beispiel für den Einspruch zur Steuererklärung oder zum Ablauf der Gewährleistungsfrist für das defekte Radio.

Kunden, die zum Beispiel einen Vertrag an der Haustüre oder bei einer Kaffeefahrt abgeschlossen haben, auch für Zeitungsabonnements oder bei Ratenkauf, müssen innerhalb von vierzehn Tagen widerrufen. Bei Reisemängeln im Zusammenhang mit Pauschalreisen sollten Sie sich unverzüglich an die Reiseleitung vor Ort oder die jeweilige Kontaktperson des Veranstalters wen-

den. Nach der Reise muss Ihre Reisebeschwerde innerhalb eines Monats beim Veranstalter liegen, gerechnet vom Rückreisetag in Ihren Unterlagen. Bei Produktmängeln haben Sie vom Gesetz her in der Regel zwei Jahre Zeit, um zu reagieren. Diese Verjährungsfrist beginnt mit dem Zeitpunkt, zu dem Sie eine Ware erhalten. Wer schweigt, akzeptiert. Was liegt näher, als dass Ihr Gegenüber dann fälschlicherweise davon ausgeht, dass seine Leistung, Entscheidung oder sein Verhalten absolut in Ordnung sind, und somit wieder zur Tagesordnung übergeht?

Schritt 8: Namen und Ansprechpartner

Nichts hört und liest der Mensch lieber als seinen eigenen Namen, allerdings wenn möglich richtig ausgesprochen und geschrieben! Denn: Ein falsch geschriebener Name bringt Verdruss. Damit Sie Ihre Ansprechpartner mit Ihrem Brief direkt ansprechen können, sollten Sie, sofern Sie unsicher sind, unbedingt im Vorfeld versuchen, den Namen herauszufinden – den Nachnamen und am besten noch den Vornamen dazu. Hat der Betreffende einen Titel, so gehört der mit zur Anrede. Kennen Sie Ihren Ansprechpartner noch nicht, empfiehlt sich die Anrede: „Sehr geehrte Damen und Herren". In Städten und Gemeinden richtet sich die Anrede nach der Funktion, zum Beispiel: „Sehr geehrter Herr Stadtdirektor". Nicht jede Behörde benennt Ihren Chef nach einem bundeseinheitlichen Muster.

Schritt 9: Dokumente kopieren

Es kann passieren, dass sich Ihr Schriftwechsel zu einem Aktenberg in ungeahnten Dimensionen auswächst. Müssen Sie Nachweise erbringen oder Fragebögen beantworten, fügen Sie diese Dokumente als Anlagen dem eigentlichen Brief auf gesonderten Blättern bei. Im Brief können Sie dann an der geeigneten Stelle auf diese Anlagen verweisen, etwa: „siehe Anlage 1". Absolut wichtig: Verschicken Sie niemals Originale von Dokumenten. Für den Schriftverkehr sind Kopien vollkommen ausreichend.

Schritt 10: Die Optik beachten

Kommunikation ist viel mehr als nur das Wort, und sei dies „nur" geschrieben. Wenn wir uns unterhalten, so haben Untersuchungen ergeben, machen den Großteil unserer Kommunikation Körpersprache (über 50 Prozent), Tonfall (fast 40 Prozent) und nur zu sieben Prozent das gesprochene Wort aus. Das heißt, selbst wenn wir nichts

sagen, wirken wir und übermitteln stille Botschaften. So geht es uns auch, wenn wir schriftlich kommunizieren: Nicht nur der Inhalt, sondern auch die Optik unseres Schreibens ist ein wichtiges Kommunikationsinstrument. Es spiegelt unsere Einstellungen und ist unser Botschafter. Sie wirkt, auch wenn wir es nicht merken. Wie positiv diese Wirkung ausfällt, das können Sie beeinflussen!

Das gilt zum Beispiel für die äußere Form. Halten Sie sich beim Schreiben einfach an einige Grundregeln, und schon ist sie ansprechend. So verleihen Sie Ihrem Anliegen ganz unproblematisch mehr Nachdruck. Verwenden Sie weißes, unlineiertes Papier, sofern Sie kein gedrucktes Briefpapier besitzen. Verzichten Sie auf handgeschriebene Briefe, verschicken Sie in jedem Fall einen mindestens maschinengeschriebenen Brief. Optimal arbeiten Sie, wenn Sie am Computer schreiben, da Sie dann beliebig oft korrigieren und ändern können. Denn ein fehlerfreies Schriftbild ist unbedingt nötig! Lieber machen Sie sich bei Unsicherheiten in einem Nachschlagewerk schlau. Praktische Hilfestellung gibt Ihnen beispielsweise der Duden Band 1 „Die deutsche Rechtschreibung", wo Sie die neue Rechtschreibung mit allen Schreibweisen und Trennungen finden. Und alles, was Sie zum Thema „Fremdwörter" wissen wollen, können Sie unter anderem im Duden Band 5 „Das große Fremdwörterbuch" nachschlagen.

Die Umschläge sollten farblich zum Briefbogen passen, in gängigen Größen, sauber und unbenutzt sein. Oben und unten und an beiden Seiten lassen Sie einen Rand von mindestens 2,5 Zentimetern. Beschreiben Sie jedes Blatt nur einseitig. Schalten Sie zwischen Absender, Anschrift und dem eigentlichen Text jeweils eine Leerzeile, so wird Ihr Brief lesbarer. Auch zwischen zwei Absätzen wirkt eine Leerzeile optisch günstig. Für Perfektionisten: Ganz detaillierte Angaben zu Schreib- und Gestaltungsregeln wie Zeilenschaltungen, Abständen und Anschriften nach DIN 5008, DIN 5009 und DIN 676 bietet ein Leitfaden zum Verfassen von Geschäftsbriefen aus dem Beuth Verlag in Berlin, erhältlich im gut sortierten Buchhandel.

Schritt: 11: Sicher versenden

Ein paar Gedanken müssen Sie auch auf die Versandart, die Sie für Ihre Beschwerde wählen, aufwenden. Damit Sie im Ernstfall Ihrer Beweispflicht rechtlich einwandfrei nachkommen können, dass der Empfänger auch tatsächlich Ihren Brief erhalten hat, sollten Sie ihn als Einschrei-

ben mit Rückschein versenden. Denn der Empfänger bestätigt bei dieser etwas teureren Versandart auf dem Rückschein mit Datum, Uhrzeit und Unterschrift den Erhalt. Noch besser dran ist, wer außerdem beweisen kann – zum Beispiel durch Zeugen –, dass sich das zu übermittelnde Schreiben tatsächlich in dem Einschreibebrief befand. Dann kann niemand behaupten, er hätte per Einschreiben nur einen leeren Briefumschlag erhalten. Besonders gewichtig ist die Möglichkeit, sein Schreiben mit Hilfe des Gerichtsvollziehers zustellen zu lassen. Wenn Sie diesen Weg wählen wollen, schicken Sie die zuzustellenden Unterlagen am besten an die Gerichtsvollzieher-Verteilerstelle Ihres Amtsgerichts mit der Bitte um Post-Zustellung an den Empfänger. Die – allerdings nicht unerheblichen – Kosten werden dann im Nachhinein erhoben. Auch ein Bekannter kann den Botengang übernehmen und Ihren Brief beim Empfänger abgeben – er muss sich nur die Annahme mit Datum, Uhrzeit und Unterschrift quittieren lassen. Im Streitfall kann dieser Bekannte als Zeuge auftreten.

Faxe und e-Mails sind eine Notlösung. Sie können sie bei einer ersten Anfrage verwenden, der dann noch weitere schriftliche Beschwerden per Brief folgen. Oder wenn die Zeit drängt, mailen oder faxen Sie den identischen Text, dazu aber unbedingt parallel das Einschreiben losschicken. Ein Fax hat zwar theoretisch auch Beweiskraft, da das Sendeprotokoll Ihnen die Übertragung mit Datum, Uhrzeit und fehlerfreier „Zustellung" schriftlich ausweist. Aber vor Gericht kann es Ihnen passieren, dass diese Texte nicht anerkannt werden, da zum Beispiel Faxsendeprotokolle beweisrechtlich lediglich Indizwert für den Zugang eines Schreibens haben. Grund: Die Sendeprotokolle können durch Manipulationen am Sendegerät (Datum und Uhrzeit) beziehungsweise durch Einschaltung eines zweiten Faxgeräts beliebig hergestellt werden. Außerdem lässt sich der Zugang beim Empfänger nicht beweisen. Diese Manipulationsgefahr besteht ebenso bei der elektronischen „Postsendung" per e-Mail. Auch hier können am Computer Datum und Uhrzeit nach Belieben verstellt werden und der Empfänger kann die Nachricht blitzschnell durch Löschen verschwinden lassen.

Checkliste Beschwerdebriefe vorbereiten

- Versuchen Sie zunächst, Unstimmigkeiten persönlich oder telefonisch zu lösen.
- Lassen Sie Dampf ab. Schreiben Sie sich alles in einem Vorentwurf vom Herzen.
- Überlegen Sie, welche Absicht Sie mit Ihrer Reklamation verfolgen.
- Gliedern Sie das Problem stichpunktartig auf.
- Sammeln und strukturieren Sie alle Unterlagen.
- In der Kürze liegt die Würze!
- Finden Sie Namen und Ansprechpartner heraus.
- Informieren Sie sich über die Rechtslage zu Ihrem Problem.
- Bauen Sie Ihren Text auf den richtigen Fragen auf.
- Achten Sie auf Fristen.
- Kopieren Sie die Dokumente und verschicken Sie nie Originale.
- Beachten Sie die Optik.
- Wählen Sie eine sichere Versandart.

3. Beim Schreiben

Bessere Briefe bewirken wirklich mehr, wer wüsste das besser als die Werbung? Einen nachhaltigen Eindruck hinterlassen immer nur prägnant formulierte Briefe. Und bei wichtigen Anlässen ist ein Brief nun einmal oft die einzig angemessene Form, sich an andere Menschen zu wenden. Ist die Entscheidung für einen Beschwerdebrief gefallen, sollten Sie neben dem Inhalt auch an die passende Form denken. Aber es fällt manchmal nicht leicht, die adäquaten Worte zu finden. Als ungeübter Schreiber ist man nur zu schnell verunsichert, ob man die treffenden Worte gewählt und den richtigen Ton getroffen hat. Haben Sie nicht auch schon einmal nach einer besonders griffigen Formulierung, nach dem rechten Ausdruck oder der exakten Schreibweise gesucht? Kennen Sie nicht auch aus eigener Erfahrung beim Schreiben den „Horror vacui", die Blockade vor einem leeren Briefbogen? Die psychologische Hürde der Überwindung? Leider haben nicht viele Menschen die Begabung, auf Anhieb treffsicher und Erfolg bringend formulieren zu können. Das dürfte auch der Grund sein, weshalb noch immer so altväterliche Formulierungen zu lesen sind: Man „erlaubt sich" mitzuteilen, man „bittet um die geschätzte Aufmerksamkeit", „empfiehlt sich" dem Leser und verabschiedet sich „hochachtungsvoll". Dabei ist Schreiben keine Zaubergabe, sondern hat Methode. Deshalb haben wir für Sie im zweiten Teil dieses Ratgebers Musterbriefe für verschiedenste Situationen zusammengestellt.

Vom Nutzen des Protestes

Wer sich beschwert, hat nicht das erhalten, was er erwartet hat. Aber es beschwert sich oft nur derjenige, der weiterhin mit der Firma, dem Unternehmen Geschäfte machen will. Dabei sollte man grundsätzlich nicht vergessen, dass auch bei Beschwerden zwei Partner beteiligt sind, die beide jeweils etwas davon haben können. Auch Beschwerden sind eine Form von Kommunikation. Wann ist Ihre Kommunikation erfolgreich? Aus psychologischer Sicht ist Kommunikation dann erfolgreich, wenn die daran beteiligten Personen ihr Ziel erreichen und die von ihnen gewünschte und beabsichtigte Wirkung eintritt. Erreichen die an der Kommunikation Beteiligten die beabsichtigten Ziele und Wirkungen nicht, spricht man von gestörter Kommunikation. Und wie ist das mit ehrlicher Kommunikation? Grundsätzlich wollen wir als Kunden oder Klienten glauben, was man uns sagt. Doch schlechte Erfahrungen, die man in der Vergangenheit gemacht hat, lassen ein gesundes Misstrauen entstehen. Sie werden immer schneller merken, wenn a) Ihr Gegenüber versucht, Ihnen etwas vorzumachen oder b) er Sie für ein ziemlich beschränktes Wesen hält.

Wo liegt eigentlich das Problem, wenn Unternehmen zugeben, dass ihr Angebot gewisse Mängel oder Schwächen hat? Stellt man als Kunde fest, dass man bewusst in Unwissenheit gewiegt beziehungsweise vorsätzlich falsch informiert wurde, ist „Rache" angesagt. Denn kein Mensch lässt sich gerne für dumm verkaufen. Schlimmstenfalls reagieren Sie darauf mit negativer Mundpropaganda; im günstigsten Fall damit, dass Sie reklamieren! Man sollte sich darüber im Klaren sein, dass jede Beschwerde in einem bestimmten Zusammenhang erfolgt. Sie beschweren sich – Sie wollen etwas erreichen. Aber auch der Empfänger der Beschwerde sollte die positive Seite davon sehen und tut dies häufig auch. Gerade für große Unternehmen und Institutionen sind begründete Beschwerden ein wichtiges Instrument der Marktforschung. Es ist viel relevanter, eine solche Rückmeldung zu erhalten, als Kunden wegen schlechter Produkte oder mangelhafter Dienstleistung einfach zu verlieren. Beschwerden sind sehr häufig nur die Spitze des Eisberges. Viele Unzufriedene machen sich nämlich nicht die Mühe, eine Beschwerde zu formulieren oder mit dem Händler zu sprechen. Sie „stimmen mit den Füßen ab" und wandern zur Konkurrenz.

Positiv denken

Natürlich gibt es keine Vorschriften oder Patentrezepte für erfolgreiches Beschweren, aber Sie fahren einfach besser, wenn Sie sich an ein paar Spielregeln halten. Eine lautet: Beim Schreiben positiv denken! Denn, wenn Sie einen erfolgreichen Text schreiben wollen, sollten Sie sich um eine offene, aufgeschlossene Haltung bemühen. Mit Misstrauen, Ängsten, unkontrollierten Gefühlen, Wunschdenken oder mangelndem Selbstvertrauen verhindern Sie die praktische Umsetzung Ihrer Forderung. Letztlich ist Ihr schriftlicher Auftritt auch eine Frage des Stils. Seien Sie

konstruktiv, bieten Sie Problemlösungen an. Beantworten Sie die unausgesprochene Leserfrage: „Was kann ich tun, um dich jetzt trotzdem zufrieden zu stellen?" Wägen Sie im Einzelfall ab, welcher Weg zur Klärung des Problems am geeignetsten ist. Muss es unbedingt so weit kommen, dass das Thema bis vor Gericht getrieben wird? Überlegen Sie sich diesen Schritt genau – eine Klage kann unter Umständen sehr teuer für Sie werden.

Sachlich bleiben

Sich bei Ungerechtigkeit zu wehren, Ihr Recht und Ihre Interessen zu wahren, bleibt selbstverständlich erste Bürgerpflicht. Sie haben gute Aussichten auf Erfolg, wenn Ihr oberster Leitsatz für das Verfassen schwieriger Briefe lautet: „Formuliere sachlich!" Besser noch: „betont sachlich, klar und präzise". Emotionen verhärten nämlich die Fronten, und auch wer mit Kanonen auf Spatzen schießt, vergeudet sinnlos Energien. Wer gar zu Beleidigungen greift, erreicht mit Sicherheit nichts. Er kann vielmehr im Gegenteil noch selbst Probleme bekommen. Sogar bei berechtigten Beanstandungen sind klare Argumente vorteilhafter als verletzende Äußerungen. Sind Briefe unverständlich, verursachen sie zusätzlich Missverständnisse oder machen Rückfragen notwendig. Das ist ein unnötiger Zeit- und Kostenfaktor, der nur weiteren Ärger auf beiden Seiten heraufbeschwört.

Ist Ihnen das Ergebnis Ihrer Beschwerde wichtiger als der Weg dorthin, werden Sie auf wutentbrannte Briefe ganz einfach verzichten können und auch auf das kurze, momentan befriedigende Gefühl, es „denen" mal so richtig gezeigt zu haben. Wie schon in der Vorbereitungsphase erwähnt, hätte ein emotionsgeladener Brief nur den einen positiven Zweck, dass Sie sozusagen in einer Art schriftlicher Trockenübung Ihren Ärger „herunterschreiben" und damit in den Griff bekommen würden. Wenn Sie Ihr Gegenüber in einem Brief „niedermachen" wollen, dann fühlen Sie sich vielleicht hinterher besser, aber ob Sie ans Ziel kommen, ist dabei die große Frage. Wenn Sie wirklich etwas erreichen wollen, dann müssen Sie das, was Sie bezwecken, so deutlich, so vollständig, so nüchtern und so sachorientiert wie nur irgend möglich darstellen. Keine Emotionen zeigen, keine Ironie, keinen Sarkasmus und vor allem keine Unsachlichkeiten oder gar Beschimpfungen! Wer andere Menschen beschimpft – sogar noch schriftlich –, disqualifiziert sich selbst und

gibt der Vermutung berechtigten Anlass, dass seine Sachargumente einfach zu schwach sind.

Greifen Sie den Adressaten Ihres Briefs niemals persönlich an. Damit erreichen Sie nur, dass der Empfänger verärgert wird. Streichen Sie doch einfach das Bild des gierigen, nimmersatten Unternehmers, Arztes, Handwerkers usw. ein für allemal aus Ihrem Kopf. Lassen Sie sich nicht durch diese wenigen schwarzen Schafe oder selten auftretenden Einzelexemplare den Blick auf all diejenigen Lieferanten, Verwaltungsangestellten oder Anbieter verschleiern, die uns auf der Basis eines fairen und professionellen Miteinanders behandeln. Natürlich mögen wir es alle, wenn man uns das Gefühl gibt, verstanden und akzeptiert zu werden. Wir freuen uns, wenn man uns zuhört und Signale des Verstehens gibt. Dies gilt auch für den Empfänger unserer Beschwerde. Wer diese elementaren Grundbedürfnisse nicht erfüllt, läuft schnell Gefahr, dass sein Gegenüber bei nächstbester Gelegenheit abtaucht und somit den Beschwerdeprozess behindert und verzögert.

Bedenken Sie in diesem Zusammenhang, dass Ihr Brief nicht von einer Maschine beantwortet wird, sondern von Menschen! „Es gibt lediglich vier Möglichkeiten des Kontakts mit unserer Umwelt. Man schätzt uns danach ein, wie wir diese vier Kontaktmöglichkeiten nutzen: was wir tun, wie wir aussehen, was wir sagen und wie wir es sagen", meinte der erfolgreiche Autor und Motivationslehrer Dale Carnegie. Anders gesagt: Wie man in den Wald hineinruft, so schallt es heraus! Ihr Brief steht für eine ganz bestimmte Kommunikationssituation, die ganz wesentlich für das Gelingen oder Misslingen Ihrer Reklamation ist. Die Mitarbeiter, die sich in Betrieben oder in Behörden von Berufs wegen mit Beanstandungen und Beschwerden befassen, reagieren nun einmal empfindlich auf permanente schriftliche Unsachlichkeiten und Beleidigungen. Würden Sie doch auch, oder? Man kann davon ausgehen, dass unsachliche und anpöbelnde Beschwerdebriefe eine andere Reaktion (und folglich auch Bearbeitung) hervorrufen als formal, inhaltlich und vor allem vom Ton her seriös und auch freundlich gehaltene Briefe. „Willst du dich beschweren, dann fange mit dem Positiven an. Deine Chance, dass du dann gehört wirst, steigt damit enorm", heißt es. Also, sogar wenn Ihr Rechtsanspruch auf die Erfüllung eines Anliegens klar auf der Hand liegt, macht der Ton Ihrer Beschwerde die Musik. In Ihrem eigenen Interesse sollten Sie – wie übrigens auch im Reklamationsgespräch – unter allen Umständen Unsachliches, Unfreundliches und erst recht Be-

leidigendes komplett vermeiden. Schreiben Sie verständlich und behalten Sie im Hinterkopf, dass Ihr Gegenüber mit Ihrem Brief etwas in die Wege leiten soll.

Überlegen und Zeit lassen

Zum Schreiben braucht man Muße. Schaffen Sie sich also genügend zeitlichen Spielraum. Denn wenn Sie zum Schreiben kaum Zeit haben, werden Sie kaum den erforderlichen Zugang finden. Erstellen Sie am besten am Computer einen Entwurf, den können Sie dann korrigieren, so oft Sie wollen. Nutzen Sie Ihre kreativen Phasen, auch wenn diese wie bei den meisten Menschen nur wenige Minuten kurz sind. In diesen Phasen lassen Sie die Formulierungen einfach fließen, dann wird Korrektur gelesen, die Rechtschreibung in Ordnung gebracht und an der Formatierung gefeilt. Lesen Sie sich das, was Sie geschrieben haben, unbedingt nochmals genau durch. Ein guter Test, um die Wirkung Ihres Briefes zu prüfen, ist, den Text zumindest einmal laut sich oder einem objektiven Zuhörer vorgelesen zu haben (sehr zu empfehlen). Und sollten Sie Ihre Beschwerde am Computer getippt haben, lassen Sie zum Schluss das Rechtschreibprogramm darüberlaufen.

Fast immer gewinnen Texte auch an Qualität, wenn sie (mehrfach) überarbeitet und dabei auch gekürzt werden. Sie sind besonders verärgert über den Anlass Ihrer Beschwerde? Dann können Sie das Ganze noch einen oder zwei Tage liegen lassen. Nun dürfte der erste Zorn verraucht sein und Sie können viel strukturierter formulieren, was Sie stört und wo Sie Abhilfe erwarten.

Guter Text

Gut schreibt der, der verstanden wird. Bleiben Sie in Wortwahl und Satzbau einfach, konkret und anschaulich. Vorsicht mit Ironie: Diese wird schriftlich ganz selten richtig verstanden, was dem Ziel Ihrer Beschwerde abträglich sein dürfte.

Bei der Thematik „Beschwerde, Reklamation, Widerspruch" ist ein wichtiger Aspekt die Länge. Natürlich müssen Sie die angemessene Länge für Ihr Problem selbst abschätzen. Trotzdem: Vermeiden Sie zu lange Briefe! Schreiben Sie nur eine Seite, höchstens zwei. Im Zweifelsfall gilt auch bei der Beschwerde: In der Kürze liegt die Würze. Lassen Sie einen roten Faden erkennen, versuchen

Sie Ihren Brief folgerichtig und übersichtlich zu gliedern – alles kommt der Reihe nach. Treffen Sie eine gute Unterscheidung von Wesentlichem und Unwesentlichem.

Fordern Sie den Empfänger zum Handeln auf. Die Feinde verständlicher Kommunikation glauben noch immer, durch Abkürzungen und Fachchinesisch Know-how und Kompetenz zu signalisieren. Wie aber soll der Adressat Ihrer Beschwerde etwas beheben, was er nicht verstanden hat? Vermeiden Sie daher Fachchinesisch. Fremdwörter heißen auch deshalb Fremdwörter, weil sie für viele Leser fremde Wörter sind. Deshalb sollten Sie sie nur zurückhaltend einsetzen oder je nach Empfänger ganz vermeiden. Durchforsten Sie Ihre Beschwerde ruhig einmal daraufhin, ob Sie die Sprache Ihres Lesers sprechen.

Weitere zentrale Kriterien, die einen ansprechenden Text (nicht nur bei Beschwerden) kennzeichnen und immer berücksichtigt werden sollten, sind die Wahrheit des Inhalts, die Einfachheit der Formulierung sowie insgesamt Kürze und Prägnanz. Kürze und Prägnanz, das sagt sich so leicht. Hierbei steht immer die Frage im Vordergrund: Wie viel Text brauche ich wirklich, um das auszudrücken, was mir auf dem Herzen liegt? Das eine Extrem ist eine knappe, gedrängte Ausdrucksweise, bei der das Anliegen nicht einmal klar erkennbar ist, das andere eine weitschweifige, mit unnötigen Einzelheiten, überflüssigen Erläuterungen, breitem Ausholen, Abschweifen vom Thema, umständlicher Ausdrucksweise, zahllosen Wiederholungen, Füllwörtern und leeren Phrasen. Natürlich müssen Kürze und Prägnanz im Vordergrund stehen. Aber ebenso bedeutsam ist es, dass Sie die Informationen rüberbringen, die man für die Beurteilung kennen muss. Sie müssen mit Ihrem Schreiben keinen Literatur-Nobelpreis gewinnen: Lieber einmal eine schlichte Formulierung zu viel riskieren als missverständliche Interpretationen auf Grund unvollständiger Informationen. Denken Sie daran: Ihr Gegenüber muss vielleicht täglich Dutzende ähnlicher Briefe lesen. Wenn Sie ihm durch Ihren Brief die Arbeit erleichtern, kommen Sie eher ans Ziel.

Formulieren Sie Sätze, die maximal 25 Wörter enthalten. Und strukturieren Sie Ihr Anliegen mit Hilfe einer klaren Gliederung durch sinnvolle Absätze. Ihr Leser braucht Augen- und Atempausen. Sonst ersäuft er in einer „Bleiflut" und ermüdet, bevor er das Ende Ihrer Beschwerde erreicht hat. Absätze setzen Sie auf Grund inhaltlicher Kriterien und Sinneinheiten. Das sind zum Beispiel ein neuer Aspekt, eine sachliche, chronologische Zäsur, niemals aber die Zeilenzahl allein.

Oft verstehen Menschen einander nicht einmal, wenn

sie sich von Angesicht zu Angesicht unterhalten. Das sind dann die uns allen bekannten Kommunikations- und Beziehungsbarrieren. Wir sagen etwas, unser Gegenüber versteht etwas ganz anderes. Stellen Sie sich jetzt nur einmal vor, dass wir lediglich etwa zwei Prozent der gesamten Kommunikation eines Tages in Erinnerung behalten. Beherzigen Sie daher: Je länger Ihr Brief, desto mehr muss Ihr Adressat lesen und desto schwerer kann es für ihn sein, den Zusammenhang richtig zu verstehen. Die Kunst der erfolgreichen schriftlichen Kommunikation liegt aber im „Weniger ist mehr!" Sparen Sie sich überlange Texte und legen Sie für die Bearbeitung des Falls relevante Informationen als Anlage bei.

Achten Sie besonders darauf, dass jedes Ihrer Argumente im Text nachgeprüft beziehungsweise in einer Anlage belegt werden kann. Wenn Sie sich also auf Artikel, Urteile, Gesetzestexte, mündliche oder schriftliche Informationen usw. berufen, sollten Sie für diese auch den Nachweis erbringen können.

Die Kunst erfolgreicher Kommunikation liegt vor allem darin, dem richtigen Empfänger die richtigen Informationen zukommen zu lassen. Wenn Sie zu Beginn des Briefes eine kurze Inhaltsangabe machen, helfen Sie Ihrem Leser dabei, auf den ersten Blick Problematik und Ziel Ihrer Beschwerde zu erkennen. Im Gegensatz zu früher, wo man diese knappe Zusammenfassung in der so genannten Betreffzeile formulierte, ist dies heute nicht mehr so üblich. Das spricht aber nicht dagegen, Ihr Anliegen trotzdem in einem vorangestellten „Betreff" anzuschneiden. Für den Empfänger ist es sicher eher hilfreich als störend. Sie erleichtern außerdem dem Adressaten Ihrer Reklamation das schnelle Erfassen Ihrer Nachricht, wenn Sie rekapitulieren, was bisher passiert ist, beziehungsweise den aktuellen Stand, die Ausgangsposition kurz darstellen. Denn Ihr Heimvorteil ist, den gesamten Hintergrund und die Entwicklungsgeschichte des Themas im Kopf zu haben, Ihr Leser hat dies dagegen nicht oder wenn ja, dann nur teilweise. Aber: Langweilen Sie nicht mit längst bekannten Fakten. Erklärungen, die zum Verständnis der ganzen Entwicklung notwendig sind, lassen sich am besten sinngemäß einflechten. Selbstverständlich ist es wichtig, dass Sie etwas sagen wollen. Doch – ist es nicht wichtiger, dass man Ihnen auch folgen kann?

Denken Sie nicht, dass Ihr kurzer Abriss eine veraltete Formalität wäre. Sie geben damit vielmehr Ihrem Leser (und somit dem Bearbeiter Ihres Briefes) die Möglichkeit rascher Orientierung und gegebenenfalls auch bei wiederholter Beschäftigung eine schnellere Erinnerung an

diesen Vorgang und daran, was der Schreiber eigentlich wollte. Nutzen Sie zudem diese ersten Zeilen, um auf Daten hinzuweisen, die auf den Gegenstand Ihrer Beschwerde Bezug nehmen. Das sind beispielsweise Aktenzeichen, Auftragsnummer, Lieferungsnummer, Protokollnummer, Vertragsnummer – alle immer mit dem jeweiligen Datum. Dies gilt auch, wenn Sie sich auf einen Brief beziehen. Dann nennen Sie zum Datum auch das Zeichen oder den Namen des Verfassers. Ist Ihrem Schreiben ein Gespräch vorangegangen oder ein anderer persönlicher Kontakt, erwähnen Sie schon in der Betreffzeile Ihres Briefes das Datum und den Namen Ihres Gesprächspartners.

Wohin mit dem Brief?

Bei der Frage, wie Sie den Empfänger ansprechen sollen, gibt es die einfache Regel: vom Allgemeinen zum Besonderen kommen. Praktisch heißt das, zunächst die Behörde oder Firma nennen, danach die Funktion oder die Abteilung und zum Schluss den Namen Ihres Ansprechpartners. Hat der Betreffende einen Titel, so ist dieser Teil der Anrede. Wie schon in der Vorbereitungsphase erwähnt, sollten Sie sich, sofern Sie seinen Namen nicht wissen, vorher telefonisch erkundigen. Die Frage „Wer ist bei Ihnen für ... zuständig?" hilft Ihnen sicherlich weiter. Können Sie niemand Speziellen herausfinden, müssen Sie sich mit der leider vagen Anrede „Sehr geehrte Damen und Herren" begnügen.

Kennen Sie Ihren Ansprechpartner bereits, sollten Sie ihn in Ihrem Brief unbedingt immer namentlich ansprechen – gleichgültig, ob er der Chef ist oder ein Sachbearbeiter. Grundsätzlich stellt sich auch die Frage, an wen in der Hierarchie Sie Ihren Brief denn eigentlich schicken sollten. Ist eine konkrete Beschwerdestelle oder Einspruchsstelle genannt, dann schicken Sie den Brief gleich dorthin; ansonsten wird vom Adressaten sowieso dorthin weitergeleitet und Sie verlieren nur Zeit. Dennoch kann es durchaus Erfolg versprechend und sinnvoll sein, Ihren Brief an eine entsprechende Hierarchieebene zu adressieren. Das kann der Leiter einer Filiale oder Abteilung, eines Kaufhauses oder einer Behörde sein. Sie können aber Ihren Brief in Einzelfällen auch nach „ganz oben" adressieren – an einen Vorstandsvorsitzenden, Inhaber oder Minister. Zwar werden diese Ihren Fall niemals selbst bearbeiten, aber sie können Ihrem Anliegen zu mehr Nachdruck verhelfen, wenn sie es selber für wichtig halten.

Außerdem kann es sich für die Bearbeitung mancher Anliegen als vorteilhaft erweisen, wenn der Vorgang „von oben" an die bearbeitende Stelle weitergegeben wird. Das kann unter Umständen zu einer rascheren, gründlicheren und wohlwollenderen Behandlung führen. Aber Vorsicht: Nicht jede Bagatelle eignet sich dazu, dem Chef von Daimler-Chrysler, Siemens oder dem Bundeskanzler persönlich als Brief vorgelegt zu werden. Wenn Sie kleinere Belange ohne Interesse für andere Konsumenten oder auch häufigere Anliegen haben, besteht eher die Gefahr, dass Sie sich lächerlich machen, wenn Sie immer „große Geschütze" auffahren lassen. Lassen Sie sich aber keinesfalls entmutigen, ein berechtigtes Anliegen auch nach „oben" zu tragen – Sie glauben gar nicht, womit Spitzenpolitiker und Spitzenmanager tagtäglich konfrontiert werden … .

Wirklich erforderlich wird Druck von „oben" allerdings erst dann, wenn ein zuständiger Sachbearbeiter oder die entsprechende Abteilung Ihr Schreiben überhaupt nicht, sehr langsam, unzulänglich, unbefriedigend oder gar unverschämt beantwortet. Dann sollten Sie auf jeden Fall Ihr Anliegen noch einmal einer höheren Stelle beim Gegenüber vortragen, bevor Sie sich rechtliche Schritte überlegen. In manchen Firmen oder Behörden gibt es sogar klare Verhaltensregeln und Dienstwege für den Fall solcher Einsprüche, Widersprüche oder erneuter Eingaben zum selben Vorgang. Und denken Sie daran: Auch für einen längeren Briefwechsel gelten die oben genannten Grundsätze weiter – auch und gerade Briefe an höhere Ränge sollten genauso sachlich, freundlich und problemorientiert sein wie alle anderen Briefe auch.

Auf Wiedersehen, „lieber" Empfänger

Zu guter Letzt sollten Sie Ihr Brief-Ergebnis auf Einfachheit, Verständlichkeit und auch auf Ihre eigene Erreichbarkeit überprüfen. Checken Sie genau, ob Ihre eigene Absenderangabe komplett und auch auf Ihrem Briefbogen vermerkt ist. Beschwerden mit mangelhaften Antwortmöglichkeiten, fehlenden Telefonnummern und Ansprechzeiten haben kaum Chance auf Feedback. Je schwieriger Sie Ihre eigene Erreichbarkeit durch Nachlässigkeit gestalten, desto endloser die Möglichkeiten, die Kommunikation zu stören.

Sie haben nun alles vorgetragen, was Ihrer Meinung nach gesagt werden musste, und kommen jetzt zum Ende – zur Schlussformel. Egal, wie erbost Sie sein mögen, Sie sollten Ihren Brief immer „Mit freundlichen Grüßen" beenden. Lassen Sie vorher eine Leerzeile, nachher drei Leerzeilen bis zur Unterschrift. Unter Ihrer Unterschrift wiederholen Sie Ihren Name noch einmal in Druckschrift, da viele Unterschriften heutzutage ziemlich unleserlich sind. So geben Sie Ihrem Adressaten eine gute Chance, sich mit seiner Antwort persönlich an Sie zu wenden.

Checkliste Beschwerdebriefe schreiben

- Wägen Sie ab, welcher Weg zur Klärung Ihres Problems am besten geeignet ist.
- Denken Sie beim Schreiben positiv! Streben Sie eine offene und aufgeschlossene Geisteshaltung an.
- Formulieren Sie sachlich, klar und präzise, deutlich, vollständig, nüchtern und sachorientiert.
- Keine Ironie, keinen Sarkasmus.
- Überlegen Sie genau, wer der Adressat ist.
- Greifen Sie den Adressaten Ihres Briefs niemals persönlich an.
- Nehmen Sie sich zum Schreiben – und Denken – Zeit.
- Schreiben Sie nur eine Seite, höchstens zwei Seiten.
- Ihr roter Faden: Gliedern Sie folgerichtig und übersichtlich.
- Vermeiden Sie Fachchinesisch.
- Fassen Sie das Problem knapp in der so genannten „Betreffzeile" zusammen.
- Wählen Sie die richtige Anrede (notfalls vorher recherchieren).
- Checken Sie, ob Ihre eigene Absenderangabe komplett ist.
- Beenden Sie Ihren Brief „Mit freundlichen Grüßen".
- Lesen Sie den fertigen Text Korrektur, bringen Sie die Rechtschreibung in Ordnung und kürzen Sie notfalls.
- Lesen Sie Ihren Text einmal laut vor.
- Legen Sie relevante Informationen als Anlage bei.
- Kopieren Sie den gesamten Schriftverkehr.

4. Praktische Formulierungen

Mit praktischen Formulierungen ist das so eine Sache: Einerseits helfen sie, das Problem auf den Punkt zu bringen, andererseits verführen sie zum simplen Übernehmen. Und nichts schadet Ihrem Beschwerdeziel mehr als ein Brief, der nur aus themenfremden Worthülsen oder Satzschablonen besteht, die eigentlich nichts mit Ihnen oder Ihrem Anliegen zu tun haben. Aus der Fülle der Beispielsbriefe haben wir daher für Sie all diejenigen Formulierungen herausgesucht, die sich zum Weiterdenken und Übertragen gut eignen. Wie Sie sehen werden, sind diese Formulierungen auch nach Gefühlszuständen sortiert: Sie können bitten, fordern, widersprechen oder sich ziemlich aufregen. Lassen Sie sich davon anregen, Ihre eigenen glaubwürdigen und erfolgreichen Formulierungen zu entwickeln!

Möglichkeit 1: Bitten

- Ich bitte Sie nun, mir bis zum .... (Datum) eine akzeptable Lösung für dieses Problem zu unterbreiten.
- Ich möchte Sie daher bitten, zu prüfen, ob diese schwer wiegende betriebliche Entscheidung nicht noch revidiert werden kann.
- Ich möchte Sie deshalb bitten, die Arbeitseinteilung neu zu überdenken und im Sinne der Gleichbehandlung zu korrigieren.
- Da diese Entscheidung dem Tarifvertrag widerspricht, möchte ich Sie herzlich bitten, dies noch einmal zu überdenken.
- Ich möchte Sie darum bitten, dies zu berücksichtigen und mir bald Ihre Entscheidung mitzuteilen.
- Ich möchte Sie daher bitten, Ihre Entscheidung im Sinne dieser Rechtslage zu revidieren.
- Ich bitte Sie deshalb, die Verwarnung zurückzunehmen.
- Ich möchte Sie daher bitten, diese Kündigung auch von Ihrer Seite zurückzunehmen. Dies würde weitere rechtliche Auseinandersetzungen überflüssig machen.
- Ich möchte Sie bitten, die mir zustehenden Zuschläge im Sinne des Tarifvertrags deshalb nachträglich zu erstatten und dies auch künftig so zu handhaben.
- Ich möchte Sie daher bitten, mir im Sinne der Gleichbehandlung meinen Stundenlohn für meine gesamte Arbeitszeit auf die Höhe des Entgelts der anderen Aushilfskräfte anzuheben.
- Ich bitte Sie um Überprüfung des Gebührenbescheids.
- Hiermit möchte ich mich über irreführende Preisangaben der Firma .... (Name) beschweren. Ich bitte Sie daher, die Preisausschilderung in besagtem Laden zu überprüfen.
- Wir bitten Sie daher, auf amtlichem Wege für Ruhe und Ordnung zu sorgen.
- Ich bitte Sie, den Antrag so schnell wie möglich zu bearbeiten.
- Für einen telefonischen Zwischenbescheid wäre ich Ihnen sehr verbunden.
- Daher wäre ich Ihnen sehr verbunden, wenn Sie mir weitergehende Informationen geben könnten.
- Ich darf Sie bitten, Ihren Standpunkt in dieser Angelegenheit zu überprüfen und mir zur Vermeidung einer gerichtlichen Auseinandersetzung Lösungsvorschläge zu unterbreiten.

Möglichkeit 2: Klarstellen

- In diesem Schreiben möchte ich nun schriftlich festhalten, dass ich auf die Erfüllung unseres Kaufvertrages vom .... (Datum) bestehe.
- Leider sehe ich mich veranlasst, über Herrn/Frau .... (Name), Sachbearbeiter/in im Amt für .... (Bezeichnung), Dienstaufsichtsbeschwerde zu führen.
- Ich möchte Sie darauf hinweisen, dass für dieses Verbot keine Rechtsgrundlage existiert und ich unseren Kinderwagen auch weiterhin im Hausflur abstellen werde.
- Ich möchte Sie nun nochmals dazu auffordern, mir gemäß der geltenden Rechtslage diese Vergütung anteilig zurückzuerstatten.
- Eine Bestätigung meines Arztes über die Auswirkungen bei mir lege ich bei.
- Ich möchte Sie davon in Kenntnis setzen, dass …

Möglichkeit 3: Fordern

- Bitte veranlassen Sie alles Nötige.
- Bitte tragen Sie Sorge, dass Herr/Frau .... (Name) oder seine/ihre Dienststelle Anfragen und Anträge ordnungsgemäß und in zumutbarer Frist bearbeitet, und erteilen Sie dem/der zuständigen Sachbearbeiter/in oder dessen/deren Vorgesetztem eine entsprechende Weisung.
- Da also eine rechtsgültige und fristgerechte Kündigung des Liefervertrages vom .... (Datum) Ihrerseits nicht vorgelegen hat, bestehe ich auf der Erfüllung der Bedingungen dieses Vertrages und fordere Sie hiermit auf, Ihren darin eingegangenen Verpflichtungen nachzukommen.

Möglichkeit 4: Einspruch/Widerspruch!

- In der oben genannten Mahnsache lege ich fristgemäß Widerspruch gegen den Mahnbescheid ein, der mir am .... (Datum) zugegangen ist.
- Ich lege Widerspruch gegen oben näher bezeichneten Ablehnungsbescheid ein, der mir am .... (Datum) zugegangen ist.
- Hiermit lege ich Widerspruch gegen den oben näher bezeichneten Musterungsbescheid ein, der mir am .... (Datum) zugegangen ist.
- Gegen den Gebührenbescheid vom .... (Datum) zu den Kosten für die Abwasserentsorgung, der mir am .... (Datum) zugegangen ist, lege ich hiermit Widerspruch ein.
- Gegen den Bußgeldbescheid lege ich hiermit Widerspruch ein. Ich bitte Sie, die Beschuldigung noch einmal zu überprüfen.
- Hiermit lege ich Widerspruch gegen den oben näher bezeichneten Sozialhilfebescheid ein, der mir am .... (Datum) zugegangen ist.
- In der oben näher bezeichneten Zwangsvollstreckungssache (Bezeichnung) lege ich gegen die Gehaltspfändung Einspruch ein.

Möglichkeit 5: Ärger

- Sie werden verstehen, dass ich auf der Streichung dieser Auflage bestehen muss und dass mein Vertrauen in Ihr Haus auf Grund dieses unaufrichtigen Vorgehens erheblich beeinträchtigt ist.
- Sollten Sie auf der Vorauskasse bestehen, werde ich vom Kaufvertrag beziehungsweise der Bestellung Abstand nehmen.
- Ich bin nicht dazu bereit, diese Rechnung zu übernehmen.
- Andernfalls nehme ich vom Kauf Abstand und verlange im Austausch gegen das Gerät die Erstattung des vollen Kaufpreises.
- Leider haben Sie unser diesbezügliches Telefonat vom .... (Datum) nicht zu einer Klarstellung genutzt und mir keine mögliche Herabsetzung des Kaufpreises angeboten.
- Leider haben Sie diesen Hinweis unterlassen, und ich muss daher annehmen, dass Sie mich arglistig täuschen wollten.
- Sie wissen aber, dass Sie auf Grund Ihres Stillschweigens arglistig gehandelt haben.
- Ich bin sehr enttäuscht, dass Sie mich als Ihren langjährigen Kunden so hinters Licht geführt haben, und werde Ihr Haus keinesfalls weiter empfehlen.
- Ich finde es sehr ärgerlich, dass Sie das Vertrauen und die Ahnungslosigkeit Ihrer Kunden zur unseriösen Geldmacherei nutzen!
- Über diese Zeitverschwendung, die ich noch am darauf folgenden ersten Arbeitstag büßen musste, habe ich mich sehr geärgert.
- Sie werden Verständnis dafür haben, dass mich diese Probleme, die mir noch nie bei einem anderen Flug widerfahren sind, sehr geärgert und mir darüber hinaus enorme Unannehmlichkeiten verursacht haben.
- Fristgerecht möchte ich nun nach Beendigung meines Urlaubes Schadenersatz für mein verschwundenes Reisegepäck geltend machen.
- Sollten Sie weiterhin auf der Erstattung von .... Euro bestehen, werden wir uns anwaltlich beraten lassen und gegebenenfalls unsere Ansprüche gerichtlich durchsetzen.
- Dazu sind wir nicht bereit. Betrachten Sie diesen Brief daher als unsere förmliche Reiserücktritts-Erklärung.

- Wir treten deshalb von der Reiseanmeldung zurück und betrachten die Angelegenheit damit für uns als erledigt.

Möglichkeit 6: So nicht!

- Ich wundere mich sehr über dieses unseriöse Geschäftsgebaren und frage mich, was Sie sich davon versprechen.
- Daher nehme ich mit diesem Schreiben von meiner Bestellung Abstand und widerrufe heute noch während der vierzehntägigen Frist meinen Kaufvertrag.
- Für ein Versehen Ihres Lohnbüros können Sie nicht mich verantwortlich machen und benachteiligen.
- Da ich im Vergleich zu diesen Aushilfskräften absolut gleichwertige Arbeiten zu verrichten habe, verstößt dies meines Erachtens gegen den Grundsatz der Gleichbehandlung.

- Entsprechend der geltenden Rechtslage ist dies aber nicht zulässig: *(Angabe der Quelle)*.
- Ich betrachte daher Ihre Aufforderung vom .... *(Datum)* als gegenstandslos.
- Mit dieser Gebühr bin ich nicht einverstanden und fordere Sie auf, diese Abbuchung rückgängig zu machen.
- Hierzu möchte ich Ihnen mitteilen, dass ich dem nicht Folge leisten werde und mich hierfür auch nicht in der Pflicht sehe.
- Damit bin ich nicht einverstanden, schon deshalb, weil wir diesbezüglich zur Auftragserteilung nichts vereinbart haben.
- Sollten Sie meiner Aufforderung nicht nachkommen, sehe ich mich gezwungen, auf Grund der einschlägigen datenschutzrechtlichen Bestimmungen rechtliche Schritte gegen Sie einzuleiten.
- Sollten Sie also Ihre für mich belästigende Werbung per Fax künftig nicht einstellen, werde ich Ihnen dies gerichtlich verbieten lassen.

II. Die Briefe

Mängel bei Waren und Dienstleistungen

1 Mangelhafte Ware – welche Möglichkeiten haben Sie?

Das Szenario:

Sie haben in einem Elektronikmarkt eine Digitalkamera gekauft. Zunächst funktioniert sie reibungslos, doch nach vier Monaten gibt sie plötzlich den Geist auf, obwohl Sie sorgsam mit dem Gerät umgegangen sind. Was können Sie tun? Zunächst sollten Sie zum Händler gehen und ihn höflich auffordern, das Gerät umzutauschen oder zu reparieren – kostenlos natürlich, auch wenn der Defekt nach Ablauf von sechs Monaten bis zu zwei Jahren eintritt. Erst wenn das vergeblich ist, sollten Sie schriftlich auf Ihrem Recht bestehen.

Der rechtliche Hintergrund:

Wenn der Hersteller oder Händler keine freiwillige Garantie abgegeben hat, sind Sie auf die gesetzliche Gewährleistung angewiesen. Seit 1.1.2002 gilt eine zweijährige Gewährleistungsfrist ab Kaufdatum. Wichtig ist also, dass Sie noch den Kaufbeleg vorweisen können! In den ersten sechs Monaten ab Kauf wird automatisch davon ausgegangen, dass der Defekt bereits zum Zeitpunkt des Kaufs vorgelegen hat – Sie müssen also nichts beweisen. Das wäre bei der Digitalkamera, die nach vier Monaten ausfiel, der Fall. Folgende Ansprüche haben Sie: Ist die Ware mangelhaft, können Sie vom Verkäufer verlangen, dass er eine mangelfreie Ersatzware liefert oder die mangelhafte Ware repariert – natürlich für Sie kostenlos. Sie müssen ihm außerdem einen zweiten Versuch zur „Nacherfüllung", sprich Reparatur oder Ersatz, zubilligen. Wenn auch der misslingt, können Sie entweder den Preis mindern (§ 441 BGB), vom Kaufvertrag zurücktreten (§ 323 BGB) oder beziehungsweise auch Schadenersatz (§ 281 BGB) oder auch Ersatz vergeblicher Aufwendungen, die im Vertrauen auf den Erhalt der Leistung gemacht wurden, verlangen (§ 284 BGB). Der Rücktritt vom Kaufvertrag wird immer dann das Beste sein, wenn Ersatz oder Reparatur nicht möglich sind.

Name
Adresse

An

....

Ort, Datum

Defekt an einer Digitalkamera

Sehr geehrte Damen und Herren,

am .... *(Datum)* habe ich bei Ihnen eine Digitalkamera Typ .... gekauft. Jetzt ist folgender Defekt aufgetreten:

....

Hiermit fordere ich Sie höflich auf, diesen Mangel innerhalb von 14 Tagen zu beseitigen. Rechtsgrundlage ist mein Recht auf Nacherfüllung (§ 439 BGB). Sollte der Mangel nicht in dieser Zeit beseitigt sein, behalte ich mir vor, entweder vom Kauf zurückzutreten (§ 323 BGB), den Kaufpreis zu mindern (§ 441 BGB) oder Schadenersatz (§ 281 BGB) zu verlangen. Das Gleiche gilt, wenn eine eventuelle zweite Mängelbeseitigung erfolglos verlaufen sollte.

Mit freundlichen Grüßen

Unterschrift

2 Wenn die bestellte Ware aus dem Katalog defekt ist

Das Szenario:

Sie haben per Katalog eines Versandhauses eine Waschmaschine bestellt. Nach Lieferung und Bezahlung müssen Sie allerdings schon nach einigen Tagen feststellen, dass das gute Stück tropft. Meistens bringt ein Telefonat mit der „Hotline", das heißt einem so genannten Callcenter, Abhilfe. Entweder wird Ihnen angeboten, die Ware einzuschicken, oder es wird ein Reparaturdienst vorbeigeschickt. Doch mitunter zeigen sich Versender wenig kundenfreundlich – oder die Hotline ist immer besetzt. Dann sollten Sie schriftlich aktiv werden.

Der rechtliche Hintergrund:

Im Prinzip treten beim Versandhandel oder auch beim Internet-Kauf dieselben Rechtsfolgen ein wie bei einem Kauf beim Händler um die Ecke. Zusätzlich haben Sie noch das Recht des Widerrufs: Binnen zwei Wochen (ab Erhalt der Ware!) können Sie ohne Angabe von Gründen den Kauf widerrufen. Dazu reicht es, dass Sie die Ware rechtzeitig zurücksenden (§ 312 d, § 355 BGB). Dieses Recht soll Verbraucher vor übereilten Kaufentschlüssen schützen.

Ansonsten gilt: Für Mängel haftet der Verkäufer vom Gesetz her mindestens zwei Jahre statt wie bis 2002 nur sechs Monate. Für diese Zeit gilt: Ist die Ware mangelhaft, können Sie vom Verkäufer verlangen, dass er eine mangelfreie Ersatzware zuschickt oder die mangelhafte Ware repariert, und zwar kostenlos für Sie. Sie müssen ihm auch einen zweiten Versuch zur „Nacherfüllung", sprich: Reparatur oder Ersatz, zubilligen. Wenn der ebenfalls misslingt, können Sie entweder den Preis mindern (§ 441 BGB), vom Kaufvertrag zurücktreten (§ 323 BGB) oder/und Schadenersatz (§ 281 BGB) oder auch Ersatz vergeblicher Aufwendungen, die im Vertrauen auf den Erhalt der Leistung gemacht wurden, verlangen (§ 284 BGB). Der Rücktritt vom Kaufvertrag wird immer dann das Beste sein, wenn Ersatz oder Reparatur nicht möglich sind.

Die Zweijahresfrist gilt seit 2002 auch für Reparaturarbeiten. Als Mangel gilt seitdem auch, wenn dem Produkt eine fehlerhafte oder missverständliche Bedienungsanleitung beiliegt. Allerdings: Nach Ablauf von sechs Monaten müssen *Sie* als Käufer beweisen, dass der Mangel schon beim Kauf vorlag. Das kann oft schwierig bis unmöglich sein!

Musterbrief 2

Name
Adresse

An das
Versandhaus ....

....

Ort, Datum

Defekt an bestellter und bezahlter Waschmaschine

Sehr geehrte Damen und Herren,

am .... *(Datum)* habe ich bei Ihnen eine Waschmaschine Typ .... bestellt. Sie wurde
am .... *(Datum)* geliefert. Leider gibt es folgenden Mangel:

....

Hiermit fordere ich Sie höflich auf, diesen Mangel innerhalb von 14 Tagen zu beseitigen. Rechtsgrundlage ist mein Recht auf Nacherfüllung (§ 439 BGB). Sollte der Mangel nicht in dieser Zeit beseitigt sein, behalte ich mir vor, entweder vom Kauf zurückzutreten (§ 323 BGB), den Kaufpreis zu
mindern (§ 441 BGB) oder Schadenersatz (§ 281 BGB) zu verlangen. Das Gleiche gilt, wenn eine
eventuelle zweite Mängelbeseitigung erfolglos verlaufen sollte.

Mit freundlichen Grüßen

Unterschrift

3 Wenn der Handwerker nicht anfängt

Das Szenario:

Das hat wohl fast jeder schon einmal erlebt: Man hat einen Handwerker mit einer Arbeit beauftragt, doch er kommt nicht zum vereinbarten Termin. Zunächst wird man es im Guten versuchen und den Handwerker dazu bewegen, mit der Arbeit bald zu beginnen. Was aber, wenn nicht? Sie könnten ihm freundlich, aber bestimmt mitteilen, dass auf ihn Schadenersatzforderungen wegen der Verzögerung zukommen könnten.

Der rechtliche Hintergrund:

Tatsächlich wollen Sie ja, dass die Arbeiten erledigt werden. Insofern ist die Drohung mit Schadenersatz vor allem ein Druckmittel. Um aber wirklich Schadenersatz fordern zu können, müssen Sie den Handwerker vorher, wie es die Juristen nennen, mit einem Mahnbrief *in Verzug* setzen. Es sei denn, Sie haben bereits mit dem Auftrag einen festen Termin für die Arbeiten festgelegt. Dann befindet sich der Handwerker bereits ohne Ihren Mahnbrief im Verzug. In jedem Fall sind Sie mit einem solchen Brief auf der sicheren Seite, was eventuelle Schadenersatzansprüche angeht. Außerdem müssen Sie auch deshalb eine Frist (Faustregel: ein bis zwei Wochen) setzen, um notfalls ganz vom Vertrag zurücktreten zu können. Dieses Rücktrittsrecht steht Ihnen seit 2002 zusätzlich zum Recht auf Schadenersatz zu (früher konnten Sie nur *entweder* zurücktreten *oder* Schadenersatz fordern).

Musterbrief 3

Name
Adresse

An

....

Ort, Datum

Verzugsetzung

Sehr geehrte/r Herr/Frau ....,

am .... *(Datum)* haben wir vereinbart, dass Sie *(hier die vereinbarten Arbeiten anführen)* .... am .... *(vereinbartes Datum oder Zeitraum)* durchführen. Trotz Ihrer Zusage ist bis heute nichts passiert. Ich fordere Sie hiermit auf, bis zum .... *(Datum)* mit der Arbeit anzufangen. Sollte das nicht der Fall sein, behalte ich mir vor, durch die Verzögerung entstandene Schäden zu berechnen. Gleichfalls behalte ich mir vor, vom Vertrag zurückzutreten.

Mit freundlichen Grüßen

Unterschrift

4 Wenn der Handwerker leichte Mängel hinterlässt

Das Szenario:

Der bestellte Handwerker hat die Arbeiten erledigt. Im Wesentlichen sind Sie zufrieden, nur ein paar kleine Mängel sind geblieben (zum Beispiel nachlässige Malerarbeiten in den Ecken). Zunächst fordern Sie den Handwerker zur Nachbesserung mit Fristsetzung (üblich sind ein bis zwei Wochen) auf. Bleibt das erfolglos, kündigen Sie ihm an, dass Sie die Mängel auf seine Kosten selbst nachbessern oder durch einen anderen Handwerker nachbessern lassen.

Der rechtliche Hintergrund:

Die Kosten für diese so genannte Selbstvornahme muss der Handwerker tragen. Dieses Recht steht Ihnen auch dann zu, wenn den Handwerker keine Schuld an den Mängeln trifft. Es darf sich aber nicht um unwesentliche Mängel handeln. Darunter ist zu verstehen, dass sie mit sehr wenig Aufwand zu beseitigen wären und die vertraglich vereinbarte Leistung als erfüllt anzusehen ist. Wenn Sie selbst nachbessern, können Sie als „Stundenlohn" 15 bis 20 Euro ansetzen. Hinzu kommen die Materialkosten, hier Farbe und Pinsel. Lassen Sie die Arbeiten durch einen anderen Handwerker beseitigen, sind Sie nicht verpflichtet, nach der günstigsten Firma Ausschau zu halten.

Name
Adresse

An

....

Ort, Datum

Nachbesserung der ausgeführten Malerarbeiten

Sehr geehrte/r Herr/Frau ....,

an der von Ihnen durchgeführten Arbeit ....
habe ich nach eingehender Prüfung folgende Mängel festgestellt:

....

....

Ich fordere Sie hiermit auf, diese Mängel bis zum .... *(Datum)* nachzubessern. Sollte das nicht geschehen, werde ich die Mängel auf Ihre Kosten durch einen anderen Handwerker beseitigen lassen oder selbst beseitigen.

Gleichfalls behalte ich mir mein Recht auf Schadenersatz, Rücktritt oder Minderung vor.

Mit freundlichen Grüßen

Unterschrift

5 Wenn der Handwerker schwere Mängel hinterlässt

Das Szenario:

Endlich ist sie fertig – Ihre Wendeltreppe! Diese faszinierende Treppenform besitzt eine sehr gute Begehbarkeit und begeisterte schon Goethe. Aber sie erfordert auch ein gewisses handwerkliches Können. Nun sollen Sie jedoch ein „Werk" abnehmen, das in Ihren Augen eindeutig mangelhaft ist: Die Stufen wurden schief eingebaut und das Geländer wackelt. Sie versuchen Ihre Reklamation zunächst in einem offenen Gespräch mit dem Handwerker zu klären. Kommen Sie aber so nicht weiter, dann bleibt Ihnen nur die schriftliche Beschwerde. Sollte gar nichts mehr gehen, schalten Sie besser die Vermittlungsstelle Ihrer zuständigen Handwerkskammer ein.

Der rechtliche Hintergrund:

Nach § 633 BGB ist der Unternehmer verpflichtet, das Werk frei von Sachmängeln herzustellen. Dies ist nach dem Gesetz dann der Fall, wenn das Werk die Beschaffenheit hat, die die Parteien vereinbart haben beziehungsweise die für derartige Leistungen üblich ist. Bei allen Werkverträgen ist für Sie als Auftraggeber der entscheidende Moment immer die Abnahme. Dies gilt immer, ob es um den Einbau einer Treppe geht, die Reinigung eines Abflussrohrs oder die Reparatur eines Fahrrades. Der von Ihnen beauftragte Betrieb ist verpflichtet, Ihnen eine erfolgreiche Arbeit abzuliefern. Er schuldet Ihnen den Erfolg und wenn er nicht korrekt gearbeitet hat, müssen Sie ihn grundsätzlich nicht bezahlen. Für den reinen „Werkunternehmer" wie Schreiner, Maler, Gärtner, Dachdecker, Metallbauer, Heizungsbau-er, Elektriker, Fußbodenleger usw. gelten nämlich grundsätzlich die Vorschriften über den Werkvertrag nach BGB §§ 631 ff. Hier (in § 631) heißt es: „(1) Durch den Werkvertrag wird der Unternehmer zur Herstellung des versprochenen Werkes, der Besteller zur Entrichtung der vereinbarten Vergütung verpflichtet. (2) Gegenstand des Werkvertrags kann sowohl die Herstellung oder Veränderung einer Sache als ein anderer durch Arbeit oder Dienstleistung herbeizuführender Erfolg sein."

Das bedeutet nichts anderes, als dass die Arbeit, die Sie bezahlen sollen, ein „Erfolg" sein muss, also frei von Mängeln oder Fehlern.

Wirft Ihnen der Handwerker vor, bei Ihrer Reklamation handle es sich nur um Kleinigkeiten, lassen Sie sich davon nicht beeinflussen und sich zu einer übereilten Abnahme verführen. Denn: Haben Sie das Werk abgenommen, müssen Sie es auch bezahlen. Bis zur Abnahme führt Ihr Veto, dass das Werk Mängel hätte, zur Abweisung der Zahlungsklage des Werkunternehmers. Er ist vorleistungspflichtig und sein Vergütungsanspruch vor der Abnahme nicht fällig.

Damit Ihnen im „juristischen Vorfeld" keine gravierenden Fehler unterlaufen, sollten Sie Ihre Beschwerden schriftlich fixieren.

Rügen Sie Mängel sofort und nutzen Sie Ihr Recht auf Nacherfüllung, also Beseitigung des Mangels. Sie müssen dem Handwerker für die Nacherfüllung eine ausreichende Frist setzen, als Faustregel kann man dabei von zwei Wochen ausgehen. Passiert während dieser Zeit nichts, können Sie die Behebung des Mangels selbst in Auftrag geben und die Kosten dafür dem Handwerker in Rechnung stellen (Selbstvornahme).

Musterbrief 5

Name
Adresse

An

....

Ort, Datum

Mein Auftrag vom .... *(Datum und genaue Bezeichnung)*

Sehr geehrte Damen und Herren,

die zum oben stehenden Auftrag gehörende Vertragsleistung – der Einbau einer hölzernen Wendeltreppe – ist nicht in abnahmefähigem Zustand erbracht. Wie Ihnen aber bekannt ist, schulden Sie mir im Rahmen unseres Werkvertrages den Erfolg.

Im Einzelnen weisen die Leistungen folgende Mängel auf:

....

....

....

Ich fordere Sie auf, die benannten Mängel bis zum .... *(ein Datum innerhalb der 14-Tage-Frist)* zu beseitigen. Sollten Sie diese Frist ergebnislos verstreichen lassen und die Arbeit bis zum genannten Datum nicht abnahmefähig abgeschlossen sein, werde ich weitere Leistungen beziehungsweise Nachbesserungen ablehnen. Ich möchte Sie darauf hinweisen, dass ich dann berechtigt bin, auf Ihre Kosten ein anderes Unternehmen mit der Mängelbeseitigung zu beauftragen.

Mit freundlichen Grüßen

Unterschrift

6 Fehlerhafte Arbeit beim Hausbau nach der Abnahme

Das Szenario:

Sie haben umfangreiche Arbeiten im Wert von mehreren tausend Euro an den Balkongeländern Ihres Hauses in Auftrag gegeben. Mit der Ausführung sind Sie jedoch gar nicht zufrieden. Denn nach der Abnahme stellt sich heraus, dass die Arbeit nachgebessert gehört. Da Ihre telefonische Nachfrage nichts fruchtet, reklamieren Sie schriftlich und schreiben noch während der gesetzlichen Frist von zwei Jahren eine Mängelrüge an Ihren Handwerker.

Der rechtliche Hintergrund:

Wenn Sie eine Arbeit abgenommen haben, konzentriert sich danach Ihr Anspruch auf die Mängelbeseitigung. Sie können jetzt die Vergütung nicht mehr voll zurückbehalten, Sie haben aber das Recht, etwa dreimal so viel zurückzubehalten, wie Sie für die Beseitigung der Mängel bezahlen mussten. Bei einer Mängelrüge müssen Sie dem Handwerker immer klipp und klar mitteilen, dass seine Arbeit mangelhaft ist und dringend nachgebessert werden muss. Zudem setzen Sie eine Frist, innerhalb der er den Mangel beseitigt haben muss. Dabei hat der Handwerker mindestens zwei Versuche, das Werk fehlerfrei herzustellen. Erst wenn er die Arbeit dann immer noch nicht ordentlich gemacht hat, können Sie Ihre Kundenrechte in der Gewährleistung geltend machen und wegen mangelhafter Handwerkerleistung zum Beispiel selbst die Beseitigung vornehmen, vom Vertrag zurücktreten, den Preis mindern oder Schadenersatz geltend machen. Dies gilt für alle Werkverträge, sprich Handwerkerleistungen.

Die erfolglose Fristsetzung ist eine Voraussetzung für Ihren Anspruch auf Selbstvornahme, Rücktritt, Minderung oder Schadenersatz. Diese Nacherfüllung oder eine Rückvergütung müssen Sie noch rechtzeitig vor Ablauf der Verjährungsfrist verlangen. Beachten Sie dazu die Regelung im BGB. In § 634 a ist geregelt, dass Ihre Rechte bei Mängeln grundsätzlich in zwei Jahren verjähren. Bei einem Bauwerk beträgt die Frist fünf Jahre. Die Verjährung beginnt mit der Abnahme des Werkes.

Musterbrief 6

Name

Adresse

An

....

Ort, Datum

Mein Auftrag vom .... *(Datum)*

Sehr geehrte Damen und Herren,

am .... *(Datum)* haben Sie meinen oben genannten Auftrag vom .... *(Datum)* fertig gestellt. Ich habe Ihre Arbeit abgenommen und die Rechnung am .... *(Datum)* überwiesen.

In den zum Auftrag gehörenden Leistungen haben sich mittlerweile folgende Mängel eingestellt:
....
....
....

Da die Gewährleistungsfrist noch nicht abgelaufen ist, fordere ich Sie auf, diese Mängel zu beseitigen und alle damit zusammenhängenden Nachbesserungsarbeiten bis zum .... *(Datum)* beendet zu haben.

Sollten Sie die Mängel bis zum .... *(Datum)* nicht behoben haben, werde ich ein anderes Unternehmen mit der Mängelbeseitigung beauftragen oder die Mängel selbst beseitigen und Ihnen die entstandenen Kosten in Rechnung stellen. Ich behalte mir auch meine Rechte auf Rücktritt, Minderung und Schadenersatz vor.

Für die Terminabsprache erreichen Sie mich bis 17 Uhr unter .... *(Telefonnummer)*, danach unter .... *(Telefonnummer)*.

Mit freundlichen Grüßen

Unterschrift

7 Der Makler will einen Vorschuss – darf er das?

Das Szenario:

Bei der Suche nach einer Wohnung wird oft ein Makler eingeschaltet. Meist macht dies der Vermieter, um seine Immobilie schnell und ohne viel Arbeit an den Mann zu bringen. Manchmal wenden sich aber auch Wohnungssuchende an einen Makler, zum Beispiel, wenn es schnell gehen muss oder wenn sie eine Wohnung in einer anderen Stadt suchen.

So oder so bleibt die Maklerprovision (oder Courtage) aber beim Wohnungssuchenden hängen. Dieser muss dem Makler im Fall der erfolgreichen Vermittlung einer Wohnung seine Provision bezahlen. Beachten Sie: Diese Provision darf nicht höher als zwei Monatsmieten ohne Nebenkosten plus Mehrwertsteuer sein. Sonstige Sonderzahlungen, Vorschüsse oder Gebühren dürfen vom Makler nicht verlangt werden! Im Übrigen ist auch genau geregelt, wer als Makler auftreten darf: Ein Eigentümer, Verwalter, Mieter oder Vermieter der Wohnung darf nicht als Makler tätig werden! In solchen Fällen wäre das Verlangen einer Gebühr ohnehin nichtig.

Wichtig für Sie als Wohnungssuchenden ist in jedem Fall, dass ein Makler grundsätzlich nur dann Anspruch auf seine Provision hat, wenn ein Mietvertrag tatsächlich zustande gekommen ist. Wird dieser Vertrag auch trotz der Bemühungen des Maklers letztlich doch nicht unterschrieben, dann kann er auch keine Provision verlangen. Falls Sie schon eine Vorauszahlung geleistet haben sollten (davon ist bei Maklern immer abzuraten), können Sie diese zurückverlangen.

Generell gilt also: Makler sollten Sie als Wohnungssuchender nur einschalten, wenn es überhaupt keine andere Möglichkeit für Sie gibt. Eine Provision müssen Sie dem Makler aber nur im Erfolgsfall bezahlen. Verlangt dieser trotzdem eine Courtage oder haben Sie bereits eine Vorauszahlung geleistet, sollten Sie den Makler in einem Brief auf die Rechtslage hinweisen. Die wenigsten Makler werden sich angesichts dieser Ausgangssituation auf einen Rechtsstreit einlassen wollen. Dies gilt vor allem dann, wenn Sie sich für einen Makler entschieden haben, der einem der beiden großen Maklerverbände angehört, dem Verband Deutscher Makler (VDM) oder dem Ring Deutscher Makler (RDM). Von den anderen sollten Sie ohnehin die Finger lassen.

Der rechtliche Hintergrund:

Ein Makler hat nur Anspruch auf eine Vermittlungsprovision, wenn er eine Wohnung vermittelt oder die Adresse einer Wohnung besorgt hat. Die Provision für die vermittelte Wohnung ist auf zwei Monatsmieten ohne Nebenkosten plus Mehrwertsteuer begrenzt. Bei Staffelmieten wird als Grundlage die Miete im ersten Jahr herangezogen. Seitens des Maklers dürfen Vorschüsse grundsätzlich nicht gefordert, vereinbart oder angenommen werden. Kommt ein Mietvertrag zustande, sind auch Gebühren, die über die Provision hinausgehen, wie Einschreibgebühren, Schreibgebühren oder Auslagenerstattungen, nicht zulässig. Wurde bereits ein Vorschuss geleistet, muss dieser zurückgezahlt werden, wenn der Mietvertrag nicht zustande kommt (siehe die Entscheidungen des Landgerichts Gießen, 1 S 46/95, und des Amtsgerichts Mitte 18 C 136/03).

 **II. Die Briefe**

Name
Adresse

An das
Immobilienbüro ....

....

Ort, Datum

Vorschuss auf Maklerprovision/Rückforderung

Sehr geehrte/r Herr/Frau ....,

am .... *(Datum)* hatte ich mich an Sie gewandt mit der Bitte, mir bei der Suche nach einer Wohnung in .... *(Ort)* behilflich zu sein. Am .... *(Datum)* hatten Sie mit mir eine Wohnung besichtigt und von mir die Vorauszahlung von .... Euro auf Ihre Provision verlangt. Diese Vorauszahlung habe ich Ihnen auch geleistet.

Leider kam die Anmietung dieser Wohnung durch mich dann doch nicht zustande. Wie Sie wissen, steht dem Makler grundsätzlich nur dann eine Courtage zu, wenn eine durch ihn vermittelte Vermietung auch wirklich zustande kommt. Diese Rechtslage wurde auch durch verschiedene neuere Urteile immer wieder bestätigt. Daher möchte ich Sie hiermit bitten, mir diese Vorauszahlung in Höhe von .... Euro so rasch wie möglich wieder zurückzuerstatten.

Mit freundlichen Grüßen

Unterschrift

Anlage: ggf. Quittung für die Vorauszahlung

8 Wenn Ihr neuer Gebrauchtwagen ein Ladenhüter war

Das Szenario:

Passendes Modell, guter Preis: Sie erstehen einen gebrauchten Kleinwagen bei Ihrem Autohändler. Doch schon bald gibt es Ärger mit Rost an Karosserie, Tank und Auspuff, Schäden an Motor und Kühler. Ein Bekannter, der den Gebrauchtwagenmarkt aufmerksam beobachtet, informiert Sie darüber, dass der Wagen bereits über drei Jahre lang bei Ihrem Händler zum Verkauf angeboten wurde. Jetzt sollten Sie versuchen, wenigstens Ihre aktuellen Werkstattkosten erstattet zu bekommen. Verspielt der Händler Ihr Vertrauen dadurch völlig, können Sie den Brief ruhig etwas deutlicher formulieren.

Der rechtliche Hintergrund:

Drei Jahre beim Händler auf dem Hof stehen: Das bedeutet für einen Gebrauchtwagen, dass unter Umständen beträchtliche Defekte und Schwächen auftreten können. Beim Verkauf von Gebrauchtfahrzeugen geht die Rechtsprechung davon aus, dass der Verkäufer zum Beispiel einen Mangel (sprich: Verweildauer im Lager) oder einen früheren Unfall auch ungefragt dem Käufer mitteilt, will er sich nicht den Vorwurf des arglistigen Handelns gefallen lassen. Außerdem wäre dann unter diesem Vorzeichen ein Gewährleistungsausschluss, falls er im Kaufvertrag vereinbart wurde, unwirksam. Ein Neuwagen gilt schon nach einem Jahr nicht mehr als fabrikneu. Dementsprechend muss der Autohändler seinen Kunden darüber informieren. Dies entschied der Bundesgerichtshof in einer Entscheidung vom 15.10.2003 (Aktenzeichen: VIII ZR 227/02). Selbstverständlich sollte es aber auch im ureigensten Kundeninteresse sein, sich durch Prüfen und Nachfragen über das Fahrzeug und seinen Zustand einen fundierten Eindruck zu verschaffen und sich gegebenenfalls wichtige Eigenschaften schriftlich zusichern zu lassen.

Name

Adresse

An

....

Ort, Datum

Schadenersatzansprüche wegen unwirksamem Gewährleistungsausschluss

Sehr geehrte/r Herr/Frau ....,

am .... *(Datum)* habe ich bei Ihnen einen gebrauchten .... *(Marke, Baujahr usw.)* gekauft. Zunächst schien das Fahrzeug auch nach dem ersten Eindruck so weit in Ordnung zu sein, wie man dies von einem Auto aus zweiter Hand erwarten kann. Doch da ich mittlerweile mit einer Reparatur nach der anderen konfrontiert bin, habe ich mich mit der Vorgeschichte des Fahrzeuges – genauer, als dies in Ihren Auskünften der Fall war – befasst und musste feststellen, dass das Auto bis zum Zeitpunkt meines Kaufes bei Ihnen dreieinhalb Jahre auf Halde im Hof stand. Im Kaufvertrag formulierten Sie: „Das Fahrzeug wird verkauft und übergeben wie besichtigt und probegefahren. Jegliche Gewährleistung wegen etwaiger Mängel ist ausgeschlossen." Sie wissen aber, dass Sie auf Grund Ihres Stillschweigens arglistig gehandelt haben. Dieser Gewährleistungsausschluss ist daher unwirksam. Ich mache deswegen Schadenersatzansprüche geltend und übersende Ihnen beiliegend die bis dato angefallenen Reparaturrechnungen zur Erstattung auf mein Bankkonto .... *(Kontonummer, Bankleitzahl, Name der Bank)* bis zum .... *(Datum)*.

Ich gestatte mir außerdem, sämtliche Reparaturrechnungen, die wegen der langen Standzeit auf mich zukommen, an Sie zur Begleichung weiterzuleiten.

Ich bin sehr enttäuscht, dass Sie mich als Ihren langjährigen Kunden so hinters Licht geführt haben, und werde Ihr Haus keinesfalls weiterempfehlen.

Mit freundlichen Grüßen

Unterschrift

Anlage: Kopien von Reparaturrechnungen

9 Unfall bei Gebrauchtwagen verschwiegen – was tun?

Das Szenario:

Sie haben auf einem privaten Automarkt ein Gebraucht-fahrzeug erstanden, wurden aber vom Verkäufer über einen erheblichen Unfallschaden nicht informiert. Als Sie die Täuschung erkennen (und sich diese auch von einem Fachmann bestätigen lassen), versuchen Sie es zunächst im Guten und wollen mit dem Verkäufer das Problem telefonisch regeln, aber ohne Erfolg. Sie sind mittlerweile ziemlich verärgert. Da Sie es hier mit einem ziemlich dreisten Fall von Bauernfängerei zu tun haben, können Sie Ihren Ärger ruhig deutlich zum Ausdruck bringen. Gut ist auch, einen konstruktiven Lösungsvorschlag zu machen, bevor Sie weitere rechtliche Schritte unternehmen.

Der rechtliche Hintergrund:

Beim Gebrauchtwagenverkauf muss der Verkäufer tatsächlich ungefragt auf einen Unfallschaden hinweisen. Versäumt er diesen Hinweis, macht er sich der arglistigen Täuschung schuldig. Der Käufer darf in diesem Fall dann vom Kaufvertrag zurücktreten und/oder Schadenersatz fordern. Ihm stehen diese Rechte innerhalb einer Frist von drei Jahren zu.

Name
Adresse

An

....

Ort, Datum

Rücktritt vom Kaufvertrag vom .... *(Datum)*

Sehr geehrte/r Herr/Frau ....,

am .... *(Datum)* habe ich von Ihnen einen drei Jahre alten VW Golf gekauft. Bei unserem Verkaufsgespräch haben Sie mich darauf aufmerksam gemacht, dass das Fahrzeug einmal am Heckteil ausgebessert worden ist. Wie sich aber jetzt bei meiner nachträglichen Prüfung durch einen Kfz-Sachverständigen herausgestellt hat, haben Sie mir offensichtlich verschwiegen, dass die Reparaturursache ein Unfallschaden war, bei dem das Bodenteil des Wagens stark verformt wurde. Leider haben Sie unser diesbezügliches Telefonat vom .... *(Datum)* nicht zu einer Klarstellung genutzt und mir keine Herabsetzung des Kaufpreises angeboten.

Wie Sie hätten wissen müssen, ist es als Autoverkäufer Ihre Pflicht, den Kunden auf einen Unfallschaden, der Ihnen bekannt ist, ungefragt hinzuweisen. Leider haben Sie diesen Hinweis unterlassen und ich muss daher annehmen, dass Sie mich arglistig täuschen wollten. Es entspricht der ständigen Rechtssprechung, dass ein Verkäufer Kaufinteressenten auf sämtliche Unfallschäden hinweisen muss (siehe die Entscheidungen des Oberlandesgerichts München, 21 U 1608/01, und des Kammergerichts Berlin,12 U 112/02).

Da es nicht meine Absicht war, ein derart vorbelastetes Gebrauchtfahrzeug zu kaufen, verlange ich fristgerecht, bevor ich weitere rechtliche Schritte unternehme, mit diesem Schreiben von Ihnen 1. die Rückgängigmachung des Kaufs, 2. die Rücknahme des Fahrzeugs und 3. die Rückzahlung des bereits erhaltenen Kaufpreises an mich bis zum .... *(Datum)*.

Mit freundlichen Grüßen

Unterschrift

Anlage: Kopie des Sachverständigengutachtens

10 Garantie gilt auch bei Sonderangeboten

Das Szenario:

So ein Schnäppchen, ein Markenbodenstaubsauger um satte 30 Prozent reduziert! Da heißt es gleich zuschlagen. Sie nehmen das Auslaufgerät mit nach Hause und stellen dort fest, dass mit dem Saugkraftregler irgendetwas nicht stimmt. Also rufen Sie beim Händler an und versuchen mit freundlichen Worten, das Problem zu lösen. Sie erhalten aber nur die lapidare Antwort, dass für dieses Sonderangebot der Verkauf unter Ausschluss jeglicher Gewährleistung erfolgt. Lassen Sie sich nicht davon beeindrucken, diese Aussage ist unzulässig!

Der rechtliche Hintergrund:

Das Düsseldorfer Oberlandesgericht hat entschieden, dass der Käufer auch bei Waren mit Discountpreisen oder bei Sonderangeboten unabdingbare Rechte hat. Gewährleistungsansprüche, Nacherfüllungs- und Ersatzlieferungsansprüche könnten bei neu hergestellten Produkten auf Grund der gesetzlichen Bestimmungen zu allgemeinen Geschäftsbestimmungen auf keinen Fall ausgeschlossen werden. Auch bei Günstigangeboten darf der Käufer mit voller Gebrauchstauglichkeit und Funktionsfähigkeit rechnen. Der Kunde ist berechtigt, den Kaufpreis zurückzufordern oder ihn zu mindern, wenn die gekaufte Ware einen Fehler aufweist (Entscheidung des Oberlandesgerichtes Düsseldorf, 6 U 137/96).

Musterbrief 10

Name
Adresse

An

....

Ort, Datum

Reduzierung des Sonderangebotspreises auf Grund eines Produktfehlers

Sehr geehrte Damen und Herren,

am .... *(Datum)* habe ich bei Ihnen einen Bodenstaubsauger gekauft, den Sie als Sonderangebot um 30 Prozent reduziert angeboten hatten. Leider musste ich nun nach zweimaligem Gebrauch feststellen, dass dieses Gerät nicht in Ordnung ist. Als ich deswegen mit einer Ihrer Mitarbeiterinnen im Verkauf telefoniert habe, wurde ich recht kurz abgefertigt mit dem Hinweis auf Ihre Klausel, dass Sie jegliche Gewährleistung bei diesen Sonderposten ausschließen.

Nun möchte ich Sie schriftlich darauf hinweisen, dass ich auch für reduzierte Ware eine ordnungsgemäße Funktionsfähigkeit erwarte und auch erwarten kann. Hinzu kommen für mich nun noch die Kosten für die Reparatur, die ja ansteht und die Sie verweigert haben. Ich fordere daher von Ihnen einen weiteren Preisnachlass um 30 Prozent des Kaufpreises und die Überweisung auf mein Bankkonto .... *(Kontonummer, Bankleitzahl und Name der Bank)* bis zum .... *(Datum).*

Oder:
Da das Gerät nicht funktioniert und ich auch eine Reparatur für nicht aussichtsreich halte, nehme ich vom Kauf Abstand und verlange im Austausch gegen das Gerät die Erstattung des vollen Kaufpreises.

Ich erwarte Ihre Antwort bis zum .... *(Datum).*

Mit freundlichen Grüßen

Unterschrift

Anlage: Rechnungskopie, Kopie des Voranschlages für die Reparaturkosten

11 Wenn Sie während der Garantiezeit zahlen sollen

Das Szenario:

Jetzt sehen Sie schwarz! Denn Ihr Computerbildschirm bleibt dunkel und liefert keine Anzeige mehr, und dies noch vor Ablauf der Garantiezeit. Sie bitten den Händler um Hilfe. Sein Techniker behebt den Defekt und tauscht Ihre unbrauchbar gewordene Festplatte gegen eine neue aus. Für Sie ist das Problem zufrieden stellend geregelt, und da Sie nichts Gegenteiliges vereinbart haben, vertrauen Sie darauf, die Reparatur gemäß Garantie nicht bezahlen zu brauchen. Doch für böses Erwachen ist gesorgt: Nach einigen Tagen flattert Ihnen eine teure Rechnung ins Haus … Aber seien Sie beruhigt: Die für die Beseitigung des Mangels erforderlichen Kosten hat in der Regel der Verkäufer zu tragen.

Der rechtliche Hintergrund:

Der Händler hat Ihnen ein Gerät geliefert und es kommt zur Reparatur, ohne dass eine genaue Fehlerursache festzustellen wäre. Jetzt kann er nur dann eine Vergütung von Ihnen verlangen, wenn Sie diese vorher eindeutig verabredet haben oder dies aus den Umständen klar ersichtlich wird (sprich, dass Sie nachweislich den Defekt herbeigeführt hätten). Aber: Grundsätzlich gilt die gesetzliche Bestimmung des § 439 Absatz II BGB: „Der Verkäufer hat die zum Zweck der Nacherfüllung erforderlichen Aufwendungen, insbesondere Transport-, Wege-, Arbeits- und Materialkosten zu tragen." Sie können sich künftig bei Dienst- oder Werkverträgen derartigen Ärger ersparen, wenn Sie sich rechtzeitig ausdrücklich und nachweisbar mit Ihrem Vertragspartner darüber verständigen, dass und in welcher Höhe er die Kosten für die Reparatur übernimmt.

Name
Adresse

An

....

Ort, Datum

Kostenfreie Nachbesserung während der Gewährleistungsfrist

Sehr geehrte Damen und Herren,

vielen Dank für die rasche Behebung des technischen Defekts an meiner Computer-Anlage. Für mich allerdings nicht nachvollziehbar erhalte ich nun von Ihnen eine Rechnung über .... Euro für Materialkosten und .... Euro für Arbeitslohn. Ich bin nicht dazu bereit, diese Rechnung zu übernehmen.

Da ich das Gerät bei Ihnen gekauft habe und – wie Sie dem beigefügten Kaufvertrag entnehmen können – ich mich noch innerhalb der zweijährigen Gewährleistungsfrist befinde, hat die Nacherfüllung durch Sie gemäß § 439 BGB für mich kostenlos zu erfolgen.

Wir haben auch keine weiteren Abreden getroffen beziehungsweise haben Sie mich zu Reparaturbeginn nicht darauf hingewiesen, dass Sie eine Erstattung von mir erwarten.

Mit freundlichen Grüßen

Unterschrift

Anlage: Kopie des Kaufvertrags

12 Wenn die Einbauküche nicht passt

Das Szenario:

Da steht Sie nun, Ihre neue Einbauküche. Nach eingehender und detaillierter Beratung durch einen Fachverkäufer bei Ihnen zu Hause haben Sie guten Gewissens bestellt, und jetzt sind Sie enttäuscht. Denn die mehrere tausend Euro teure Einbauzeile entspricht keinesfalls der Garantie des Verkäufers, was die Ausnutzung des Platzes angeht. Sie versuchen nun Schadensbegrenzung zu betreiben. Ihr – unausgesprochenes – Ziel ist nicht der Abbau der Küche, sondern ein finanzieller Ausgleich. Deshalb formulieren Sie eher vorsichtig und geben dem Küchenplaner durch Ihre Forderung nach konstruktiven Lösungsvorschlägen einen gewissen Handlungsspielraum. Das erhöht Ihre Erfolgsaussichten, da Sie Ihr Gegenüber nur dezent unter Zugzwang setzen.

Der rechtliche Hintergrund:

Mit seiner Garantie, sprich: der Herstellergarantie, verbessert das Küchenhaus Ihre Rechtsstellung als Käufer. Wenn die gekaufte Ware beziehungsweise die Ausführung Ihres Auftrages mangelhaft ist, haben Sie Ansprüche gegen den Verkäufer und den Hersteller. Bei einem ähnlichen Fall entschied das Oberlandesgericht Düsseldorf auf die Entfernung der Küche und Rückzahlung der Kosten (Oberlandesgericht Düsseldorf, 22 U 215/94).

Name
Adresse

An

....

Ort, Datum

Reklamation meiner Einbauküche wegen falscher Maße

Sehr geehrte Damen und Herren,

am .... *(Datum)* habe ich Herrn .... *(Name)*, den Verkaufsberater Ihrer Küchenabteilung, in meine Eigentumswohnung gebeten, damit er dort die Maße für eine Einbauküche nehmen sollte. Unterzubringen war ein arbeitsfreundliches Möbelsystem inklusive Einbaugeräten wie Kühlschrank, Herd, Mikrowelle und Spüle. Er war eine gute Stunde mit Ausmessen beschäftigt. Danach beriet er mich über die angeblich optimale Platzausnutzung in meiner Küche und skizzierte eine Grundriss-Planung. Ich habe mich auf seine Fachkompetenz in Sachen Küche verlassen und seiner Empfehlung entsprechend meine Einbauküche bestellt.

Mittlerweile wurde am .... *(Datum)* von Herrn .... *(Name)* das Komplettangebot in meiner Küche montiert. Leider muss ich nun feststellen, dass der Platz bei weitem nicht so ideal ausgenutzt wird wie angekündigt. Dies war aber überhaupt meine Voraussetzung für die Order bei Ihrem Küchenhaus.

Ich bitte Sie nun, mir bis zum .... *(Datum)* eine akzeptable Lösung für dieses Problem zu unterbreiten. Ansonsten müsste ich darauf bestehen, dass Sie gegen Rückerstattung meiner sämtlichen Kosten die Küche wieder vollständig ausbauen und zurücknehmen.

Mit freundlichen Grüßen

Unterschrift

13 Erst die Ware – dann das Geld!

Das Szenario:

Im Prospekt sah die Vitrine einfach perfekt aus. Sie gehen zum Möbelhaus und werden fündig. Leider ist das etwas aufwändigere Modell mit Innenbeleuchtung nicht auf Lager und muss bestellt werden. Für Sie ist das kein Problem, da das Geschäft auf Sie einen seriösen Eindruck macht. Schnell ist die Bestellung ausgefüllt und der Kaufvertrag unterschrieben. Erst zu Hause nehmen Sie sich die Zeit und sehen den Vertrag genauer an. Zu Ihrer Verwunderung und Verärgerung heißt es da: „Zahlung vor Erhalt der Ware." Nein, dazu sind Sie nicht bereit – Sie würden ja jegliches Druckmittel aus der Hand geben. Also formulieren Sie einen Brief, in dem Sie zwar Ihre grundsätzliche Kaufabsicht bestätigen, aber zugleich Ihren Ärger über die Täuschung deutlich zum Ausdruck bringen. Im Ernstfall wären Sie sogar dazu bereit, auf die bestellte, ideale Vitrine zu verzichten!

Der rechtliche Hintergrund:

Der Bundesgerichtshof hat entschieden (VIII ZR 204/98), dass Kunden nicht durch vorformulierte Kaufverträge dazu gezwungen werden können, bestellte Waren bereits im Vorhinein vor Erhalt zu bezahlen. In diesem Vorgehen sah das Gericht eine unangemessene Benachteiligung der Käufer. Dem Kunden bleibt nämlich sonst keine Möglichkeit, das Produkt zu prüfen oder bei säumiger Lieferung zu monieren. Auch wenn entsprechende Klauseln, wie zum Beispiel „Restzahlung vor Lieferung", handschriftlich in das Vertragsformular eingefügt würden, seien diese unwirksam.

Name
Adresse

An das
Möbelhaus ....

....

Ort, Datum

Einspruch: Keine Zahlung vor Erhalt meiner Ware

Sehr geehrte Damen und Herren,

am .... *(Datum)* habe ich in Ihrem Möbelhaus eine Kirschbaumvitrine bestellt, da Sie die Ausfertigung mit Halogenbeleuchtung nicht auf Lager hatten. Jetzt entnehme ich dem Kleingedruckten im Kaufvertrag, dass Sie mich dazu verpflichten wollen, die georderte Ware im Voraus zu bezahlen. Auf diese Klausel hat mich Ihr Verkäufer, Herr .... *(Name)*, in keiner Weise hingewiesen!

Ich bin nicht dazu bereit, dieser Forderung nachzukommen, die mich als Kunden ungebührlich benachteiligt. Wie sollte ich sonst zum Beispiel das Möbelstück auf Mängel prüfen können usw.? Sie werden verstehen, dass ich auf der Streichung dieser Klausel bestehen muss und dass mein Vertrauen in Ihr Haus auf Grund dieses Vorgehens erheblich reduziert ist.

Ich bin gerne dazu bereit, die einwandfreie Ware nach der Lieferung zu bezahlen, wenn Sie auf Ihre Klausel verzichten. Sollten Sie jedoch auf der Vorauskasse bestehen, werde ich vom Kaufvertrag beziehungsweise der Möbelbestellung Abstand nehmen.

Mit freundlichen Grüßen

Unterschrift

14 Nach der Kaffeefahrt können Sie widerrufen

Das Szenario:

Ein netter Ein-Tages-Ausflug sollte es werden, mit Kaffeetrinken und dem Besuch einer Allgäuer Käserei. Sie hatten zwar schon oft von den Ärgernissen auf Kaffeefahrten gehört, sich aber trotzdem angemeldet. Tatsächlich kam es dann auch zum Programmpunkt „Verkauf". Sämtliche Teilnehmer wurden von Verkaufsprofis „bearbeitet", das erging Ihnen nicht anders, und schließlich konnten Sie dem ausgeübten psychischen Druck nicht mehr standhalten und ließen sich – um nur endlich wieder Ruhe zu haben – zum Kauf einer teuren Bettgarnitur überrumpeln. Am nächsten Tag lesen Sie zu Hause den Kaufvertrag noch einmal durch und stellen fest, dass die Betten für Ihre finanziellen Verhältnisse viel zu teuer sind. Sofort machen Sie sich daran, Ihren Kauf zu widerrufen. Diesen Widerruf schicken Sie richtigerweise aus Beweisgründen per Einschreiben mit Rückschein an Ihren Vertragspartner.

Der rechtliche Hintergrund:

Die gesetzliche Regelung im BGB zum so genannten Haustürgeschäft und ähnlichen Geschäften gibt Ihnen die Möglichkeit, einen Vertrag innerhalb von 14 Tagen zu widerrufen.

Selbst wenn nun der Verbraucher die Möglichkeit hat, aus einem unüberlegt unterzeichneten Vertrag wieder auszusteigen, sollte man sich trotzdem die goldene Regel zu eigen machen und grundsätzlich nichts unterschreiben, was man nicht vorher – und in Ruhe – von Anfang bis Ende vollständig durchgelesen hat und womit man einverstanden ist! Dazu gehört zum Beispiel auch das so genannte Kleingedruckte.

Name
Adresse

An

....

Ort, Datum

Widerruf meines Kaufvertrages vom .... *(Datum)*

Sehr geehrte Damen und Herren,

bei Ihrer Verkaufsveranstaltung am .... *(Datum)*, die Sie als Ausflug ins Allgäu deklariert hatten, ließ ich mich durch die zermürbende Argumentation Ihrer Verkäufer dazu bringen, je zwei Oberbetten, Unterbetten und Kopfkissen mit einem Gesamtpreis von .... Euro zu bestellen.

Mittlerweile bereue ich diesen Entschluss, und nach einem Vergleich von Angeboten und Preisen in meiner Heimatstadt komme ich zu der Überzeugung, dass Ihr Produkt enorm überteuert ist. Daher nehme ich mit diesem Schreiben von meiner Bestellung Abstand und widerrufe heute noch während der vierzehntägigen Frist meinen Kaufvertrag.

Mit freundlichen Grüßen

Unterschrift

Anlage: Kopie des Kaufvertrages

15 Beschweren Sie sich gegen unzulässige Nachnahmegebühren!

Das Szenario:

Rechtzeitig mit der Winterkälte trifft Ihre neue Daunenjacke ein. Sie haben in Ruhe zu Hause den Katalog gewälzt und ausgesucht, die Bestellung unterschrieben und abgeschickt. Jetzt sind Sie unangenehm überrascht, dass Sie zusätzlich zu Porto und Verpackung eine Nachnahmegebühr von vier Euro bezahlen sollen. Das müssen Sie aber nicht – und zumindest nach einem Brief dürften Sie Ihr Geld zurückerhalten und vielleicht ähnliche Gebühren vom selben Anbieter nicht mehr berechnet bekommen.

Der rechtliche Hintergrund:

Wird eine Ware gegen Bezahlung bei der Lieferung bestellt, spricht man von Nachnahme. Dies bedeutet, dass bei der Einlieferung eines Postpaketes zusätzlich zu den Portokosten noch eine weitere Gebühr anfällt, da der Paketlieferant beim Empfänger nicht nur das Paket abliefert, sondern gleichzeitig auch die Rechnung kassiert. Wenn zum eigentlichen Preis noch Versandkosten, Verpackungs- und Nachnahmegebühr kommen, kann das den Endpreis deutlich verteuern. Mitunter verlangt der Versender eine pauschale Nachnahmegebühr, unabhängig von Anzahl, Gewicht und Warenwert. Bei Bestellung sollten Katalogkunden daher immer genau nachprüfen, was sie da unterschreiben und ob sie sich ahnungslos mit Klauseln einverstanden erklären, die sie eigentlich nicht unterzeichnen wollen. Wie im Brief erwähnt wird, ist die Formulierung, dass der Käufer die Nachnahmekosten trägt, unzulässig, wenn es keine alternativen Zahlungsformen für ihn gibt (Bundesgerichtshof, VII ZR I/98).

Name
Adresse

An das
Versandhaus ....
....

Ort, Datum

Beschwerde wegen unzulässiger Nachnahmekosten

Sehr geehrte Damen und Herren,

heute habe ich die bei Ihnen bestellte Winterjacke erhalten. Der Rechnung muss ich nun entnehmen, dass Sie mir die kompletten Nachnahmekosten verrechnen. Ihre Mitarbeiterinnen im Kundenservice haben mich dann, als ich dort anrief, darüber informiert, dass ich mich durch die Unterschrift auf meiner Bestellung mit dieser Klausel einverstanden erklärt habe.

Dem möchte ich ganz klar widersprechen. Da bei Ihrem Haus die Nachnahme die einzige Möglichkeit zur Bezahlung ist, kann ich als Besteller nicht zur Übernahme dieser Kosten verpflichtet werden. Vielleicht ist Ihnen nicht bekannt, dass der Bundesgerichtshof in seinem Urteil VII ZR I/98 diese Formulierung als unzulässig erklärt hat.

Ich finde es sehr ärgerlich, dass Sie das Vertrauen und die Ahnungslosigkeit Ihrer Kunden zur unseriösen Geldmacherei nutzen! Ich erwarte daher, dass Sie mir die Nachnahme zurückerstatten.

Mit freundlichen Grüßen

Unterschrift

16 Teleshopping 1: Sonderangebot gilt nicht mehr

Das Szenario:

Kennen Sie die Fernsehkanäle, auf denen alle möglichen Waren angepriesen werden, die Sie per Telefon auch gleich bestellen können? Vielleicht gehören Sie ja schon zu den Kunden dieser Anbieter. In den USA gibt es diese Form von „Teleshopping" schon lange, und mittlerweile breitet sich dies auch bei uns immer mehr aus. Der Vorteil liegt sicher in der Schnelligkeit und Bequemlichkeit. Auf der anderen Seite gibt es dabei einige Punkte, die Sie besonders beachten sollten. So gilt der Kaufvertrag dann als geschlossen, wenn Sie sich telefonisch melden und der Anbieter diese Bestellung schriftlich (oder zumeist nur mündlich) bestätigt oder sogar auch nur dann, wenn dieser die bestellte Ware zuschickt. Als Anrufer (also als Besteller) müssen Sie dagegen nachweisen können, dass Sie wirklich eine bestimmte Ware zu einem bestimmten Zeitpunkt bestellt haben. Dies ist insbesondere dann wichtig, wenn es sich, wie in diesem Fall, um einen bestimmten Sonderpreis handelt, der nur zu einer bestimmten Zeit angeboten wird. Dann sollten Sie schriftlich auf der Lieferung zu dem Sonderpreis bestehen. Dies gilt besonders dann, wenn die Lieferung überhaupt nicht oder – wie in diesem Beispiel – zum regulären Preis erfolgt ist. Den Zeitpunkt des Anrufs können Sie sich durch einen Zeugen oder mittels Ihrer Telefonrechnung, wo häufig für jeden Anruf die genauen Daten erfasst sind, bestätigen lassen.

Der rechtliche Hintergrund:

Beim so genannten Teleshopping muss der angerufene Anbieter das Angebot des Anrufers aufnehmen, um zu einem wirksamen Kaufvertrag zu gelangen. Der Anbieter kann die Annahme des Angebots und damit den Abschluss des Kaufvertrags mündlich oder schriftlich bestätigen oder nach Entgegennahme des Anrufs einfach die Ware zusenden. Ohne eine Reaktion des Anbieters ist kein Kaufvertrag zustande gekommen. Ist ein Vertrag zu besonderen Konditionen geschlossen worden (wie hier der Verkauf eines Heimtrainers zu einem Sonderpreis in einem bestimmten Zeitraum nach der Sendung), dann ist der Vertrag zu diesen Sonderbedingungen zustande gekommen. Bestreitet der Anbieter den Anruf innerhalb dieser Frist, muss der Anrufer den Nachweis führen, dass er in dieser Zeit wirklich angerufen hat.

Name
Adresse

An

....

Ort, Datum

Meine Bestellung eines Heimtrainers, Bestell-Nr. .... / Sonderangebot vom .... (Datum)

Sehr geehrte Damen und Herren,

am .... (Datum) um .... (Uhrzeit) hat Ihr Sender einen Heimtrainer Nr. .... (Bestellnummer) zum Sonderpreis von .... Euro angeboten. Dieser Sonderpreis sollte laut diesem Angebot für die nächsten drei Stunden nach diesem Angebot gelten.

Unmittelbar darauf habe ich bei Ihnen angerufen, um diesen Heimtrainer zu diesen Konditionen bei Ihnen zu bestellen. Dieser Anruf erfolgte genau um .... (Uhrzeit) und Ihre Mitarbeiterin hat den Auftrag auch entgegengenommen. Dies kann Ihnen mein Nachbar, Herr .... (Name), bestätigen, der die Sendung mit mir gemeinsam ansah. Außerdem lege ich Ihnen eine Kopie meiner Telefonrechnung bei, aus der hervorgeht, dass dieser Anruf genau zu dieser Zeit erfolgte.

Als mir der Heimtrainer wenige Tage darauf geliefert wurde, musste ich leider feststellen, dass mir nicht der Sonderpreis von .... Euro, sondern offenbar der reguläre Preis von .... Euro berechnet wurde, der weit höher liegt. Als ich nochmals bei Ihnen anrief, wurde mir mitgeteilt, es sei nicht festgehalten, dass ich wirklich zum Zeitpunkt dieser Sonderaktion angerufen hätte.

Aus den beiliegenden Angaben geht jedoch klar hervor, dass mein Anruf tatsächlich während dieser Frist erfolgte. Somit ist der Kaufvertrag zu den Sonderkonditionen zustande gekommen. Ich möchte Sie daher bitten, mir für den Heimtrainer eine neue Rechnung über den reduzierten Preis zuzusenden.

Mit freundlichen Grüßen

Unterschrift

Anlage: Kopie der Telefonrechnung, Zeugenaussage

17 Teleshopping 2: Zusätzliche Nebenkosten

Das Szenario:

Für Kunden von Teleshopping-Kanälen gelten besondere Regeln, die Sie beachten sollten. Wichtig ist grundsätzlich das, was im Zuge des Angebots über TV und vor allem während der telefonischen Bestellung verabredet wurde. Wenn Sie einen Auftrag erteilt haben und dieser angenommen wurde, sind Sie lediglich dazu verpflichtet, den angegebenen Preis und gegebenenfalls die genannten Nebenkosten zu bezahlen. Es kommt aber manchmal vor, dass dem Kunden zusätzliche Versand-, Verpackungs- oder Bearbeitungskosten in Rechnung gestellt werden. Diese müssen Sie nicht bezahlen, wenn sie Ihnen vorher über den Fernsehkanal oder bei der Auftragsannahme nicht ausdrücklich genannt wurden. Wenn Sie also für Ihre bestellte Ware eine Rechnung mit zusätzlichen Nebenkosten erhalten, von denen vorher keine Rede war, sollten Sie am besten sofort schriftlich eine Korrektur der Rechnung verlangen. Eine konkrete Frist hierfür gibt es wohl nicht, aber mehr als zwei Wochen sollten Sie sich für diesen Brief nicht Zeit lassen.

Der rechtliche Hintergrund:

Beim so genannten Teleshopping muss der angerufene Anbieter das Angebot des Anrufers aufnehmen, um zu einem wirksamen Kaufvertrag zu gelangen. Der Anbieter muss dabei den Preis und sämtliche anfallenden Nebenkosten nennen, sofern er dies nicht schon über das Fernsehen im entsprechenden Angebot getan hat. Neben der reinen Preisvereinbarung können dem Kunden in solchen Fällen keine weiteren Nebenkosten in Rechnung gestellt werden, denen dieser nicht ausdrücklich zugestimmt hat.

Name
Adresse

An

....

Ort, Datum

Bestellung einer Halskette, Bestell-Nr ...., vom .... *(Datum)/* **Berechnung zusätzlicher Nebenkosten**

Sehr geehrte Damen und Herren,

am .... *(Datum)* um .... *(Uhrzeit)* hat Ihr Sender eine Halskette Nr. .... *(Bestellnummer)* zum Preis von .... Euro angeboten. Zusätzlich würden, so das Angebot, bei einer Bestellung Versandkosten in Höhe von .... Euro anfallen.

Unmittelbar darauf habe ich bei Ihnen angerufen, um diese Halskette zu diesen Konditionen bei Ihnen zu bestellen. Als mir die Ware wenige Tage darauf geliefert wurde, musste ich leider feststellen, dass mir neben dem Preis von .... Euro und den Versandkosten von .... Euro noch zusätzliche Bearbeitungskosten in Höhe von .... Euro berechnet wurden. Diese zusätzlichen Bearbeitungskosten wurden jedoch weder in Ihrem Angebot im Programm noch bei der Annahme der Bestellung erwähnt.

Da für diese zusätzlichen Bearbeitungsgebühren unter diesen Umständen keine Rechtsgrundlage vorhanden ist, möchte ich Sie bitten, mir eine neue Rechnung zuzusenden, die nur den Verkaufspreis und die vereinbarten Versandkosten enthält.

Mit freundlichen Grüßen

Unterschrift

Anlage (wenn vorhanden): Kopie der Auftragsbestätigung

18 Nepp bei Partnervermittlung

Das Szenario:

Suchen Sie einen Partner? Immer mehr Menschen verlassen sich dabei heutzutage nicht mehr auf ihr Glück, sondern nehmen professionelle Hilfe in Anspruch. Leider gibt es aber bei den verschiedenen Instituten und Agenturen nicht nur seriöse Anbieter. Vorsicht ist insbesondere bei den finanziellen Forderungen angebracht: Sie sollten die verschiedenen Anbieter kritisch prüfen und vergleichen. Vor allem sollten Sie auf gar keinen Fall eine Gesamtvergütung im Voraus bezahlen. Bei manchen Instituten haben Sie Probleme, Ihr Geld wiederzubekommen, wenn Sie den Vertrag vor Ende der Laufzeit, wie in diesem Beispielfall, kündigen. Immerhin ist die Rechtslage klar: Der Bundesgerichtshof hat bestätigt, dass solche Verträge jederzeit ohne Angabe von Gründen gekündigt werden können und dass Sie eine bereits bezahlte Vergütung anteilig zurückbekommen müssen. Wird Ihnen das verweigert oder versucht die Agentur, das hinauszuzögern, schreiben Sie sofort einen Brief und verweisen auf Ihr Recht!

Der rechtliche Hintergrund:

Nach der Rechtssprechung des Bundesgerichtshofs sind Partnervermittlungsverträge jederzeit und ohne Vorliegen eines besonderen Grundes kündbar. Dieses Recht kann die Agentur auch nicht durch andere Bestimmungen im Kleingedruckten ausschließen. Wenn der Kunde den Vertrag kündigt und die Vergütung bereits bezahlt hat, dann kann das Institut nur eine anteilige Vergütung beanspruchen, die den bis zur Kündigung erbrachten Dienstleistungen und dem entstandenen Verwaltungsaufwand entspricht. Den darüber hinausgehenden Betrag kann der Kunde zurückfordern.

Name
Adresse

An

....

Ort, Datum

Meine Kündigung des Partnervermittlungsvertrages vom .... *(Datum)/***Rückforderung bereits bezahlter Vergütung**

Sehr geehrte Damen und Herren,

am .... *(Datum)* hatte ich meinen Vermittlungsvertrag Nr. .... gekündigt, den ich am .... *(Datum)* mit Ihrem Institut geschlossen hatte. Leider habe ich bislang auf meine Bitte, mir anteilig die im Voraus gezahlte Vergütung zu erstatten, keine Reaktion erhalten. Ich möchte Sie nun nochmals dazu auffordern, mir gemäß der geltenden Rechtslage diese Vergütung anteilig zurückzuerstatten.

Mit Vertragsunterzeichnung wurden Gebühren in Höhe von .... Euro fällig, die ich fristgemäß überwiesen habe. Da ich den Vermittlungsvertrag etwa zur Hälfte der vereinbarten Laufzeit gekündigt hatte, steht mir auch die Hälfte der bereits gezahlten Vergütung zu.

Der Bundesgerichtshof hat mehrfach bekräftigt, dass Partnervermittlungsverträge jederzeit und ohne Angabe von Gründen kündbar sind. Bei Kündigung und Vorauszahlung der Gebühren durch den Kunden steht demnach dem Institut nur die anteilige Vergütung zu, die den bis zur Kündigung erbrachten Dienstleistungen und dem entstandenen Verwaltungsaufwand entspricht.

Ich möchte Sie daher nochmals dazu auffordern, mir rasch den noch zustehenden Betrag aus dieser Vorauszahlung zurückzuerstatten.

Mit freundlichen Grüßen

Unterschrift

Anlage: ggf. Kopie des Überweisungsbescheides der Vorauszahlung

19 Wenn Post oder Kurierdienst Ihre Sendung verzögern

Das Szenario:

Das ist besonders ärgerlich: Sie haben eine Frist einzuhalten, weil Sie, sagen wir einmal, zu einem bestimmten Zeitpunkt ein Abonnement oder einen Liefervertrag kündigen wollen. Sie schicken die Kündigung rechtzeitig ab, aber Ihr Gegenüber besteht auf Erfüllung des Vertrages, weil die Kündigung nicht rechtzeitig bei ihm eingegangen sei. Das müssen Sie aber nicht akzeptieren! Liegt die Schuld am Zustelldienst, dass die Kündigung nicht rechtzeitig einging, dann haben Sie gute Chancen, dass Ihr Schreiben dennoch als gültig angesehen werden kann. Schreiben Sie einen Brief und verweisen Sie auf ein entsprechendes Urteil des Bundesverfassungsgerichts.

Der rechtliche Hintergrund:

Das Bundesverfassungsgericht hat in einem Urteil entschieden (Aktenzeichen 1 BvR 1138/97), dass nicht allein der Absender dafür verantwortlich gemacht werden kann, wenn ein wichtiger Schriftsatz nicht rechtzeitig beim Empfänger ankommt, weil ein Kurierdienst zu lange für die Beförderung gebraucht hat. Für die Versäumnisse des Kurierdienstes ist der Absender nicht heranzuziehen. Wie bei der Post muss der Absender lediglich sicherstellen, dass er das zu befördernde Schriftstück so rechtzeitig abgibt, dass der Kurierdienst bei regelmäßigem Betriebsablauf den Empfänger fristgerecht erreicht.

Name

Adresse

An

....

Ort, Datum

Fristversäumnis wegen Kurierdienst

Sehr geehrte Damen und Herren,

wie Ihnen bekannt ist, hatte ich bei Ihnen am .... *(Datum)* einen Vertrag zu
.... *(Bezeichnung oder Abonnement-Name usw.)* abgeschlossen. Diesen Liefervertrag hatte ich fristgerecht mit Brief vom .... *(Datum)* gekündigt, den ich Ihnen vom Kurierdienst .... *(Name)* am selben Tag zustellen ließ.

Sie teilten mir nun in Ihrem Brief vom .... *(Datum)* mit, dass diese Kündigung bei Ihnen nicht
fristgerecht eingegangen sei und Sie deshalb auf Erfüllung des genannten Vertrages bestünden.

Ich bestehe jedoch auf meiner Kündigung und bitte Sie hiermit, das Vertragsverhältnis als beendet zu betrachten. Ich habe nachweislich die Kündigung fristgerecht erstellt und dem Kurierdienst
zur Zustellung übergeben. Für die angebliche Verzögerung ist alleine der Kurierdienst verantwortlich. In einem entsprechenden Urteil hat das Bundesverfassungsgericht unlängst bestätigt, dass
ein Absender nicht für ein Versäumnis des Kurierdienstes verantwortlich gemacht werden kann
(siehe die Entscheidung des Bundesverfassungsgerichts, 1 BvR 1138/97). In der Verantwortung
des Absenders liege es nur, das Schriftstück so rechtzeitig abzugeben, dass der Kurierdienst bei
regelmäßigem Betriebsablauf den Empfänger fristgerecht erreicht.

Da dies in meinem Fall gegeben ist, sehe ich meine Kündigung als fristgerecht und damit rechts-
gültig an.

Mit freundlichen Grüßen

Unterschrift

Anlage: Kopie des Vertrages sowie des Auftrages an den Kurierdienst

20 Fitness-Club darf eigene Getränke nicht verbieten

Das Szenario:

Die Zunge klebt am Gaumen, das schweißnasse Hemd am Rücken: Jetzt wäre etwas zu trinken recht! Weil Sie aber keine eigenen Getränke ins Sport-Studio mitbringen dürfen, bleibt Ihnen nichts anderes übrig, als wieder einmal zusätzliche Ausgaben zu tätigen. Sie versuchen zunächst, im Gespräch mit der Inhaberin darauf hinzuweisen, dass Sie künftig dazu nicht mehr bereit sind. Diese Unterhaltung vor vielen (gleichgesinnten) Ohren wird aber mit dem Hinweis auf die ominöse Clubordnung abgeschmettert. Jetzt verschaffen Sie Ihrem Ärger schriftlich Luft.

Der rechtliche Hintergrund:

Tatsächlich darf ein Fitness-Studio-Betreiber Ihren durch den Sport stark angestiegenen Flüssigkeitsbedarf nicht ausnützen und von Ihnen verlangen, für jedes Getränk extra zu bezahlen. Wer seine Getränke selbst mitbringen will, kann dies auch problemlos tun. Das Oberlandesgericht Brandenburg an der Havel (AZ: 7 U 36/03) entschied, dass solche Klauseln in den Verträgen und damit auch Aushänge in den Räumen unzulässig sind.

Name
Adresse

An das
Fitness-Studio ....

....

Ort, Datum

Eigene Getränke im Sport-Studio

Sehr geehrte/r Herr/Frau ....,

ich trainiere sehr gerne in Ihrem Fitness-Studio und verbringe viele Stunden bei Ihnen. Was mich aber in letzter Zeit immer mehr stört und was sich auch zunehmend in meinem Geldbeutel bemerkbar macht, ist Ihr Verbot, eigene Getränke von zu Hause mitzubringen. Die kleinste Getränkemenge kostet bei Ihnen .... Euro, was zum Beispiel bei schweißtreibenden Spinning-Stunden oder längeren Trainingseinheiten bei weitem nicht zum Durstlöschen ausreicht. Addiere ich meine Aufenthalte mit den jeweiligen Getränken, so komme ich pro Monat auf fast .... Euro zusätzlich zum Monatsbeitrag. Und ehrlich gesagt, ist mir dies zu viel! Ich werde also künftig entgegen Ihrer Forderung, Getränke zu „fairen Preisen" an der Theke zu erstehen, mir mein Mineralwasser von zu Hause mitbringen. Es gibt hierzu auch ein Gerichtsurteil, in dem entschieden wurde, dass Betreiber von Fitness-Studios mit dem stark gesteigerten Flüssigkeitsbedarf ihrer Kunden keine Geschäfte machen dürfen.

Mit freundlichen Grüßen

Unterschrift

21 Wie Sie aus einem langfristigen Fitness-Club-Vertrag herauskommen

Das Szenario:

Jetzt sind es schon zwei Jahre, dass Sie Ihren Körper regelmäßig im Sportstudio trainieren – dies in der Hoffnung, sich etwas Gutes zu tun. Aber ein altes Bandscheibenleiden macht Ihnen immer mehr zu schaffen, bis Ihnen Ihr Arzt schließlich empfiehlt, auf die Mitgliedschaft im Fitness-Club schnellstmöglich zu verzichten. Sie haben deshalb Ihren Vertrag mit sofortiger Wirkung schriftlich gekündigt, sogar per Einschreiben. Die Betreiber akzeptieren diese außerterminliche Kündigung nicht, sondern verlangen eine Erstattung der Monatsbeiträge bis zum Ablauf der sechsmonatigen offiziellen Kündigungsfrist.

Der rechtliche Hintergrund:

Mögliche Gründe, den Vertrag mit einem Fitness-Studio mit sofortiger Wirkung zu kündigen, sind nach Auffassung vieler Richter zum Beispiel die Einberufung zur Bundeswehr, eine Schwangerschaft oder eine langfristige ernstliche Erkrankung. Das Studio kann von seinem Mitglied nicht verlangen, dass es Beiträge weiterbezahlt, obwohl es wegen einer Krankheit und auch auf ärztlichen Rat nicht weiter trainieren kann und soll. Es gibt auch diesbezügliche Gerichtsentscheidungen, die darauf hinauslaufen, dass der Vertrag für die Zeit der Verhinderung beitragsfrei ruht (zum Beispiel Amtsgericht Frankfurt/Main 32 C 3558/96-19). Die Vertragsklausel im vorliegenden Fall ist jedoch unwirksam, weil sie die Studiomitglieder unangemessen benachteiligt.

Name
Adresse

An das
Fitness-Studio ....

....

Ort, Datum

Fristlose Kündigung meiner Mitgliedschaft Nr. ....

Sehr geehrte/r Herr/Frau ....,

am .... *(Datum)* habe ich meine nunmehr zweijährige Mitgliedschaft im Fitness-Studio ge-kündigt. Diese Kündigung habe ich auf ärztlichen Rat hin fristlos ausgesprochen. Leider akzeptie-ren Sie nun diese Kündigung nicht und haben stattdessen zu meinem Bedauern mit Forderungen noch ausstehender Beiträge in Höhe von .... Euro reagiert.

Sie verweisen in Ihrem Antwortschreiben auf Punkt fünf des Vertrages, wonach Krankheit, Woh-nungswechsel oder Ähnliches ein Mitglied nicht von seiner Zahlungspflicht entbinden würden. Ihre Zahlungsforderung lehne ich jedoch mit diesem Schreiben ab, da auf Grund meiner Rücken-probleme ein weiteres Training in Ihrem Studio für mich nicht mehr in Frage kommt und ich des-wegen auch keine weiteren Beiträge mehr zu zahlen brauche. In diesem Zusammenhang möchte ich auf einen ähnlichen Fall verweisen, der beim Amtsgericht Frankfurt zu Gunsten des Mitglieds entschieden wurde (Amtsgericht Frankfurt, 32 C 3558/96-19).

Da mir das Training in Ihrem Studio aber immer sehr viel Spaß gemacht hat, möchte ich Ihnen entgegenkommen. Ich könnte eine vierwöchige Kündigungsfrist mit dem entsprechenden Beitrag als angemessen akzeptieren.

Mit freundlichen Grüßen

Unterschrift

Anlage: Kopie des ärztlichen Gutachtens

22 Keine Kosten für Kostenvoranschläge

Das Szenario:

Sie bringen Ihren defekten Laserdrucker zur Reparatur. Der Händler nimmt den Auftrag an und teilt Ihnen mit, in einer Woche sei das Gerät zur Abholung bereit. Ihre Tochter nimmt Ihnen diesen Gang ab, bezahlt die Rechnung und liefert den Drucker bei Ihnen ab. Als Sie Ihre Auslagen begleichen wollen, bemerken Sie den Posten „Kostenvoranschlag", der mit 35 Euro zu Buche schlägt. Bei Ihrer telefonischen Nachfrage können Sie den Händler nicht persönlich erreichen und werden stattdessen vertröstet. Dieser hätte den Voranschlag so gar nicht berechnen dürfen. Um nicht zu lange auf die Rückerstattung Ihres Geldes warten zu müssen, formulieren Sie Ihren Einspruch schriftlich.

Der rechtliche Hintergrund

Ein Kostenvoranschlag ist eine hilfreiche Sache: Einerseits erhalten Sie als Kunde dadurch einen Schätzwert über die Höhe der voraussichtlichen Kosten bei einer Reparatur. Andererseits können Sie auch Kostenvoranschläge mehrerer Anbieter einholen. So schaffen Sie sich eine gute Basis zu Preisvergleich und Ausgabenkalkulation. Laut Bundesgerichtshof ist ein Kostenvoranschlag grundsätzlich unverbindlich. Wenn es der Kunde will, kann er auch einen verbindlichen Kostenvoranschlag vereinbaren. Dieser entspricht dann einem Festpreis, der nicht überschritten werden darf. Ein altes Streitthema zwischen Kunde und Anbieter ist die Frage, ob der Kostenvoranschlag berechnet werden darf. Eigentlich nicht. Im Werkvertragsrecht gilt seit dem Jahr 2002 § 632 Abs. 3 BGB, wonach ein Kostenvoranschlag im Zweifel nicht zu vergüten ist. Das Amtsgericht Frankfurt (Aktenzeichen: 29 C 1168/97-69) meint dazu in einem Fall aus dem Kaufrecht, dass der Kostenvoranschlag keine eigenständige Leistung sei, sondern nur ihrer Vorbereitung diene. Für derartige Vorbereitungen bestehe prinzipiell keine Vergütungspflicht. Wann darf also ein Kostenvoranschlag berechnet werden? Nur, wenn dies vorher ausdrücklich vereinbart wurde. Nennt der Anbieter also vor der Reparatur unmissverständlich einen bestimmten Preis für den Kostenvoranschlag und der Kunde ist damit einverstanden, dann muss er ihn später auch bezahlen.

Name

Adresse

An

....

Ort, Datum

Unvereinbarte Berechnung des Kostenvoranschlages für Druckerreparatur Nr. ....

Sehr geehrte Damen und Herren,

am .... *(Datum)* hat meine Tochter bei Ihnen meinen Laserdrucker von der Reparatur abgeholt und die Rechnung auch sofort beglichen. Nun habe ich zu Hause bei der Durchsicht der Quittung festgestellt, dass Sie Ihren Kostenvoranschlag mit 35 Euro in Rechnung stellen.

Damit bin ich nicht einverstanden, schon deshalb, weil wir diesbezüglich zur Auftragserteilung nichts vereinbart haben.

Ich bitte Sie daher, den Anteil Kostenvoranschlag bis zum .... *(Datum)* auf mein Konto .... *(Kontonummer, Bankleitzahl und Name der Bank)* zu überweisen.

Mit freundlichen Grüßen

Unterschrift

Anlage: Rechnungskopie

23 Computer nach Aufrüstung kaputt: Rückgaberecht!

Das Szenario:

Sie haben einen Kundentermin und präsentieren Ihre Ergebnisse – mit Hilfe Ihres neuen handlichen Laptops. Da passiert es schon wieder: Das Programm stürzt ab! Dieses Problem existiert erst, seit Sie den Arbeitsspeicher erweitern ließen. Jetzt ziehen Sie die Konsequenz und reklamieren die neue störungsanfällige Kombination komplett!

Der rechtliche Hintergrund:

Beim Laptop-Kauf weisen Hersteller die Kunden oft darauf hin, dass Sie den Arbeitsspeicher problemlos mit einer RAM-Card aufrüsten können. So könnten auch aufwändigere Softwareprogramme auf dem Gerät störungsfrei laufen. Erweist sich Ihr Computer nach diesem „Tuning" als störungsanfälliger als zuvor, können Sie nach der Entscheidung des Oberlandesgerichtes Köln (Aktenzeichen 19 U 174/96) den Laptop komplett reklamieren. Zudem brauchen Sie sich die Zeit, in der Sie das Gerät bis zur Reklamation nutzten, nicht anrechnen zu lassen.

Name
Adresse

An

....

Ort, Datum

Seit Aufrüstung extrem störungsanfälliger Computer

Sehr geehrte Damen und Herren,

um flexibel arbeiten zu können, habe ich am .... *(Datum)* einen Laptop .... *(Marke)* bei Ihnen gekauft. Schon bald erwies sich der Speicher für meinen Bedarf als zu klein. Sie empfahlen mir deswegen die Erweiterung mit einer RAM-Card.

Jetzt habe ich zwar ein Gerät mit deutlich gesteigerter Kapazität – jedoch folgt eine Störung auf die nächste, ein Absturz auf den anderen. Für meine beruflichen Zwecke ist der Laptop so nicht mehr verwendbar.

Hiermit reklamiere ich das gesamte Gerät. Ich bitte Sie, gegen Rückgabe bis zum .... *(Datum)* den vollen Kaufpreis von .... Euro auf mein Bankkonto .... *(Kontonummer, Bankleitzahl und Name der Bank)* zu überweisen.

Mit freundlichen Grüßen

Unterschrift

Anlage: Kopie Kaufvertrag plus Rechnung RAM-Card

24 Kündigung per Fax müssen Sie nicht akzeptieren

Das Szenario:

Briefe sind wichtig und können Folgen haben. Aber mindestens genauso wichtig ist die Art der Übermittlung: Wenn heutzutage Mitteilungen per Fax verschickt werden, dann heißt das noch lange nicht, dass diese dieselben rechtlichen Wirkungen haben wie Briefe auf Papier. Also, Vorsicht: Wenn Sie eine wichtige Mitteilung haben, sollten Sie diese unbedingt als herkömmlichen Brief schreiben und (sogar als Einschreiben mit Rückschein) zustellen lassen. Damit sind Sie auf jeden Fall auf der sicheren Seite. Dies gilt dann, wenn Sie etwa einen Einspruch oder eine Beschwerde vornehmen wollen. Es ist aber genauso wichtig, wenn Sie mit einem Aufruf konfrontiert werden, etwas zu tun oder zu unterlassen, und dieser wurde an Sie nur als Fax gerichtet. Damit hätte diese Intervention per Fax keine rechtliche Bedeutung! Das folgende Beispiel beschreibt einen Fall, in dem Ihnen durch eine angebliche Auftragsstornierung per Fax ein Nachteil entstanden wäre, den Sie nicht hinnehmen müssen. Generell gilt also: Lieber ein Brief zu viel ...

Der rechtliche Hintergrund:

Nicht alle modernen Kommunikationsmittel haben im Zweifelsfall die gleiche Beweiskraft. Wer Briefe per Fax verschickt, kann nicht beweisen, dass sein Schreiben auch beim Empfänger ankam. Sogar der vom Faxgerät erstellte Sendebericht mit aufgedrucktem „O.K." gibt keinen Aufschluss darüber, dass das Fax beim Empfänger auch wirklich ankam. So haben das Oberlandesgericht Nürnberg und der Bundesgerichtshof (siehe Entscheidung des OLG Nürnberg, 4 U 3193/96, und BGH, VII ZR 196/98) entschieden. Also: Ein Fax-Sendebericht beweist nicht den Zugang eines Schreibens. Fax-Sendeprotokolle haben beweisrechtlich lediglich Indizwert für den Zugang eines Schreibens, weil Sendeprotokolle durch Manipulationen am Sendegerät beziehungsweise durch Einschaltung eines zweiten Faxgeräts beliebig hergestellt werden können.

Name

Adresse

An

....

Ort, Datum

Stornierung Ihres Auftrages per Fax

Sehr geehrte Damen und Herren,

am ....(Datum) erhielt ich von Ihnen den Auftrag zur Lieferung von .... (Bezeichnung) zum .... (Datum). Diesen Auftrag habe ich Ihnen mit Schreiben vom .... (Datum) bestätigt. Darin wurde Ihnen auch der .... (Datum) als Liefertermin bestätigt.

Als die Lieferung zum vereinbarten Zeitpunkt erfolgen sollte, haben Sie sich jedoch geweigert, die Lieferung anzunehmen. Sie gaben an, Sie hätten den Liefervertrag mit einem Fax, das Sie angeblich am .... (Datum) abgesandt hätten, gekündigt.

Eine solche Kündigung ist jedoch bei uns weder per Fax noch in irgendeiner anderen Form eingegangen. Im Übrigen wäre eine solche Kündigung per Fax auch ungültig. Wie das Oberlandesgericht Nürnberg bestätigte, hat ein Fax keine Beweiskraft, selbst wenn dem Absender ein Sendebericht vorliegt (siehe die Entscheidung des Oberlandesgerichts Nürnberg, 4 U 3193/96, und des BGH, VII ZR 196/98).

Da also eine rechtsgültige und fristgerechte Kündigung des Liefervertrages vom .... (Datum) Ihrerseits nicht vorgelegen hat, bestehe ich auf der Erfüllung der Bedingungen dieses Vertrages und fordere Sie hiermit auf, Ihren darin eingegangenen Verpflichtungen nachzukommen.

Mit freundlichen Grüßen

Unterschrift

Anlage: Kopie der Auftragsbestätigung

25 Werbung per Fax ist verboten

Das Szenario:

Das Fax klingelt. Sie gehen und schauen nach, welche Mitteilung für Sie da gerade ankommt. Schon wieder Werbung! Jetzt sind Sie ziemlich genervt. Dieses lästige Angefaxt-Werden mit unerwünschten Angeboten und „Informationen" bringt Ihren ganzen Betrieb durcheinander. Eilige Nachrichten kommen nicht durch, weil das Fax blockiert ist, teures Papier sinnlos verschwendet wird, kostbare Arbeitszeit verloren geht ... Auf Ihren Briefkasten kleben Sie einfach ein Schild mit der Aufschrift „Werbung unerwünscht", und schon bleibt Ihnen eine Menge Platz für wirklich wichtige Post. Anders ist die Situation beim Fax und neuerdings auch bei e-Mails. Als Privatperson sowieso, aber auch als Geschäftsmann sind Sie nicht ohne Möglichkeiten und können sich unerwünschte Werbung erfolgreich vom Hals halten.

Der rechtliche Hintergrund:

Wenn Geschäftsverbindungen bestehen oder Sie Informationen anfordern, dann ist die Werbung per Fax rechtens. Denn dann kann der Absender getrost von Ihrem Interesse und Einverständnis ausgehen (was der Werbetreibende aber im Ernstfall beweisen müsste). Ihr stillschweigendes Einverständnis könnte der Absender zum Beispiel bei sachbezogener Geschäftswerbung annehmen, dann müsste er aber auch zugleich darüber Kenntnis haben, dass Sie speziell mit der Faxübermittlung einverstanden sind. Dass die Werbung per Fax ansonsten grundsätzlich unzulässig ist, entspricht auch ständiger Rechtssprechung (Bundesgerichtshof I ZR 255/93, Oberlandesgericht Koblenz 6 U 480/95, Amtsgericht Frankfurt/Main 32 C 2106/01).

II. Die Briefe

Name
Adresse

An

....

Ort, Datum

Unerwünschte Werbefaxe

Sehr geehrte Damen und Herren,

auf Ihr Werbefax vom .... *(Datum)* lesen Sie hier meine schriftliche Antwort: Ich möchte ab sofort von Ihnen auf diesem Wege keine Werbeschriften mehr erhalten. Es geht nicht an, dass Sie in großzügiger Weise:

– mein Faxpapier verbrauchen,

– mein Fax abnutzen,

– meine Arbeitszeit verschwenden und

– das Gerät für wichtige Schriftstücke blockieren.

Ich sehe keinen Grund, weshalb Sie Ihre keinesfalls so dringende Werbung, wie dies die Versandart per Fax annehmen lässt, nicht genauso gut mit normaler Briefpost versenden können.

Sicherlich ist Ihnen speziell § 1 des Gesetzes gegen den unlauteren Wettbewerb (UWG) nicht unbekannt, in dem es heißt: „Wer im geschäftlichen Verkehre zu Zwecken des Wettbewerbs Handlungen vornimmt, die gegen die guten Sitten verstoßen, kann auf Unterlassung und Schadenersatz in Anspruch genommen werden."

Sollten Sie also Ihre für mich belästigende Werbung per Fax künftig nicht einstellen, werde ich Ihnen dies gerichtlich verbieten lassen.

Mit freundlichen Grüßen

Unterschrift

Anlage: Faxkopie

Arbeitgeber und Mitarbeiter

1 Angekündigte Kurzarbeit

Das Szenario:

In bestimmten Branchen kommt es immer wieder einmal vor, dass der Arbeitgeber Kurzarbeit einführen muss. Dabei hat er sich aber an bestimmte Spielregeln zu halten. Er kann diese Kurzarbeit nicht einfach verordnen, sondern muss mit allen Beschäftigten eine entsprechende Vereinbarung treffen oder diesen eine Änderungskündigung aussprechen. Tut er das nicht, kann er nicht von sich aus Kurzarbeit anordnen und den Lohn der Mitarbeiter entsprechend kürzen.

Haben Sie einen Betriebsrat, sollten Sie diesen in einem solchen Fall ansprechen. Wenn nicht, dann sollten Sie Ihren Arbeitgeber schriftlich oder mündlich auf diese Pflicht hinweisen. Vielleicht können Sie so der Kurzarbeit ja doch noch aus dem Weg gehen oder diese zumindest abkürzen, wenn der Arbeitgeber daran erinnert wird, dass er bestimmte Formalien einzuhalten hat.

Der rechtliche Hintergrund:

Das Landesarbeitsgericht Rheinland-Pfalz und das Bundesarbeitsgericht haben unterstrichen (siehe die Entscheidung des Landesarbeitsgerichts Rheinland-Pfalz, 9 Sa 703/96, und des Bundesarbeitsgerichts, 1 ABR 22/02), dass ein Arbeitgeber nicht berechtigt ist, Kurzarbeit einseitig auf Grund seines Direktionsrechts einzuführen. Stattdessen muss er mit allen Beschäftigten eine entsprechende Vereinbarung treffen oder eine Änderungskündigung aussprechen. Ansonsten ist diese Ankündigung der Kurzarbeit unwirksam.

Musterbrief 1

Name
Adresse

An

....

Ort, Datum

Ankündigung von Kurzarbeit vom ... /Fehlende Rechtsgrundlage

Sehr geehrte/r Herr/Frau ....,

am .... *(Datum)* wurde mir mitgeteilt, dass in unserer Firma ab dem .... *(Datum)* Kurzarbeit eingeführt wird. Leider hat sich aber bislang niemand mit mir oder anderen Kollegen wegen einer entsprechenden Vereinbarung in Verbindung gesetzt. Da Kurzarbeit für die Arbeitnehmer doch mit erheblichen Nachteilen verbunden ist, sollte ein solcher Schritt so einvernehmlich wie möglich getroffen werden.

Das Landesarbeitsgericht Rheinland-Pfalz hat in einem Urteil betont, dass ein Arbeitgeber nicht berechtigt ist, einseitig auf Grund seines Direktionsrechts Kurzarbeit einzuführen. Vielmehr müsse der Arbeitgeber mit allen Beschäftigten eine entsprechende Vereinbarung treffen oder eine Änderungskündigung aussprechen (siehe die Entscheidung des Landesarbeitsgerichts Rheinland-Pfalz, 9 Sa 703/96, und des Bundesarbeitsgerichts, 1 ABR 22/02).

Ich möchte Sie daher bitten, zu prüfen, ob diese schwer wiegende betriebliche Entscheidung nicht noch revidiert werden kann.

Mit freundlichen Grüßen

Unterschrift

Anlage: Kopie der Ankündigung von Kurzarbeit, falls schriftlich vorhanden

2 Samstags nur für Teilzeitkräfte?

Das Szenario:

Der Trend der Rechtssprechung geht generell dahin, dass Teilzeitbeschäftigte die gleichen Rechte haben wie Vollzeitbeschäftigte. Wenn Sie als Teilzeitbeschäftigter also das Gefühl haben, schlechter behandelt zu werden oder unangenehmere Arbeiten durchführen zu müssen als Vollzeitbeschäftigte, sollten Sie etwas dagegen unternehmen.

Im folgenden Beispiel geht es um einen Fall, in dem ein Teilzeitbeschäftigter Samstagsarbeit leisten soll, obwohl dies die Vollzeitbeschäftigten nicht müssen. So etwas brauchen Sie aber nicht hinzunehmen: Das Bundesarbeitsgericht hat festgestellt, dass Teilzeitkräfte nicht diskriminiert werden dürfen. Wenn die Vollzeitkräfte generell keine Samstagsarbeit verrichten müssen, dann

dürfen Sie als Teilzeitkraft auch nicht dazu eingeteilt werden. Wenden Sie sich also an Ihren Chef oder die Personalabteilung – im Zweifelsfall schriftlich, dann wird deutlich, dass Sie sich informiert haben. Möglicherweise trägt dies ja dazu bei, dass die Teilzeitbeschäftigten in Ihrem Betrieb künftig gerechter behandelt werden.

Der rechtliche Hintergrund:

Teilzeitbeschäftigte dürfen nicht ohne sachlichen Grund gegenüber Vollzeitbeschäftigten benachteiligt werden. Dies gilt auch für die Arbeitseinteilung und Arbeitszeitgestaltung durch den Arbeitgeber. Dieser darf zwar die Struktur der Arbeitszeit festlegen, die Teilzeitkräfte dabei aber nicht diskriminieren. Das Bundesarbeitsgericht hat festgestellt (siehe die Entscheidungen des Bundesarbeitsgerichts, 2 AZR 352/96), dass Arbeitgeber Teilzeitkräfte nicht zwingen dürfen, regelmäßig am Samstag zu arbeiten, wenn Vollzeitkollegen am Samstag frei haben.

Musterbrief 2

Name
Adresse

An

....

Ort, Datum

Meine Arbeitszeit als Teilzeitkraft/Samstagsarbeit

Sehr geehrte/r Herr/Frau ....,

seit dem .... *(Datum)* bin ich zur Arbeit an Samstagen eingeteilt worden. Leider musste ich feststellen, dass für Samstagsarbeit offenbar nur Teilzeitbeschäftigte, aber keine Vollzeitbeschäftigten eingeteilt werden.

Die gültige Rechtslage ist aber so, dass aus Gründen der Gleichbehandlung Teilzeitbeschäftigte nicht zu Samstagsarbeit eingeteilt werden können, wenn dies nicht auch für Vollzeitbeschäftigte gilt. Dies hat auch das Bundesarbeitsgericht in einem Urteil klar bestätigt (siehe die Entscheidungen des Bundesarbeitsgerichts, 6 AZR 352/96). Teilzeitbeschäftigte dürfen demnach bei der Einteilung der Arbeit und der Gestaltung der Arbeitszeit nicht diskriminiert werden.

Ich möchte Sie daher bitten, die Arbeitseinteilung neu zu überdenken und im Sinne der Gleichbehandlung zu korrigieren.

Mit freundlichen Grüßen

Unterschrift

Anlage (zum Beispiel): Kopien von Dienstplänen und Einteilungsanweisungen

3 Wenn Sie gemobbt werden

Das Szenario:

Aktuelle Schätzungen gehen davon aus, dass bis zu 1,5 Millionen Arbeitnehmer in Deutschland regelmäßig dem ausgesetzt sind, was man Mobbing nennt. Sie werden gehänselt, schikaniert, beim Chef angeschwärzt, gegen sie wird intrigiert, sie werden ausgegrenzt oder sogar körperlich bedroht und angegriffen. Hierfür gibt es so viele Szenarien und Beispiele, dass man „den" typischen Fall gar nicht beschreiben kann. Aber eines ist all diesen Fällen gemeinsam: Es sind nicht die üblichen Reibereien zwischen Kollegen, sondern es sind Aktivitäten, die systematisch und zielgerichtet ablaufen.

Es ist auch gar nicht so einfach, sich gegen Mobbing zu wehren. Rechtlich müssten Sie in einem Zivilverfahren die Verursacher verklagen. Da sich aber häufig auch Chefs oder sogar Betriebsräte mit Mobbingfällen schwer tun und diese oft ignorieren oder falsch einschätzen, ist es wichtig, dass Sie sich dagegen mit geeigneten Mitteln wehren, wenn Sie selbst Mobbingopfer sind. Wenn Gespräche nichts nützen, sollten Sie auf jeden Fall in einem Brief an den Chef oder Betriebsrat auf Ihre Situation aufmerksam machen und Ihre Lage darstellen. Oft werden dadurch Vorgesetzte und Kollegen erst auf solche Vorgänge aufmerksam gemacht. Sich schweigend zurückzuziehen, ist auf jeden Fall der falsche Weg!

Der rechtliche Hintergrund:

Als Betroffener von Mobbing müssen Sie selbst tätig werden. Manches, was Ihnen widerfährt, stellt zwar eine strafbare Handlung dar, wie etwa Beleidigung, üble Nachrede und Verleumdung. Dabei handelt es sich aber um Antragsdelikte, bei denen Sie selbst Strafantrag stellen und versuchen müssen, in einer Privatklage Ihr Recht zu bekommen. Dazu müssen Sie in jedem Fall Zeugen benennen können, die vor Gericht für Sie aussagen. Derartige Verfahren können nicht nur langwierig und teuer sein, sie sind auch sehr ungewiss. Außergerichtliche Lösungen sind also bei Mobbingfällen immer vorzuziehen.

Musterbrief 3

Name

Adresse

An

....

Ort, Datum

Fortgesetztes Mobbing am Arbeitsplatz

Sehr geehrte/r Herr/Frau ....,

ich möchte Sie davon in Kenntnis setzen, dass gegen meine Person in unserem Betrieb seit einigen Monaten offenbar gezielt in einer Art und Weise vorgegangen wird, die ich nur als Mobbing bezeichnen kann.

Seit dem Beginn meiner Arbeit in der Abteilung .... *(Bezeichnung)* am .... *(Datum)* wurde mir immer mehr mit wachsender Unfreundlichkeit begegnet. Zunächst hatte ich das Gefühl, ich sei in dieser Abteilung unerwünscht, was durch Andeutungen von Kollegen unterstrichen wurde. Im Laufe der Zeit nahm diese Unfreundlichkeit aber immer mehr den Charakter von Ausgrenzung an. So wurde ich von vielen Kollegen gezielt geschnitten, von Besprechungen und Meetings ausgegrenzt, ständig unterbrochen und angebrüllt. Ich wurde zu keinen Geburtstagsfeiern oder privaten Treffen eingeladen. Schließlich wurde mehrfach mein Schreibtisch verwüstet und verunreinigt. In letzter Zeit musste ich mir immer mehr verdeckte und offene Drohungen anhören.

Ich denke, Sie gehen wie ich davon aus, dass ein solches Verhalten in Ihrem Betrieb nicht hinnehmbar ist. Damit wird nicht nur in unwürdiger Weise gezielt gegen einzelne Mitarbeiter intrigiert, sondern es wird der Betriebsfrieden untergraben und damit die Arbeitsmoral und Produktivität der Firma geschädigt. In diesem Sinne möchte ich Sie herzlich darum bitten, geeignete Maßnahmen gegen die Ausbreitung derartiger Verhaltensweisen zu unternehmen.

Mit freundlichen Grüßen

Unterschrift

Anlage: *Wenn Sie diese vorweisen können, dann sollten Sie Zeugenaussagen präsentieren oder zumindest andeuten, dass Sie welche hätten. Bewahren Sie auch schriftliche Drohungen, e-Mails oder Schmierereien unbedingt auf!*

4 Wenn Sie rauchfrei arbeiten wollen

Das Szenario:

Wenn Sie Nichtraucher sind, kennen Sie das Gefühl: Sie kommen aus einer Umgebung, in der geraucht wurde, und Ihre Kleidung stinkt nach Rauch. Auch Sie selbst, Ihre Haare riechen nach Kneipe. Wenn Sie dies überhaupt nicht vertragen, versuchen Sie solchen Situationen aus dem Weg zu gehen, so gut es geht. Immer mehr Menschen wollen sich auf Grund von Allergien oder Atemwegserkrankungen nicht mehr länger mit verrauchten Räumen abfinden. Schließlich gibt es heute nicht ohne Grund eine wachsende Zahl an rauchfreien Gebäuden, und immer mehr Fluggesellschaften führen nur noch Nichtraucherflüge durch – auch auf Langstrecken.

Was aber, wenn Sie dieser vollgerauchten Atmosphäre gar nicht entrinnen können, weil diese nämlich Ihr Arbeitsplatz ist? Dies müssen Sie sich aber nicht gefallen lassen. Wenn Sie darauf bestehen, muss der Arbeitgeber Ihnen einen rauchfreien Arbeitsplatz zur Verfügung stellen. Daran sollten Sie Ihren Betrieb erinnern, wenn dieser von selbst nichts unternimmt. Die Erfolgsaussicht eines Briefes von Ihnen ist groß!

Der rechtliche Hintergrund:

Seit Juli 2002 haben Arbeitnehmer gemäß der Arbeitsstättenverordnung (§ 3a ArbStättV) einen Rechtsanspruch auf einen rauchfreien Arbeitsplatz. Der Arbeitgeber hat demnach die erforderlichen Maßnahmen zu treffen, damit die nichtrauchenden Beschäftigten wirksam vor Gesundheitsgefahren durch Tabakrauch geschützt werden. Der Arbeitnehmer kann sich an das Gewerbeaufsichtsamt wenden, falls sein Ersuchen beim Arbeitgeber oder Betriebsrat nicht zum Erfolg führt. Das Gewerbeaufsichtsamt hat die Möglichkeit, Anordnungen für den Nichtraucherschutz zu treffen. Wenn diese nicht umgesetzt werden, kann das Amt ein Bußgeld verhängen oder das Amts- beziehungsweise Verwaltungsgericht einschalten. Lediglich in Arbeitsstätten mit Publikumsverkehr hat der Arbeitgeber Schutzmaßnahmen nur so weit zu treffen, als die Natur des Betriebs und die Art der Beschäftigung es zulassen. Die Ausnahmen umfassen hauptsächlich Gastronomiebetriebe, bei denen das Rauchen als eng mit der Hauptleistung verknüpfte Nebenleistung angesehen wird.

Name
Adresse

An

....

Ort, Datum

Ersuchen um rauchfreien Arbeitsplatz

Sehr geehrte/r Herr/Frau ....,

an meinem Arbeitsplatz in der Abteilung .... *(Bezeichnung)* bin ich zusehends der Belästigung durch Zigarettenrauch ausgesetzt. Da ich das Büro mit ... Mitarbeitern teile und darunter eine große Zahl Raucher ist, wird die Atemluft in unserem Büro nach kurzer Zeit für Nichtraucher unerträglich.

Für mich ergeben sich aus dieser Situation große Probleme, da ich Zigarettenrauch sehr schlecht vertrage. Auf Grund der Arbeitsstättenverordnung haben Mitarbeiter Anspruch auf einen Arbeitsplatz ohne Rauchbelästigung.

Ich möchte Sie daher bitten, mir so rasch wie möglich einen rauchfreien Arbeitsplatz innerhalb unserer Firma zur Verfügung zu stellen.

Mit freundlichen Grüßen

Unterschrift

5 Keine Übernahme des Lehrlings trotz Zusage

Das Szenario:

Als Auszubildender können Sie nicht immer damit rechnen, nach der Lehre vom Betrieb übernommen zu werden. Dennoch versprechen viele Arbeitgeber ihren Lehrlingen, sie nach ihrer Ausbildung auch – zumindest für eine bestimmte Zeit – zu übernehmen. Oft wird dies sogar in einem Tarifvertrag festgehalten.

Dennoch kommt es vor, dass ein Betrieb trotz einer solchen Regelung den Lehrling nach der Ausbildung nicht übernehmen will. Dies müssen Sie sich aber nicht gefallen lassen: Das Bundesarbeitsgericht hat in einem Urteil bestätigt, dass eine solche tarifrechtliche Zusicherung wirksam ist. Ein Arbeitgeber kann sogar zu Schadenersatz verurteilt werden, wenn er sich nicht daran hält. Wenn Sie also nach Ihrer Lehre nicht übernommen worden sind oder Ihnen dies gegen Ende Ihrer Ausbildung angekündigt wird, sollten Sie nicht zögern, Ihren Arbeitgeber (am besten die Personalabteilung) mündlich oder besser schriftlich an diese Regelung zu erinnern, sofern für Sie ein entsprechender Tarifvertrag zutrifft. Sie müssen in einem ersten Brief vielleicht nicht gleich die Schadenersatzpflicht erwähnen – das können Sie in einem zweiten Schreiben immer noch tun. Kein Arbeitgeber lässt sich gerne auf rechtliche Auseinandersetzungen ein, die wenig Erfolgsaussichten haben und ihn daher teuer zu stehen kommen könnten!

Der rechtliche Hintergrund:

Das Bundesarbeitsgericht hat die Wirksamkeit von Tarifverträgen bestätigt, in denen Auszubildenden nach bestandener Abschlussprüfung die Übernahme für mindestens sechs Monate zugesichert wird (siehe die Entscheidungen des Bundesarbeitsgerichts, 7 AZR 298/96, sowie 7 AZR 811/96). Wird der Auszubildende nicht übernommen, obwohl der Tarifvertrag dies vorsieht, hat er Anspruch auf Schadenersatz.

Name
Adresse

An

....

Ort, Datum

Übernahme in ein festes Arbeitsverhältnis nach Beendigung meiner Ausbildung

Sehr geehrte/r Herr/Frau ....,

am .... *(Datum)* werde ich meine Ausbildung zum .... *(Berufsbezeichnung)* beenden. Wie Sie wissen, wurde mir bei meiner Einstellung in Aussicht gestellt, nach erfolgreicher
Beendigung dieser Ausbildung zumindest befristet in ein festes Beschäftigungsverhältnis übernommen zu werden. Eine solche Übernahme entspricht auch dem für unsere Firma geltenden Tarifvertrag.

Leider wurde mir am .... *(Datum)* von Herrn .... *(Name)* mitgeteilt, dass die Firma
.... *(Name)* nicht in der Lage sei, diese Zusicherung einzuhalten und mich nach meiner
Abschlussprüfung zu übernehmen. Da diese Entscheidung dem Tarifvertrag widerspricht, möchte
ich Sie bitten, dies zu überdenken. Das Bundesarbeitsgericht hat in einer entsprechenden Entscheidung festgestellt (siehe die Entscheidung des Bundesarbeitsgerichts, 7 AZR 298/96 sowie 7
AZR 811/96), dass derartige Tarifverträge, in denen die Übernahme von Auszubildenden zugesichert wird, gültig sind und eingehalten werden müssen.

Ich möchte Sie darum bitten, dies zu berücksichtigen und mir bald Ihre Entscheidung mitzuteilen.

Mit freundlichen Grüßen

Unterschrift

6 Kein Weihnachtsgeld mehr – die reine Willkür?

Das Szenario:

Ein guter Grund, sich besonders aufs Weihnachtsfest zu freuen, ist das Weihnachtsgeld. Bei den meisten Arbeitnehmern ist dieses zusätzliche Geld ein Bestandteil des Jahreseinkommens, mit dem man fest rechnet und plant. Häufig gehört es auch zum Arbeitsvertrag und ist eine solche Selbstverständlichkeit, dass niemand es in Frage stellt.

Dennoch kann es vorkommen, dass Ihnen ein Arbeitgeber oder Chef die Zahlung von Weihnachtsgeld oder einer vergleichbaren Gratifikation mit der Begründung verweigert, Sie hätten die erwartete Leistung nicht erbracht. Dies ist aber nicht so ohne weiteres möglich: Wenn dies bei Ihnen – wie es die Regel ist – im Arbeitsvertrag festgeschrieben ist, kann die Zahlung solcher Gratifikationen nur dann von irgendeiner messbaren Leistungsgröße abhängig gemacht werden, wenn das ausdrücklich so im Arbeitsvertrag steht. Ansonsten handelt es sich schlicht um Willkür oder Schikane – und die müssen Sie sich auf keinen Fall gefallen lassen. Am besten, Sie legen Ihren Standpunkt gegenüber der Personalabteilung schriftlich dar. Schaden kann es in einem solchen Fall auch nicht, wenn Sie dem Betriebsrat eine Kopie zukommen lassen, falls Sie das wollen.

Der rechtliche Hintergrund:

Arbeitnehmern darf Weihnachtsgeld grundsätzlich nicht wegen Unzufriedenheit mit ihrer Arbeitsleistung gestrichen werden. Das Arbeitsgericht Frankfurt und das Landesarbeitsgericht Baden-Württemberg haben dies bestätigt (siehe die Entscheidung des Arbeitsgerichts Frankfurt, 7 Ca 1743/99, und des Landesarbeitsgerichts Baden-Württemberg, 21 Sa 40/01). Danach könne beispielsweise keine Koppelung von Umsatzzahlen und Weihnachtsgratifikation hergestellt werden, wenn dies im Arbeitsvertrag nicht ausdrücklich festgelegt sei.

Musterbrief 6

Name
Adresse

An

....

Ort, Datum

Streichung meines Weihnachtsgeldes

Sehr geehrte/r Herr/Frau ....,

nach Erhalt meiner Lohnabrechnung des Monats Dezember musste ich verwundert feststellen, dass mir für dieses Jahr kein Weihnachtsgeld überwiesen worden war. Nach Rücksprache hat mir mein Vorgesetzter, Herr .... *(Name)*, mitgeteilt, dies habe seinen Grund darin, dass ich die erwarteten Verkaufszahlen für das zweite Halbjahr diesen Jahres nicht erreicht hätte.

Ein solches Vorgehen ist allerdings durch meinen Arbeitsvertrag keineswegs gedeckt. In diesem ist die Zahlung einer Weihnachtsgratifikation in Höhe von .... Euro eindeutig festgelegt. Eine Koppelung von Umsatzzahlen und Weihnachtsgeld sieht der Arbeitsvertrag aber nicht vor. Das Weihnachtsgeld für dieses Jahr steht mir daher eindeutig zu, was auch von der gängigen Rechtssprechung so gesehen wird (siehe die Entscheidung des Arbeitsgerichts Frankfurt, 7 Ca 1743/99, und des Landesarbeitsgerichts Baden-Württemberg, 21 Sa 40/01).

Ich möchte Sie daher bitten, mir die entsprechende Summe so rasch wie möglich nachträglich zu erstatten.

Mit freundlichen Grüßen

Unterschrift

Anlage: Kopie des Lohnzettels

7 Streichung einer Sonderzulage

Das Szenario:

Wer beklagt sich nicht darüber, dass er zu wenig verdient? Es soll aber auch vorkommen, dass ein Arbeitnehmer einmal mehr bekommt, als ihm nach dem Tarifvertrag eigentlich zustünde. Bei großen Firmen mit vielen Beschäftigten mit unterschiedlichen Tätigkeitsmerkmalen kann es schon passieren, dass das Lohnbüro die Übersicht verliert. In diesem Fall geht es um einen Mitarbeiter einer Firma, der über längere Zeit eine Zulage bekommen hat, die er eigentlich nicht hätte bekommen dürfen. Dies war aber so kompliziert, dass es auch der Firma erst nach Jahren aufgefallen ist. Wenn aber diese Firma jetzt diese Zulage streichen will, geht das nicht mehr ohne weiteres: Das Bundesarbeitsgericht hat nämlich festgestellt, dass auch aus einem solchen Irrtum in der Besoldung ein Gewohnheitsrecht entstehen kann. Falls Sie in einer vergleichbaren Situation sein sollten, können Sie auf jeden Fall versuchen, mit einem Brief an die Personalabteilung diese Rechtslage zu verdeutlichen. Vielleicht kommen Sie ja weiter, ohne einen Rechtsanwalt bemühen zu müssen!

Der rechtliche Hintergrund:

Das Bundesarbeitsgericht hat in einem Urteil festgelegt (siehe die Entscheidung des Bundesarbeitsgerichts, 3 AZR 163/96), dass Mitarbeiter, die auf Grund falscher Anwendung eines Tarifvertrages längere Zeit versehentlich zu viel Lohn bekamen, einen Gewohnheitsanspruch auf diese Zulage erworben haben können. Eine solche Zulage kann für die Zukunft nicht automatisch gestrichen werden, wenn sie die Mitarbeiter als übertarifliche Bezahlung auf Grund betrieblicher Übung ansahen.

Musterbrief 7

Name
Adresse

An

....

Ort, Datum

Sonderzulage für .... *(Bezeichnung)*/**Ankündigung der Streichung**

Sehr geehrte/r Herr/Frau ....,

am .... *(Datum)* haben Sie mir mitgeteilt, dass mir ab .... *(Datum)* die Sonderzulage für .... *(Bezeichnung)* ersatzlos gestrichen wird. Als Begründung gaben Sie an, dass diese Sonderzulage nicht Bestandteil des gültigen Tarifvertrages sei und mir nicht zustehe. Diese Zulage sei mir bislang daher nur versehentlich gezahlt worden.

Ich möchte Sie aber darauf hinweisen, dass ich diese Zulage seit ... Jahren ohne eine Beanstandung oder Rückfrage erhalten habe. Für mich war auch nicht ersichtlich, dass es sich um eine besondere Zulage handelt, sondern ich habe dies als normalen Bestandteil meiner Entlohnung angesehen. Außerdem hat das Bundesarbeitsgericht in vergleichbaren Fällen entschieden, dass auf diesem Wege ein Gewohnheitsanspruch auf eine Zulage entstehen kann, die nicht mehr automatisch gestrichen werden darf, wenn diese Zulage über längere Zeit gezahlt wurde. Für ein Versehen Ihres Lohnbüros können Sie nicht mich verantwortlich machen und benachteiligen.

Ich möchte Sie daher bitten, Ihre Entscheidung im Sinne dieser Rechtslage zu revidieren.

Mit freundlichen Grüßen

Unterschrift

Anlage: ggf. Lohnabrechnungen, die die Dauer der Zahlung der Zulage belegen

8 Kasse stimmt nicht – wer haftet?

Das Szenario:

Wenn Sie an der Kasse sitzen – egal, ob im Supermarkt, im Geschäft oder in der Bank –, dann kennen Sie sicher die Angst davor, dass am Abend die Abrechnung zum Kassenabschluss nicht stimmen könnte. Manche Arbeitgeber verlangen von ihren Bediensteten, die Fehlbeträge in der Kasse selbst zu ersetzen. Das müssen Sie sich aber nicht gefallen lassen! Ein höchstrichterliches Urteil des Bundesarbeitsgerichts hat klargestellt, dass solche Regelungen unwirksam sind, selbst wenn sie Teil des Arbeitsvertrages sind. Als Ausnahme ist dies nur zulässig, wenn Sie als Entschädigung ein so genanntes Mankogeld bekommen (also höheres Gehalt als Ausgleich) und wenn Sie „unmittelbaren Besitz" am Waren- und Kassenbestand haben. Sie müssten also allein Zugang zur Kasse haben und diese allein verwalten, was in der Regel nicht zutrifft. Also scheuen Sie sich nicht, in einem solchen Fall den Arbeitgeber schriftlich auf diese Rechtslage hinzuweisen, dann verbessern Sie Ihre Chancen, künftig von solchen Forderungen verschont zu bleiben.

Der rechtliche Hintergrund:

Das Bundesarbeitsgericht hat festgestellt (siehe die Entscheidung des Bundesarbeitsgerichts, 8 AZR 386/98), dass einzel- oder kollektivvertragliche Vereinbarungen, wonach Kassierer Fehlbeträge übernehmen müssen, unwirksam seien. Diese Mankohaftung ist nur zulässig, wenn den Beschäftigten ein ausreichendes Mankogeld als Ausgleich gezahlt wird. Außerdem muss der Beschäftigte unmittelbaren Besitz am Waren- oder Kassenbestand haben, also alleinigen Zugang zur Kasse haben und diese auch selbstständig verwalten, was bei angestellten Kassieren aber in der Regel nicht zutrifft.

Name

Adresse

An

....

Ort, Datum

Ausgleich von Fehlbeträgen in der Kasse/Widerspruch

Sehr geehrte/r Herr/Frau ....,

am .... *(Datum)* wurde ich von .... *(Name)* aufgefordert, den Fehlbetrag von .... Euro in der Kasse Nr. ..... , an der ich am .... *(Datum)* Dienst hatte, aus eigener Tasche zu ersetzen. Als Begründung wurde mir ein entsprechender Paragraf im meinem Arbeitsvertrag genannt.

Im Gegensatz dazu hat die aktuelle Rechtssprechung des Bundesarbeitsgerichts aber entschieden, dass derartige Regelungen unwirksam sind. Beschäftigten, die an einer Kasse arbeiten, dürfe nur dann ein Fehlbetrag in Rechnung gestellt werden, wenn sie ein ausreichendes Mankogeld bezahlt bekommen, was in meinem Fall nicht zutrifft. Außerdem müsse der Kassier alleinigen Zugang zur Kasse haben und diese selbstständig verwalten, was bei mir auch nicht der Fall ist.

Im Sinne dieser Rechtslage kann ich also nicht zum Ausgleich von Fehlbeträgen in der Kasse herangezogen werden. Ich betrachte daher Ihre Aufforderung vom .... *(Datum)* als gegenstandslos.

Mit freundlichen Grüßen

Unterschrift

9 „Fortbildung bezahlen Sie bitte selbst!"

Das Szenario:

In der Arbeitswelt von heute ist es wichtiger denn je, dass man sich ständig fortbildet. Häufig werden Fortbildungen gleich vom Arbeitgeber angeboten oder sogar angeordnet. Manchmal kann es aber auch unerlässlich sein und vom Arbeitgeber sogar erwartet werden, dass sich der Arbeitnehmer selbst um Fortbildungen kümmert. Dann muss aber der Arbeitgeber auch die Kosten für die Fortbildung tragen – zumindest wenn er sie angeordnet oder aber auch nur vermittelt hat. Machen Sie also eine Fortbildung, um beruflich auf dem Laufenden zu bleiben, und Ihr Arbeitgeber vermittelt Ihnen einen Lehrgang, dann muss er auch die Kosten übernehmen. Das gilt ebenso, wenn der Kurs in Ihrer Freizeit stattfindet. Sollten Sie mit der Kostenübernahme Probleme bekommen, sollten Sie Ihren Chef oder das Personalreferat freundlich darauf hinweisen, dass es neuere Gerichtsurteile gibt, die genau das bestätigen. Außerdem ist eine Fortbildung ja auch im Interesse der Firma!

Der rechtliche Hintergrund:

Wie das Arbeitsgericht Frankfurt bestätigt hat (siehe die Entscheidung des Arbeitsgerichts Frankfurt, 9 Ca 1223/99), müssen Unternehmen grundsätzlich die Kosten für die Teilnahme ihrer Mitarbeiter an von ihnen vermittelten Fortbildungsseminaren tragen. Wenn ein direkter Zusammenhang zwischen dem Thema der Fortbildung und der Tätigkeit des Mitarbeiters besteht, müssen die Kosten übernommen werden, sofern vorher nichts anderes vereinbart wurde. Dies gilt auch dann, wenn das Seminar außerhalb der Arbeitszeit des Mitarbeiters stattgefunden hat.

Name
Adresse

An

....

Ort, Datum

Kostenübernahme für mein Fortbildungsseminar von .... bis .... *(Datum)*

Sehr geehrte/r Herr/Frau ....,

vom .... bis .... *(Datum)* habe ich in .... *(Ort)* bei .... *(Name)* ein Fortbildungsseminar zum Thema .... erfolgreich durchgeführt. Dieses Seminar behandelte vor allem die Bereiche .... und steht daher in engem Zusammenhang mit meiner allgemeinen beruflichen Tätigkeit. Auf das Seminar wurde ich von unserer Firma selbst aufmerksam gemacht. Wie mehrere Kollegen auch wurde ich von Herrn .... *(Name)* darauf angesprochen, worauf ich mich für diesen Kurs anmeldete.

Umso erstaunter war ich, als mir am .... *(Datum)* mitgeteilt wurde, dass die Firma die Kosten in Höhe von .... Euro für dieses Seminar nicht übernehmen könne. Als Grund wurde genannt, es handle sich um eine vorwiegend private Fortbildung, die außerhalb der Arbeitszeit stattgefunden habe.

Dies trifft allerdings in keiner Weise zu. Inhalt und Ablauf des Seminars machen deutlich, dass die dort behandelten Themen sehr wichtig für meine alltägliche Arbeit im Betrieb sind. Außerdem bin ich ja erst durch den Hinweis aus dem Haus auf dieses Seminar aufmerksam gemacht und zu einer Teilnahme ermuntert worden. Neuere Gerichtsurteile haben eindeutig festgestellt, dass Unternehmen grundsätzlich die Kosten für die Teilnahme ihrer Mitarbeiter an von ihnen vermittelten Fortbildungsseminaren zu tragen haben. Ich möchte Sie daher bitten, die Kosten für diese Fortbildungsmaßnahme zu übernehmen, zumal Weiterbildungsmaßnahmen dieser Art ja auch im Interesse des Unternehmens sein müssten.

Mit freundlichen Grüßen

Unterschrift

Anlage: ggf. Seminarprogramm und Teilnahmebestätigung; Unterlagen, die die Vermittlung der Firma belegen, wie zum Beispiel Aushänge am schwarzen Brett

10 Wochenendzuschläge auch bei übertariflicher Bezahlung

Das Szenario:

Als Arbeitnehmer haben Sie Anspruch auf die im Tarifvertrag festgelegten Zuschläge. Wenn Sie also nachts oder am Wochenende arbeiten müssen und dafür Zuschläge vorgesehen sind, müssen Sie diese auch bekommen. Dies gilt auch dann, wenn Ihr reguläres Gehalt über dem im Tarifvertrag vorgesehenen Niveau liegt. Falls nun Ihr Arbeitgeber versucht, Ihnen die Zahlung solcher Zuschläge mit der Begründung zu verweigern, Sie würden ja übertariflich bezahlt, dann ist das unzulässig. Es liegen Gerichtsurteile vor, in denen festgestellt wurde, dass solche Zuschläge nicht durch die übertarifliche Bezahlung abgegolten sind. In so einem Fall sollten Sie Ihre Betriebsleitung oder das Personalreferat schriftlich über diese Rechtslage informieren – dann bekommen Sie vielleicht Ihre Zuschläge, ohne dass Sie vor Gericht klagen müssen.

Der rechtliche Hintergrund:

In Urteilen des Arbeitsgerichts Frankfurt und des Bundesarbeitsgerichts wird festgehalten (siehe die Entscheidung des Arbeitsgerichts Frankfurt, 7 Ca 7021/97, und des Bundesarbeitsgerichts, 5 AZR 557/98), dass ein Arbeitgeber, der Mitarbeiter übertariflich bezahlt, nicht automatisch Nacht- oder Wochenendzuschläge einbehalten kann mit der Begründung, diese seien in der übertariflichen Lohnzahlung bereits enthalten. Ohne eine ausdrückliche Regelung im Arbeitsvertrag ist eine solche Praxis unzulässig. Eine Verrechnung von Zuschlägen muss auch bei übertariflicher Bezahlung stets zwischen Arbeitgeber und Arbeitnehmer vereinbart werden.

Name
Adresse

An

....

Ort, Datum

Nachzahlung von Wochenendzuschlägen

Sehr geehrte/r Herr/Frau ....,

in meiner Funktion als .... *(Bezeichnung)* in der Abteilung .... *(Bezeichnung)* werde ich regelmäßig zu Wochenendarbeit herangezogen. Am .... *(Datum)* wurde mir von der Personalabteilung auf Nachfrage mitgeteilt, dass ich dabei nicht mit der Zahlung eines Wochenendzuschlages rechnen könne, da ich übertariflich bezahlt würde und Zuschläge in dieser Bezahlung bereits enthalten seien.

Dem möchte ich entschieden widersprechen. In meinem Arbeitsvertrag ist eine solche Regelung nicht ausdrücklich vorgesehen. Der für mich gültige Tarifvertrag sieht hingegen die Zahlung von Nacht- und Wochenendzuschlägen klar vor. Nach neuerer Rechtssprechung kann ein Arbeitgeber ohne ausdrückliche Regelung im individuellen Arbeitsvertrag nicht ohne weiteres die Auszahlung solcher Zuschläge verweigern, wenn dies im Tarifvertrag festgelegt ist.

Ich möchte Sie daher bitten, die mir zustehenden Zuschläge im Sinne des Tarifvertrags nachträglich zu erstatten und dies auch künftig so zu handhaben.

Mit freundlichen Grüßen

Unterschrift

11 Zwischenzeugnis beim Chefwechsel

Das Szenario:

Wenn Sie im öffentlichen Dienst tätig sind – etwa als Arbeiter oder Angestellter gemäß BAT –, dann haben Sie bei einem Chefwechsel grundsätzlich Anspruch auf ein Zwischenzeugnis. Darauf sollten Sie vor allem dann bestehen, wenn Sie sich mit Ihrem bisherigen Chef gut verstanden haben und dieser mit Ihrer Arbeit sehr zufrieden war. Denn oftmals wechselt nicht nur der Chef, sondern es wird auch noch umstrukturiert oder es werden Zuständigkeiten neu verteilt. Dann kann es Ihnen auf gar keinen Fall schaden, wenn Sie von Ihrem alten Chef ein gutes oder sogar hervorragendes Zeugnis haben, das Ihre Fähigkeiten unterstreicht. Dies macht es jedem künftigen Chef viel schwerer, an Ihnen und Ihrer Arbeit herumzukritisieren.

Leider kommt es gelegentlich vor, dass Mitarbeitern ein Zwischenzeugnis wegen eines Chefwechsels verweigert wird. Dies muss auch nicht immer böser Wille sein, sondern ist vielleicht nur der Versuch, sich zusätzliche Arbeit vom Hals zu halten. Es ist aber rechtlich nicht zulässig, ein solches Zwischenzeugnis zu verweigern, wie das Bundesarbeitsgericht festgestellt hat. Sie sollten also gegebenenfalls mit einem freundlichen Brief Ihren Arbeitgeber (Personalabteilung) daran erinnern.

Der rechtliche Hintergrund:

Das Bundesarbeitsgericht hat entschieden (siehe die Entscheidung des Bundesarbeitsgerichts, 6 AZR 176/97), dass im öffentlichen Dienst ein Chefwechsel ein triftiger Grund im Sinne des Bundesangestelltentarifs (BAT) für die Untergebenen sei, ein Zwischenzeugnis zu verlangen. Die dem Chef unterstellten Mitarbeiter haben demnach einen Anspruch auf ein Zwischenzeugnis, wenn der Chef wechselt.

Name
Adresse

An

....

Ort, Datum

Meine Anforderung eines Zwischenzeugnisses wegen Chefwechsel

Sehr geehrte/r Herr/Frau ....,

da der Leiter unserer Abteilung, Herr .... *(Name)*, am .... *(Datum)* unser Haus verlässt, habe ich am .... *(Datum)* um die Erstellung eines Zwischenzeugnisses für meine Arbeit gebeten. Ich erhielt darauf mündlich von .... *(Name)* die Antwort, dies sei in solchen Fällen nicht üblich.

Das Bundesarbeitsgericht hat allerdings vor kurzem festgestellt, dass der Wechsel des Chefs durchaus einen triftigen Grund im Sinne des BAT für die Ausstellung eines Zwischenzeugnisses darstellt. Darin wurde auch festgehalten, dass die Mitarbeiter des betreffenden Vorgesetzten einen Anspruch auf die Ausstellung eines Zwischenzeugnisses haben.

Ich möchte Sie daher bitten, rechtzeitig die Abfassung eines Zwischenzeugnisses für meine Arbeit von .... bis .... *(Datum)* in die Wege zu leiten.

Mit freundlichen Grüßen

Unterschrift

12 Kein Lohn bei Krankheit im Ausland?

Das Szenario:

Krankheit kann einen überall erwischen – auch im Ausland. Wenn Sie in Deutschland beschäftigt sind, aber im Ausland krank werden, müssen Sie sich selbstverständlich auch dort von einem Arzt Ihre Arbeitsunfähigkeit bestätigen lassen. Mancher Arbeitgeber hat damit aber seine Probleme, vor allem dann, wenn die Krankheit länger dauert und der Arbeitnehmer Anspruch auf Lohnfortzahlung hat. Sollte Ihr Arbeitgeber dieses Attest des ausländischen Arztes anzweifeln und die Lohnfortzahlung verweigern, dann darf er das aber nach neuester Rechtssprechung nicht. Also, wenn Sie zum Beispiel in Ihrem Feriendomizil so krank werden, dass Sie von dort nicht weg können, muss sich der Arbeitgeber auf das Attest des Arztes verlassen, sofern er Ihre Adresse hat und Sie jederzeit erreichen könnte. Dasselbe gilt auch für ausländische Staatsbürger, die etwa auf Heimaturlaub erkranken und sich diese Krankheit von einem Arzt in ihrer Heimat bestätigen lassen. Wenn Sie Probleme bekommen, sollten Sie Ihren Arbeitgeber schriftlich auf diese Rechtslage hinweisen – dies erspart möglicherweise gerichtliche Auseinandersetzungen.

Der rechtliche Hintergrund:

Der Arbeitgeber ist zur Lohnfortzahlung im Krankheitsfall verpflichtet, wenn der kranke Mitarbeiter ein ärztliches Attest vorlegt. Dabei ist es unerheblich, ob das Attest von einem deutschen oder einem ausländischen Arzt ausgestellt wurde. Dies hat das Bundesarbeitsgericht in mehreren Urteilen bekräftigt (siehe die Entscheidungen des Bundesarbeitsgerichts, 5 AZR 83/96 und 5 AZR 747/93). Arbeitsunfähigkeitsbescheinigungen von Ärzten komme ein hoher Beweiswert zu. Eine Lohnfortzahlung darf nur verweigert werden, wenn die Firma nicht überprüfen kann, ob der Mitarbeiter wirklich arbeitsunfähig ist. Dies ist der Fall, wenn er die Urlaubsadresse trotz Aufforderung nicht genannt hat. Ansonsten ist der Arbeitgeber zur Lohnfortzahlung verpflichtet.

Name

Adresse

An

....

Ort, Datum

Lohnfortzahlung im Krankheitsfall/Mein Attest vom .... *(Datum)*

Sehr geehrte/r Herr/Frau ....,

am .... *(Datum)* bin ich in meinem Urlaubsort in .... *(Ort)* an .... *(Bezeichnung der Krankheit)* erkrankt. Ich ging sofort zum Arzt, der mir eine Arbeitsunfähigkeitsbescheinigung ausstellte. Leider stellte sich die Erkrankung als so schwer wiegend heraus, dass ich bis .... *(Datum)* arbeitsunfähig bin.

Völlig überraschend hat mir die Personalabteilung am .... *(Datum)* mitgeteilt, dass eine Arbeitsunfähigkeitsbescheinigung eines ausländischen Arztes nicht anerkannt würde und ich keinen Anspruch auf Lohnfortzahlung hätte.

Entsprechend der geltenden Rechtslage ist dies aber nicht zulässig: So hat das Bundesarbeitsgericht entschieden, dass Arbeitnehmern generell eine Lohnfortzahlung zusteht, wenn ein ärztliches Attest vorliegt. Dabei spielt es keine Rolle, ob es sich um einen deutschen oder einen ausländischen Arzt handelt. Ich möchte Sie daher bitten, diese Entscheidung zu überdenken und mir demgemäß die mir zustehende Lohnfortzahlung nicht zu verweigern.

Mit freundlichen Grüßen

Unterschrift

Anlage: ggf. weitere Atteste des Arztes oder anderer Ärzte

13 Werbung für künftige selbstständige Tätigkeit

Das Szenario:

Tragen Sie sich mit dem Gedanken, sich einmal selbstständig zu machen? Dann dürfen Sie laut einem neueren Gerichtsurteil noch während Ihrer Tätigkeit für Ihren jetzigen Arbeitgeber dessen Kunden auf Ihre Pläne hinweisen. Meist gefällt dies dem Arbeitgeber jedoch nicht, weil er sich künftige Konkurrenz vom Leib halten will. Als Vorbereitungsmaßnahme für Ihre eigene Selbstständigkeit kann Ihnen dies aber nicht verwehrt werden und der Arbeitgeber kann auch keine Sanktionen androhen oder gar durchführen. Wenn Sie also zum Beispiel als Texter oder Grafiker in einem Verlag oder einer Werbeagentur arbeiten, dürfen Sie die Kunden Ihres Chefs schon jetzt schonend darauf vorbereiten, dass auch Sie demnächst als Anbieter auf dem Markt tätig sein werden. Keinesfalls darf Ihnen deswegen Ihr Arbeitgeber eine Abmahnung (wie in diesem Beispiel) oder gar eine Gehaltskürzung so-

wie irgendeine andere Sanktion zuteil werden lassen, solange Sie Ihre Arbeit im Rahmen des bisherigen Beschäftigungsverhältnisses ordentlich abliefern. Wenn Sie deswegen angesprochen oder gerügt werden, sollten Sie die Rechtslage in einem Brief verdeutlichen. Dies trägt vielleicht auch zum leichteren Übergang in die Selbstständigkeit bei! Wenn Sie nicht mehr beabsichtigen, jemals wieder bei dieser Firma zu arbeiten oder sie später als Kunden zu gewinnen, darf der Brief auch ein bisschen weniger freundlich sein – aber nur in solchen Fällen!

Der rechtliche Hintergrund:

Das Landesarbeitsgericht Rheinland-Pfalz hat in einem Urteil klargestellt (siehe die Entscheidung des Landesarbeitsgerichts Rheinland-Pfalz, 7 Sa 1431/99), dass ein Arbeitnehmer, der sich selbstständig machen will, noch während seiner Tätigkeit für seinen Arbeitgeber dessen Kunden auf seine Pläne aufmerksam machen darf. Dabei handelt es sich um reine Vorbereitungsmaßnahmen, die nicht unter das Wettbewerbsverbot fallen.

Musterbrief 13

Name
Adresse

An

....

Ort, Datum

Meine künftige selbstständige Tätigkeit/Ihre Abmahnung vom .... *(Datum)*

Sehr geehrte/r Herr/Frau ....,

am .... *(Datum)* erhielt ich von Ihnen eine Abmahnung mit der Begründung, ich hätte Kunden unseres Verlages von meiner beabsichtigten selbstständigen Tätigkeit ab .... *(Datum)* unterrichtet und damit gegen das so genannte Wettbewerbsverbot verstoßen. Zugleich werden mir in dieser Abmahnung weitere Sanktionen angedroht für den Fall, dass ich diese Ankündigungen fortsetze.

Ich möchte klarstellen, dass ich gegen diese Abmahnung Widerspruch einlege und mich gegen jede weitere Maßnahme Ihrerseits verwahre. In einem vergleichbaren Fall hat das Landesarbeitsgericht Rheinland-Pfalz entschieden, dass es sich hierbei um reine Vorbereitungshandlungen handelt, die nicht unter das Wettbewerbsverbot fallen. Für die Zeit bis zu meinem Ausscheiden aus dem Verlag am .... *(Datum)* werde ich meinen im Arbeitsvertrag festgelegten Dienstpflichten auch weiterhin im vollen Umfang nachkommen. Auf Grund der gültigen Rechtslage werde ich allerdings auch weiterhin meinen geplanten Schritt in die Selbstständigkeit nicht verheimlichen. Ich möchte Sie herzlich bitten, dies zu respektieren und von weiteren Schikanen mir gegenüber Abstand zu nehmen.

Mit freundlichen Grüßen

Unterschrift

14 Dürftige Ausbildungsvergütung für Lehrlinge

Das Szenario:

Lehrjahre sind keine Herrenjahre! Sicher gilt dieser Spruch nicht mehr generell, denn sowohl was die Arbeit als auch was die Bezahlung angeht, hat sich in den letzten Jahren und Jahrzehnten einiges geändert. Dennoch soll es immer wieder vorkommen, dass Auszubildende in einem Betrieb nicht so behandelt werden, wie sie sollten, und darüber hinaus zu wenig Geld bekommen. Zumindest gegen Letzteres können Sie sich jetzt leichter wehren. Das Bundesarbeitsgericht hat Grenzwerte festgelegt, unter die die Ausbildungsvergütung nicht absinken darf. Wenn Sie oder eines Ihrer Kinder eine Lehre absolvieren und Sie das Gefühl haben, dass die Vergütung sehr dürftig ist, sollten Sie sich bei der Handels- oder Handwerkskammer oder Innung über die übliche Höhe dieser Vergütungen für diesen Berufszweig in Ihrer Region informieren. Zahlt der entsprechende Betrieb einen Betrag, der um mehr als 20 Prozent unter dem branchenüblichen Niveau liegt, dann ist der Arbeitgeber verpflichtet, auch während des Ausbildungsverhältnisses nachzubessern. Schreiben Sie also dem Betrieb einen freundlichen Brief und weisen Sie ihn auf diese Verpflichtung hin – möglicherweise reagiert er, bevor Sie einen Rechtsanwalt einschalten müssen.

Der rechtliche Hintergrund:

Das Bundesarbeitsgericht hat in einem Urteil festgelegt (siehe die Entscheidung des Bundesarbeitsgerichts, 5 AZR 690/97), dass Ausbildungsvergütungen dann nicht mehr angemessen sind, wenn sie mehr als 20 Prozent unter branchenüblichen Empfehlungen von zum Beispiel Kammern oder Innungen liegen. In diesen Fällen müssen die Arbeitgeber auch während eines laufenden Ausbildungsverhältnisses die Vergütungen anheben. Dies gilt auch für den Fall, dass diese Empfehlungen angehoben werden. Entscheidend ist dabei nicht der Zeitpunkt des Vertragsabschlusses, sondern die Zeit der Ausbildung.

Name
Adresse

An

....

Ort, Datum

Anhebung der Ausbildungsvergütung auf branchenübliches Niveau

Sehr geehrte/r Herr/Frau ....,

seit .... *(Datum)* absolviere ich in Ihrem Betrieb eine Ausbildung als .... *(Bezeichnung)*. Diese Ausbildung mache ich sehr gerne und hoffe, sie auch weiterhin erfolgreich fortzuführen.

Leider musste ich feststellen, dass sich meine Ausbildungsvergütung in Höhe von .... Euro deutlich unter dem branchenüblichen Durchschnitt, der auch von der Kammer empfohlen wird, bewegt. Eine Auskunft bei der Industrie- und Handelskammer in .... *(Ort)* hat ergeben, dass mittlerweile eine Summe von .... Euro in unserer Branche in dieser Region üblich ist. Demgegenüber ist meine Vergütung um mehr als 20 Prozent niedriger.

Nun hat das Bundesarbeitsgericht in einem neueren Urteil bekräftigt, dass Ausbildungsvergütungen nicht um mehr als 20 Prozent unter den branchenüblichen Empfehlungen liegen dürfen. Andernfalls müssten diese Vergütungen auch während des laufenden Ausbildungsverhältnisses angehoben werden. Dies trifft in meinem Fall zu.

Ich möchte Sie daher bitten, meine Ausbildungsvergütung in Übereinstimmung mit diesem Urteil anzuheben.

Mit freundlichen Grüßen

Unterschrift

Anlage: Unbedingt Bestätigung der Kammer oder Innung beilegen!

15 Wenn Studenten weniger bekommen

Das Szenario:

Studenten sind heutzutage sehr oft darauf angewiesen, sich das Geld fürs Studium selbst zu verdienen. Viele sind schon froh, wenn sie überhaupt eine geeignete Verdienstmöglichkeit finden. Sie sollten aber dennoch darauf achten, dass sie für ihre Arbeit in den Semesterferien auch ordentlich bezahlt werden. Gelegentlich kommt es vor, dass die jobbenden Studenten weniger bekommen als andere Aushilfskräfte. Allerdings gibt es Gerichtsentscheidungen, die dies für unzulässig erklären. Wenn Sie bemerken, dass Sie im Vergleich zu wenig verdienen, könnten Sie versuchen, in einem Brief an die Personalabteilung der Firma eine Gleichstellung zu erreichen. Dies sollten Sie allerdings sehr diplomatisch tun, denn Sie wollen ja den Ferienjob nicht verlieren oder diesen später möglicherweise wieder einmal bekommen. Allerdings können Sie auch nachträglich versuchen, eine Nachzahlung zu bekommen – vielleicht hilft da ein Brief weiter; ansonsten müssten Sie vor Gericht klagen!

Der rechtliche Hintergrund:

Wie das Arbeitsgericht Kassel festgestellt hat (siehe die Entscheidung des Arbeitsgerichts Kassel, 6 Ca 594/97), dürfen Studenten bei Jobs in den Semesterferien nicht schlechter bezahlt werden als andere Aushilfskräfte. Dies verstößt gegen den arbeitsrechtlichen Grundsatz der Gleichbehandlung.

Name

Adresse

An

....

Ort, Datum

Meine Entlohnung als studentische Aushilfskraft/Ungleichbehandlung

Sehr geehrte/r Herr/Frau ....,

vom .... bis .... *(Datum)* bin ich in Ihrer Firma als studentische Aushilfskraft in der Abteilung .... *(Bezeichnung)* tätig. Mir gefällt diese Tätigkeit sehr und ich möchte mich ausdrücklich nochmals bei Ihnen bedanken, dass Sie mir die Gelegenheit zur Arbeit in den Semesterferien gegeben haben.

Als Stundenlohn wurde mir die Summe von .... Euro genannt. Ich habe allerdings mittlerweile erfahren, dass andere Aushilfskräfte in Ihrer Firma die volle tariflich geregelte Entlohnung in Höhe von .... Euro erhalten, die über meinem Stundenlohn liegt. Da ich im Vergleich zu diesen Aushilfskräften voll gleichwertige Arbeiten zu verrichten habe, verstößt dies meines Erachtens gegen den Grundsatz der Gleichbehandlung. Es liegen für derartige Fälle auch arbeitsrechtliche Entscheidungen vor, die unterstreichen, dass studentische Aushilfskräfte gegenüber anderen Aushilfskräften nicht schlechter gestellt werden dürfen.

Ich möchte Sie daher bitten, mir im Sinne der Gleichbehandlung meinen Stundenlohn für meine gesamte Arbeitszeit auf die Höhe des Entgelts der anderen Aushilfskräfte anzuheben.

Mit freundlichen Grüßen

Unterschrift

Anlage: ggf. Bestätigung über das Entgelt der anderen Aushilfskräfte über Tarifvertrag usw.

Ärger mit Behörden

1 Finanzamt will Fahrtkosten nicht anerkennen

Das Szenario:

Ärgern Sie sich über Ihren Steuerbescheid? Dann sind Sie sicher nicht der Einzige. Besonders ärgerlich ist es aber, wenn Ihnen das Finanzamt Kosten nicht anerkennt, die anfallen, weil Sie Kinder oder Verwandte betreuen müssen. Es gibt einige Gerichtsurteile, die bestätigen, dass Sie Ihre Fahrten mit Kindern zur medizinischen Versorgung absetzen können. Dies gilt sogar auch für die Reisekosten, die eine Verwandte hat, wenn sie sich um Ihr Kind kümmert – allerdings nur für den Fall, dass Sie keinen Kindergarten- oder Pflegeplatz für Ihr Kind gefunden haben und die Kosten bestimmte Grenzen überschreiten.

Auf jeden Fall sollten Sie aber schriftlich dagegen protestieren, wenn Ihnen gar nichts anerkannt werden soll. Grundsätzlich sieht die Rechtslage nämlich nicht so schlecht für Sie aus. Der Beispielbrief beschreibt einen Fall, wo Sie Fahrten mit dem Pkw geltend machen können, wenn Sie Ihr Kind zur medizinischen Betreuung bringen – und zwar morgens und mittags jeweils hin und zurück. Falls Sie Verwandte kommen lassen, die auf Ihr Kind aufpassen, können Sie unter gewissen Umständen sogar die Reisekosten für diese Verwandten absetzen.

Der rechtliche Hintergrund:

Das Finanzgericht Cottbus hat bekräftigt (Finanzgericht Cottbus, 2 K 175/97 E), dass Steuerzahler, die ihre kranken Angehörigen mit dem Auto zur medizinischen Behandlung bringen, ihre Fahrtkosten von der Steuer absetzen können. Dies gilt sowohl für die Fahrten mit Kind zur Betreuungsstätte als auch für die Leerfahrten.

Der Bundesfinanzhof hat in einem Urteil entschieden (Bundesfinanzhof, III R 94/96), dass Eltern die Taxikosten für die Großmutter als außergewöhnliche Belastung von der Steuer absetzen können, wenn diese auf das Kind aufpasst. Voraussetzung ist, dass beide Eltern berufstätig sind und keinen Kindergarten- oder Pflegeplatz für das Kind gefunden haben. Außerdem muss diese außergewöhnliche Belastung je nach Familienstand und Verdienst eine Grenze von ein bis sieben Prozent der Einkünfte überschreiten.

Musterbrief 1

Name
Adresse

An

....

Ort, Datum

Einspruch zum Steuerbescheid Nr. .... vom .... (Datum)/ Anerkennung von Fahrtkosten für die medizinische Betreuung meines Kindes

Sehr geehrte Damen und Herren,

in meiner Lohn-/Einkommensteuererklärung vom .... *(Datum)* habe ich unter anderem Fahrtkosten im Zusammenhang mit der medizinischen Betreuung meines Kindes .... *(Name)* geltend gemacht. Mein Kind ist in dauernder medizinischer Behandlung wegen .... *(Bezeichnung der Krankheit).* Diese Krankheit erfordert eine permanente Versorgung. Deshalb ist auf Grund ärztlicher Anordnung eine ständige Therapie in .... *(Ort)* erforderlich. Hierfür muss unser Kind täglich von unserer Wohnung zur Behandlung nach .... *(Ort)* gefahren werden.

Die entsprechenden Kosten für den Transport mit dem privaten Pkw habe ich in meiner Steuererklärung belegt. Leider wurden mir diese Kosten laut Ihrem Bescheid nicht vollständig anerkannt. Deshalb lege ich gegen diesen Bescheid Einspruch ein.

Wie das Finanzgericht Cottbus in einem Urteil bekräftigt hat (Finanzgericht Cottbus, 2 K 175/97 E), können Steuerzahler, die ihre kranken Angehörigen mit dem Auto zur medizinischen Behandlung bringen, ihre Fahrtkosten von der Steuer absetzen. Dies gilt sowohl für die Fahrten mit Kind zur Betreuungsstätte als auch für die Leerfahrten. Diese Leerfahrten entstehen dadurch, dass das Kind morgens zur Betreuung gefahren und im Laufe des Nachmittags wieder abgeholt wird. Daher müssen pro Tag zwei Fahrten zur Betreuungsstätte (hin und zurück) angesetzt werden. Wie auch das Finanzgericht Cottbus festgestellt hat, ist es den Eltern in einem solchen Fall nicht zuzumuten, den ganzen Tag über auf das in Behandlung befindliche Kind zu warten.

Ich möchte Sie daher bitten, den Steuerbescheid in diesem Sinne zu korrigieren.

Mit freundlichen Grüßen

Unterschrift

Anlage: ggf. zusätzliche ärztliche Bestätigungen

2 Finanzamt will Umzugskosten nicht anerkennen

Das Szenario:

Haben Sie Probleme mit Ihrem Steuerbescheid, weil Ihnen das Finanzamt Ihrer Meinung nach zu Unrecht bestimmte Sonderausgaben oder Werbungskosten nicht anerkannt hat? Wenn Sie einen Steuerberater haben, muss der sich um diese Ungereimtheiten kümmern. Aber dafür verlangt er natürlich Geld ... Doch auch wenn Sie Ihre Steuererklärung selbst erstellen, sollten Sie nicht einfach alles akzeptieren, was vom Finanzamt kommt. Sogar dort passieren Fehler, und vieles ist schlicht Ermessenssache. Also legen Sie bei Bedarf ruhig einmal Widerspruch gegen Ihren Steuerbescheid ein – dann muss sich zumeist ein Vorgesetzter nochmals mit Ihrem Fall beschäftigen. Wenn dieser nicht allzu abwegig ist, haben Sie auch gute Chancen, gehört zu werden – denn Widersprüche sind lästig, und auch ein Finanzamt will nicht zu viele davon haben. Mit einem Brief wie dem Folgenden sollten Sie sich innerhalb der Einspruchsfrist beschweren, wenn das Finanzamt Ihre Umzugskosten nicht anerkannt hat. Das muss es aber tun, wenn Sie aus beruflichen Gründen umziehen – und dazu gehört auch, wie der Bundesfinanzhof festgestellt hat, wenn sich dadurch Ihr Arbeitsweg wesentlich verkürzt.

Der rechtliche Hintergrund:

Der Bundesfinanzhof hat in einem Urteil klargestellt, dass Umzugskosten von der Steuer abgesetzt werden können, wenn Sie den Arbeitsplatz wechseln oder wenn sich durch den Umzug der Arbeitsweg wesentlich verkürzt (siehe die Entscheidung des Bundesfinanzhofes, IV R 27/94). Dies gilt auch dann, wenn der Arbeitsplatz von der neuen Wohnung aus durch eine günstigere Streckenführung wesentlich einfacher zu erreichen ist.

Musterbrief 2

Name
Adresse

An

....

Ort, Datum

Einspruch gegen den Steuerbescheid Nr. .... vom .... *(Datum)*

Sehr geehrte Damen und Herren,

in Ihrem Steuerbescheid an mich vom .... *(Datum)* haben Sie mir nicht alle Werbungskosten anerkannt, die ich in meiner Lohn-/Einkommensteuererklärung vom .... *(Datum)* geltend gemacht hatte. Sie haben die Kosten für meinen Umzug von .... *(Ort)* nach .... *(Ort)* am .... *(Datum)* nicht anerkannt. Gegen diese Entscheidung möchte ich hiermit Einspruch einlegen.

Durch den Umzug wurde die Fahrtzeit an meinen Arbeitsplatz wesentlich verkürzt. Da sich die einfache Fahrtzeit um ca. ... Minuten verringert hat, spare ich pro Tag mindestens ... Minuten ein. Wie der Bundesfinanzhof festgestellt hat (siehe die Entscheidung des Bundesfinanzhofes, IV R 27/94), können in solchen Fällen die Kosten für einen Umzug als Werbungskosten geltend gemacht werden.

Ich möchte Sie daher freundlich bitten, meinen Steuerbescheid in diesem Sinne zu korrigieren und meine Umzugskosten nachträglich anzuerkennen.

Mit freundlichen Grüßen

Unterschrift

Anlage: ggf. Kopie des Steuerbescheids

3 Finanzamt will Computer nicht anerkennen

Das Szenario:

Oft haben Finanzämter auch Probleme damit, neue technologische Entwicklungen zu berücksichtigen. Dieser Brief behandelt einen Fall, der heute wahrscheinlich gar nicht mehr so selten ist, wo das Finanzamt sich weigert, einen Computer mit Internet-Zugang anzuerkennen. Wenn Sie glaubhaft machen können, dass Sie diesen PC insbesondere wegen des Internet-Zugangs benötigen – beispielsweise weil Sie Kurse geben –, dann haben Sie gute Chancen, diese Kosten geltend machen zu können. Aber probieren Sie es ruhig auch, wenn Sie einen solchen PC zum Beispiel für Präsentationen oder für Internet-Recherchen benötigen. Ohne Internet kommt man im modernen Berufsleben ja kaum mehr aus. In jedem Fall gilt: Sofort schriftlich mit guten Argumenten Widerspruch einlegen!

Der rechtliche Hintergrund:

Das Finanzgericht Rheinland-Pfalz hat entschieden, dass die Anschaffungskosten für einen Computer mit Internet-Zugang als Werbungskosten abgesetzt werden können, wenn der PC weit überwiegend für den Beruf genutzt wird (Aktenzeichen 5 K 2776/98). Dies gilt insbesondere für Steuerzahler, bei denen das Internet für Schulungen und Unterricht eine Rolle spielt.

Musterbrief 3

Name
Adresse

An

....

Ort, Datum

Einspruch gegen den Steuerbescheid Nr. .... vom .... *(Datum)*

Sehr geehrte Damen und Herren,

in Ihrem Steuerbescheid an mich vom .... *(Datum)* haben Sie mir die Kosten für meinen häuslichen Computer mit Internet-Zugang nicht anerkannt, die ich in meinem Antrag für Lohn-/Einkommensteuer vom .... *(Datum)* geltend gemacht hatte. Gegen diese Entscheidung möchte ich hiermit Einspruch einlegen.

In meinem Antrag hatte ich dargelegt, dass ich meinen PC auch zu Hause in weit überwiegendem Maße für berufliche Zwecke nutze. Der Internet-Anschluss ist darüber hinaus für mich wichtig, da ich Online-Recherchen auch zu Hause durchführen muss. Daneben steht die Nutzung des Internet für mich auch im Zentrum von Präsentationen und Schulungsmaßnahmen, die ich durchführe oder an denen ich beteiligt bin.

Wie das Finanzgericht Rheinland-Pfalz in einem Urteil festgestellt hat (siehe Finanzgericht Rheinland-Pfalz, 5 K 2776/98), können die Anschaffungskosten für einen PC grundsätzlich abgesetzt werden, wenn dieser auch zu Hause weit überwiegend für den Beruf benutzt wird. Dies trifft auf meinen Fall eindeutig zu.

Ich möchte Sie daher freundlich bitten, meinen Steuerbescheid in diesem Sinne zu korrigieren und meine Kosten für den häuslichen Computer nachträglich anzuerkennen.

Mit freundlichen Grüßen

Unterschrift

Anlage: ggf. Kopie des Steuerbescheids

4 Was Ihnen vom Sozialamt zusteht

Das Szenario:

Es kommt gar nicht so selten vor, dass sich Menschen nicht trauen, das, was Ihnen zusteht, einfach einzufordern. Das passiert vor allem dann, wenn es dem Betroffenen peinlich ist oder er sich sogar dafür schämt, bestimmte Leistungen in Anspruch nehmen zu müssen. Oder wenn man gar noch Sozialhilfe beziehen muss, wie manche ältere Menschen, die zu wenig Rente bekommen. Diese Menschen wollen ohnehin nicht auffallen und verzichten lieber auf Nachfragen, wenn sie einen ablehnenden Bescheid bekommen. Dies sollten Sie aber auf keinen Fall tun, wenn Sie selber betroffen sind oder solche Fälle kennen. Oft kommt es mit den zuständigen Ämtern nämlich zu Auseinandersetzungen darüber, was die Sozialhilfe im konkreten Einzelfall übernehmen muss. Wenn Sie der Meinung sind, dass Ihnen eine Forderung zu Unrecht abgelehnt wird, sollten Sie einen Brief an das zuständige Amt der Gemeinde oder Stadt schreiben, die ja in Deutschland für die Sozialhilfe zuständig sind. Im folgenden Beispiel geht es um eine alleinstehende Sozialhilfeempfängerin, der man zu Unrecht einen Zuschuss für eine eigene Waschmaschine abgelehnt hat. Ähnliche Fälle kann man häufig erleben. Oft gibt es hier ebenfalls einen breiten Interpretationsspielraum oder – wie in diesem Fall – neuere Urteile, die diese Leistungen in die eine oder andere Richtung ausweiten können. Schreiben Sie also einen freundlichen Brief und weisen Sie auf die Sachlage mit guten Argumenten hin – das kann Sie weiterbringen, ohne dass Sie gleich die Gerichte befassen müssen.

Der rechtliche Hintergrund:

Das Bundesverwaltungsgericht hat in einem Urteil festgehalten, dass alleinstehenden Sozialhilfeempfängern ein angemessener Zuschuss für den Kauf einer eigenen Waschmaschine zusteht (siehe die Entscheidung des Bundesverwaltungsgerichts, 5 C 19.97). Auch für Alleinstehende oder Ein-Personen-Haushalte zählt heute eine Waschmaschine zum notwendigen Lebensbedarf, da sich im Gegensatz zu früheren Jahren die Lebens- und Wohnverhältnisse wesentlich geändert haben.

  **II. Die Briefe**

Name
Adresse

An

....

Ort, Datum

Zuschuss zum Kauf einer Waschmaschine/Widerspruch zum Bescheid Nr. .... vom
.... *(Datum)*

Sehr geehrte/r Herr/Frau ....,

am .... *(Datum)* teilten Sie mir in Ihrem Bescheid Nr. .... mit, dass Sie nicht in der Lage
sind, einen Zuschuss zum Kauf einer Waschmaschine für meinen Haushalt zu leisten. Gegen diesen Bescheid möchte ich Widerspruch einlegen.

Auch mir als alleinstehender Sozialhilfeempfängerin steht eine eigene Waschmaschine zu. Dies
hat das Bundesverwaltungsgericht in einem neueren Urteil klar festgelegt. Auf Grund der heutigen Lebens- und Wohnverhältnisse gehört eine Waschmaschine zum notwendigen Lebensbedarf
eines Ein-Personen-Haushaltes.

Ich möchte Sie daher freundlich bitten, mir im Sinne dieser Rechtssprechung einen entsprechenden Zuschuss für den Kauf einer eigenen Waschmaschine zu bewilligen.

Mit freundlichen Grüßen

Unterschrift

Anlage: ggf. Kopie des Ablehnungsbescheids und Kostenvoranschlag für die Waschmaschine

5 Bafög auch für Alleinerziehende

Das Szenario:

Wenn Sie jung und in der Ausbildung sind, sich aber ein Studium oder eine qualifizierte Fortbildung nicht leisten können, haben Sie unter bestimmten Voraussetzungen Anspruch auf Ausbildungsförderung. Aber sogar wenn Sie etwas älter sind und eine Ausbildung nachholen wollen, die Sie früher nicht durchführen konnten, könnten Sie in Frage kommen. Also, wenn Sie geringes oder kein Einkommen haben, sollten Sie auf jeden Fall einen Antrag auf Bafög (Leistungen nach dem Bundesausbildungsförderungsgesetz) stellen. Auch hier sollten Sie sich von einem negativen Bescheid nicht sofort entmutigen lassen. In diesem Brief wird ein Fall angesprochen, der heute nicht selten vorkommt: Eine Frau will eine Ausbildung nachholen (in diesem Fall Abitur), die sie wegen ihrer Kinder früher nicht abschließen konnte. Ihr Bafög-Antrag wurde abgelehnt, weil sie älter als 30 Jahre ist und als alleinerziehende Mutter nebenher gearbeitet hat. Das Bundesverfassungsgericht hat klargestellt, dass auch in einem solchen Fall Anspruch auf Bafög besteht. Also: Schnell beim Amt für Ausbildungsförderung Einspruch einlegen und die Gründe erläutern!

Der rechtliche Hintergrund:

Das Bundesverfassungsgericht hat in einer Entscheidung grundsätzlich festgelegt (siehe die Entscheidungen des Bundesverfassungsgerichts, 1 BvR 653/99, 1 BvR 1573/02), dass eine alleinerziehende Mutter nicht deswegen vom Bezug von Bafög ausgeschlossen werden kann, weil sie die Altersgrenze auf Grund ihrer Berufstätigkeit während der Kindererziehungszeiten überschritten hat. In einem solchen Fall dürfe die Frau nicht benachteiligt werden, weil sie gearbeitet habe, statt der Soziahilfe zur Last zu fallen.

Name
Adresse

An

....

Ort, Datum

Einspruch gegen den Bafög-Bescheid vom .... *(Datum)*

Sehr geehrte Damen und Herren,

in Ihrem Bescheid vom .... *(Datum)* lehnen Sie meinen Antrag auf Leistungen nach dem Bundesausbildungsförderungsgesetz vom .... *(Datum)* ab. In Ihrer Begründung verweisen Sie darauf, dass ich die Altersgrenze überschritten hätte. Sie erläutern auch, dass eine Ausnahmeregelung für Verzögerung durch Kindererziehung auf mich nicht zutrifft, da ich während der Kindererziehungszeit gearbeitet hätte und statt der Berufstätigkeit eine Ausbildung hätte beginnen können.

Ich möchte Sie darauf hinweisen, dass Sie meine besondere Situation als alleinerziehende Mutter hierbei nicht ausreichend gewürdigt haben. Das Bundesverfassungsgericht (siehe die Entscheidungen des Bundesverfassungsgerichts, 1 BvR 653/99, 1 BvR 1573/02) hat in entsprechenden Fällen grundsätzlich festgestellt, dass Mütter, die während der Erziehungszeiten gearbeitet haben und damit ihre Ausbildung verzögern mussten, nicht grundsätzlich vom Bezug von Bafög auszuschließen sind. Eine Frau dürfe nicht benachteiligt werden, nur weil sie gearbeitet habe, statt der Sozialhilfe zur Last zu fallen. Dies trifft auf mich zu, da ich die Altersgrenze nur deswegen überschritten habe, weil ich mit der Erziehung meiner Kinder und der Sicherung meines und ihres Lebensunterhalts über einige Jahre voll in Anspruch genommen war.

Ich möchte Sie daher bitten, meinen Einspruch unter diesen Erwägungen nochmals zu prüfen, und hoffe auf baldige Rückmeldung.

Mit freundlichen Grüßen

Unterschrift

6 Kind aus dem Kindergarten weggelaufen: Unfallversicherung gilt

Das Szenario:

Haben Sie Kinder? Wenn ja, dann werden Ihre Gedanken meist darum kreisen, dass dem Nachwuchs hoffentlich nichts passiert. Und wenn doch einmal ein Malheur passiert, dann sind Sie hoffentlich gut versichert. Aber Vorsicht: Nicht jede Versicherung übernimmt gleich ohne Murren Ihre Verpflichtungen, und manche versuchen zunächst, ein Verschulden anderer zu finden, das sie von ihrer Verpflichtung entbindet. Aber das gelingt nicht immer. Stellen Sie sich vor: Ihr Nachwuchs schafft es, der Aufsicht aus dem Kindergarten zu entkommen, und verletzt sich bei seinem Ausflug. Auch dann muss die gesetzliche Unfallversicherung bezahlen, wie ein neueres Urteil festgelegt hat. In einem solchen Fall haben Sie genug Probleme mit Ihrem Kind – Sie sollten aber trotzdem so schnell wie möglich schriftlich eingreifen, wenn die Unfallversicherung sich hier quer stellen will.

Der rechtliche Hintergrund:

Das Bundessozialgericht hat bekräftigt (siehe das Urteil des Bundessozialgerichts, B2U 20/97 R), dass Kinder, die den Kindergarten unbeaufsichtigt verlassen, unter dem Schutz der gesetzlichen Unfallversicherung stehen. Dabei ist es unerheblich, ob das Kindergartenpersonal eine Mitschuld dafür trifft, dass das Kind weglaufen konnte. Das Kind ist generell so lange versichert, bis es wieder unter Aufsicht der Eltern ist.

Name

Adresse

An

....

Ort, Datum

Ihr Bescheid vom .... *(Datum)*/ **Leistungen im Zusammenhang mit dem Unfall meines Kindes** .... *(Name)* **vom** .... *(Datum)*

Sehr geehrte Damen und Herren,

in Ihrem Bescheid vom .... *(Datum)* teilten Sie mir mit, dass Sie die Kosten für .... *(Bezeichnung der Verletzung/Behandlung)* in der Folge des Unfalls meines Kindes .... *(Name)* am .... *(Datum)* nicht übernehmen können. Gegen diesen Bescheid lege ich Einspruch ein.

Der Unfall hatte sich ereignet, weil sich mein Kind am .... *(Datum)* trotz Beaufsichtigung aus dem Kindergarten entfernen konnte und offensichtlich zur elterlichen Wohnung laufen wollte. Daraufhin kam es zu dem Unfall auf der Straße vor dem Kindergarten, in dessen Verlauf sich mein Kind seine Verletzungen zugezogen hatte.

In einem neueren Urteil hat das Bundessozialgericht klargestellt (siehe das Urteil des Bundessozialgerichts, B2U 20/97 R), dass Kinder, die den Kindergarten unbeaufsichtigt verlassen, unter dem Schutz der gesetzlichen Unfallversicherung stehen. Dabei ist es unerheblich, ob das Kindergartenpersonal eine Mitschuld dafür trifft, dass das Kind weglaufen wollte. Es ist so lange versichert, bis es wieder unter der Aufsicht der Eltern ist.

Ich möchte Sie daher bitten, Ihren Bescheid entsprechend zu korrigieren und gemäß Ihren Verpflichtungen die in Rechnung gestellten Kosten zu übernehmen.

Mit freundlichen Grüßen

Unterschrift

7 Kein Kindergeld bei Ausbildung im Ausland

Das Szenario:

In unserer globalisierten Welt wird von jungen Menschen immer mehr Flexibilität und Auslandserfahrung verlangt – und wenn dann ein Jugendlicher eine Ausbildung im Ausland macht, verlieren die Eltern oft den Anspruch auf Kindergeld. Aber das gilt nicht mehr in jedem Fall. Grundsätzlich steht Ihnen Kindergeld zu, auch wenn sich Ihre Kinder zur Ausbildung im Ausland aufhalten. Manche Eltern hatten in der Vergangenheit aber Probleme, wenn die Auslandsausbildung in Studienoder Ausbildungsordnungen nicht zwingend vorgeschrieben war. Mehrere neuere Urteile des Bundesfinanzhofs haben aber festgestellt, dass Eltern wie Kinder bei der Gestaltung ihrer Ausbildung einen größeren Spielraum haben, ohne den Anspruch auf Kindergeld zu verlieren. Also, auch hier gilt: Bekommen Sie einen ablehnenden Bescheid, sollten Sie in einem solchen Fall sofort Widerspruch einlegen!

Der rechtliche Hintergrund:

Der Bundesfinanzhof hat in mehreren Entscheidungen bekräftigt, dass der Anspruch auf Kindergeld weiterhin besteht, wenn Kinder bestimmte Ausbildungen im Ausland durchführen (siehe die Entscheidungen des Bundesfinanzhofs, VI R 33/98, 34/98, 50/98, 92/98, 143/98 und 16/99). Dies gelte nicht nur dann, wenn bestimmte Ausbildungsschritte in einer Studien- oder Ausbildungsordnung zwingend festgeschrieben seien. Ohne weiteres anzuerkennen seien der Besuch allgemein bildender Schulen, eines Colleges, einer Universität, ein Volontariat oder die Vorbereitung auf eine Promotion. Auch ein Sprachunterricht während eines Au-pair-Aufenthalts kann darunter fallen.

Musterbrief 7

Name

Adresse

An

....

Ort, Datum

Kindergeld für meine Tochter .... *(Name)*/**Ihr Bescheid Nr**. .... **vom** .... *(Datum)*

Sehr geehrte Damen und Herren,

in Ihrem Kindergeldbescheid vom .... *(Datum)* haben Sie die Zahlung von Kindergeld für meine Tochter .... *(Name)* abgelehnt. Sie verwiesen darauf, dass der Anspruch auf Kindergeld erlischt, wenn eine Ausbildung im Ausland durchgeführt wird, wie dies bei meiner Tochter der Fall ist. Gegen diesen Bescheid möchte ich Einspruch einlegen.

Wie der Bundesfinanzhof in mehreren Entscheidungen bekräftigt hat (siehe die Entscheidungen des Bundesfinanzhofs, VI R 33/98, 34/98, 50/98, 92/98, 143/98 und 16/99), steht den Eltern wie den Kindern bei der Gestaltung der Ausbildung ein größerer Spielraum zu. Auch für Ausbildungen, die nicht zwingend in einer Studien- oder Ausbildungsordnung festgelegt sind, bleibt der Anspruch auf Kindergeld grundsätzlich erhalten.

Unsere Tochter .... *(Name)* besucht gegenwärtig das College in .... *(Ort)* und belegt dort Kurse mit insgesamt ... Wochenstunden. Das Schuljahr wird am .... *(Datum)* mit ... Prüfungen abgeschlossen. Dieser Unterricht ist ein wichtiger Baustein für die weitere Ausbildungs- und Berufslaufbahn meiner Tochter.

Ich möchte Sie daher bitten, diese Ausbildung entsprechend anzuerkennen und den Bescheid in diesem Sinne zu korrigieren.

Mit freundlichen Grüßen

Unterschrift

Anlage: ggf. Bescheinigungen der Schule über Schulbesuch und Prüfungsdaten usw.

8 Kein Kindergeld für behindertes Kind in Ausbildung

Das Szenario:

Wenn Sie ein behindertes Kind haben, sind Sie schon mit genug Problemen belastet. Wenn es dann größer wird und eine Ausbildung machen will, dann haben Sie nicht nur mehr Aufwand, sondern oftmals auch mehr Kosten als andere Eltern zu tragen. Bisher wurden solche Eltern sogar auch noch dadurch gestraft, dass das Kindergeld gestrichen wurde, wenn ihre Kinder eine Ausbildungsvergütung erhielten, die bestimmte Grenzen überschritt. Das müssen Sie sich aber nicht bieten lassen! Wenn Ihr Kind in einem solchen Fall eine Entlohnung erhält, Sie ihm aber weiterhin Unterhalt bezahlen, haben Sie auch Anspruch auf Kindergeld. Legen Sie also sofort schriftlich Einspruch ein, wenn Sie einen anders lautenden Bescheid erhalten, oder beschweren Sie sich bei der Kindergeldstelle, wenn die Zahlungen eingestellt werden.

Der rechtliche Hintergrund:

Das Bundessozialgericht hat in einem Urteil festgelegt (siehe die Entscheidung des Bundessozialgerichts B 14 KG 7/97 R), dass ein Anspruch auf Kindergeld auch dann gegeben ist, wenn bei einem behinderten Jugendlichen dessen Ausbildungsvergütung die maßgebliche Einkommensgrenze überschreitet. Das Gericht hat unterstrichen, dass in solchen Fällen davon auszugehen sei, dass sich der Jugendliche nicht selbst unterhalten könne und damit einen höheren Unterhaltsanspruch als vergleichbare gesunde Kinder habe. Voraussetzung für die weitere Zahlung von Kindergeld ist aber auch, dass die Eltern dem Kind weiterhin Unterhalt bezahlen.

Name
Adresse

An

....

Ort, Datum

Kindergeld für meine behinderte Tochter .... *(Name)*/**Ihr Bescheid Nr.** ..... **vom**
.... *(Datum)*

Sehr geehrte Damen und Herren,

in Ihrem Kindergeldbescheid vom .... *(Datum)* haben Sie die Zahlung von Kindergeld für meine Tochter .... *(Name)* abgelehnt. Sie verwiesen darauf, dass der Anspruch auf Kindergeld erlischt, wenn bei behinderten Kindern durch eigene Ausbildungsvergütung die maßgebliche Einkommensgrenze überschritten wird, wie dies bei meiner Tochter der Fall ist. Gegen diesen Bescheid möchte ich Einspruch einlegen.

Wie das Bundessozialgericht entschieden hat (siehe die Entscheidung des Bundessozialgerichts B 14 KG 7/97 R), steht behinderten Jugendlichen auch dann Kindergeld zu, wenn deren Ausbildungsvergütung diese Einkommensgrenze überschreitet. Voraussetzung hierfür ist, dass die Eltern dem Kind weiterhin Unterhalt bezahlen, was bei uns ebenfalls zutrifft.

Ich möchte Sie daher bitten, diese Ausbildung entsprechend anzuerkennen und den Bescheid in diesem Sinne zu korrigieren.

Mit freundlichen Grüßen

Unterschrift

Anlage: ggf. Bescheinigungen über den Grad der Behinderung, Bestätigung für die Unterhaltsleistungen der Eltern an das Kind

9 Pflegegeld steht Ihnen auch im Ausland zu

Das Szenario:

In der heutigen Zeit kommt es gar nicht mehr so selten vor, dass Zeitgenossen Ihren Lebensmittelpunkt im Ausland haben, aber Renten- oder Versicherungsleistungen aus Deutschland beziehen. Das betrifft deutsche Staatsbürger ebenso wie Ausländer. Aber egal, ob Sie als Ausländer in Ihre Heimat zurückkehren oder als Deutscher nach Mallorca auswandern, sollten Sie darauf achten, dass Sie auch alle Transferzahlungen, die Ihnen zustehen, weiter in voller Höhe erhalten. Gelegentlich versuchen staatliche Stellen oder Versicherungen, derartige Leistungen nicht oder nicht vollständig auszuzahlen. Im folgenden Beispiel bekam ein ausländischer Staatsbürger in Deutschland erworbene Ansprüche aus dem Pflegegeld seiner gesetzlichen Unfallversicherung nur mit einem Abschlag in seine Heimat überwiesen mit der Begründung, dort seien die Lebenshaltungskosten niedriger. Dies ist aber nicht zulässig, wie das Bundessozialgericht entschieden hat. Im Übrigen hat das Gericht festgelegt, dass dies auch für deutsche Staatsbürger gilt, die ihren Wohnsitz ins Ausland verlegen. Sollten Sie also in einer ähnlichen Situation sein, zögern Sie nicht und schreiben Sie einen freundlichen Brief an die zuständige Stelle (die ist auf Ihrem Renten- oder Unfallversicherungsbescheid genannt), in dem Sie auf diese Rechtslage hinweisen. Dies sollten Sie auch bei anderen Renten- oder Versicherungsleistungen tun, falls Sie Probleme mit der Auszahlung ins Ausland haben. Zumindest wenn es sich um EU-Ausland handelt (aber nicht nur dort!), sollte man Ihnen eigentlich heutzutage keine Schwierigkeiten mehr machen, wenn Sie Ihr Geld ins Ausland überwiesen haben wollen – schließlich wollen immer weniger Menschen Ihr Leben nach der Erwerbstätigkeit ausschließlich in Deutschland verbringen.

Der rechtliche Hintergrund:

Das Bundessozialgericht hat in einem Urteil festgelegt (siehe die Entscheidung des Bundessozialgerichts, B 2 U 5/98), dass das Pflegegeld der gesetzlichen Unfallversicherung bei einem Umzug ins Ausland nicht pauschal entsprechend der Kaufkraft gekürzt werden kann. Sowohl Ausländern wie auch deutschen Staatsangehörigen stehe es frei, ihren Wohnsitz ins Ausland zu verlagern und damit eventuell sogar Kostenvorteile bei der Pflege zu erzielen. Außerdem gebe es auch innerhalb Deutschlands Kaufkraftunterschiede, die ebenfalls nicht berücksichtigt würden.

II. Die Briefe

Name
Adresse

An

....

Ort, Datum

Kürzung der Leistungen der Unfallversicherung wegen Umzug ins Ausland/Widerspruch

Sehr geehrte/r Herr/Frau ....,

seit .... *(Datum)* beziehe ich ein Pflegegeld in Höhe von .... Euro neben der Unfallrente. Als ich am .... *(Datum)* zurück nach Spanien gezogen bin, wo noch ein großer Teil meiner Verwandtschaft lebt, habe ich am .... *(Datum)* bei Ihnen beantragt, mir künftig die Unfallrente sowie das Pflegegeld an meinen neuen Wohnsitz zu überweisen. In Ihrem Bescheid vom .... *(Datum)*, Aktenzeichen ...., teilten Sie mir jedoch mit, Sie könnten mir das Pflegegeld nur mit einem Abschlag überweisen, da in Spanien die Lebenshaltungskosten niedriger seien. Gegen diesen Bescheid möchte ich Widerspruch einlegen.

Das Bundessozialgericht hat erst vor kurzem entschieden, dass derartige Leistungen nicht pauschal gekürzt werden dürfen, wenn sie ins Ausland überwiesen werden. Auch deutschen Staatsangehörigen stehe es zu, ihren Wohnsitz ins Ausland zu verlegen, um dort eventuell Kostenvorteile bei der Pflege zu erzielen. Dies trifft auch für mich zu, da mir mein Alltagsleben durch die Nähe zu meiner Verwandtschaft deutlich erleichtert wird. Ich möchte Sie daher freundlich bitten, mir künftig mein Pflegegeld in voller Höhe auf mein Konto in Spanien zu überweisen.

Mit freundlichen Grüßen

Unterschrift

Anlage: ggf. Kopie des Bescheides

Banken und Versicherungen

1 Wenn die Bank falsch abbucht, muss sie das korrigieren

Das Szenario:

Jeder hat heute ein Girokonto – und jeder hat Aufträge für automatische Abbuchungen von diesem Konto erteilt. Ob Miete, Versicherungen oder Abonnements – niemand füllt für regelmäßige Ausgaben noch alle vier Wochen einen Abbuchungsauftrag aus, sondern lässt dies automatisch von der Bank abwickeln.

Von Zeit zu Zeit müssen Sie einen neuen Dauerauftrag einrichten – oder einen bestehenden kündigen. Was passiert jedoch, wenn Sie eine Einzugsermächtigung nicht mehr fortführen wollen, die Bank aber weiterhin das Geld von Ihrem Konto abbucht? Sie haben gute Karten, Ihr Geld wiederzubekommen, wenn der Bank nicht Ihre ausdrückliche Zustimmung vorliegt. Die Bank kann nicht ohne weiteres davon ausgehen, dass Ihre Widerspruchsmöglichkeit für eine Einzugsermächtigung einfach erloschen ist. Legen Sie also in jedem Fall Widerspruch ein und verlangen Sie eine Kontoberichtigung – wie immer am besten schriftlich!

Der rechtliche Hintergrund:

In einem Urteil hat der Bundesgerichtshof entschieden, dass in einem solchen Fall Ihr Einspruch und der damit geltend gemachte Anspruch auf Kontoberichtigung keiner Befristung unterliegt. Er entfällt erst mit Ihrer Genehmigung. Solange diese der Bank nicht ausdrücklich vorliegt, können Sie eine Kontoberichtigung verlangen. Also: Wenn Sie Abbuchungen von Ihrem Konto bemerken, die auf Abbuchungsermächtigungen beruhen, die Sie eigentlich gekündigt hatten, sollten Sie so schnell wie möglich Widerspruch einlegen. Selbst wenn Sie dies erst nach einiger Zeit bemerken, ist es noch nicht zu spät!

Musterbrief 1

Name
Adresse

An

....

Ort, Datum

Widerspruch zu Abbuchungen von meinem Konto Nr. ..../Kontoberichtigung

Sehr geehrte Damen und Herren,

wie Ihnen bekannt ist, unterhalte ich bei Ihrer Filiale .... *(Bezeichnung)* ein Girokonto mit der Nummer .... Auf dieses Konto hatte ich mehrere Abbuchungsermächtigungen unterzeichnet, unter anderem am .... *(Datum)* eine für die Firma .... *(Name)* in .... *(Ort).*

Da der Grund für die laufenden Abbuchungen entfallen war, hatte ich am .... *(Datum)* diese Abbuchungsermächtigung gekündigt und dies auch der Firma mitgeteilt. Leider wurden aber in der Folge weiterhin mehrere Abbuchungen dieser Firma von meinem Konto durchgeführt. Leider ist mir auf Grund starker Arbeitsbelastung der Fortgang dieser Abbuchungen erst nach einiger Zeit aufgefallen, sodass ich am .... *(Datum)* Widerspruch gegen diese weiteren Abbuchungen eingelegt hatte.

Leider hatte sich Ihre Filiale mit Schreiben vom .... *(Datum)*/Aktenzeichen ...., jedoch geweigert, diese von mir geforderte Kontoberichtigung vorzunehmen. Ich möchte Sie aber darauf hinweisen, dass der Bundesgerichtshof in einer neueren Entscheidung festgelegt hat, dass bei Abbuchungen ein unbefristetes Widerspruchsrecht gegeben ist. (Siehe die Entscheidung des Bundesgerichtshofs, XI ZR 256/99 vom 6. Juni 2000.)

Ich möchte Sie daher freundlich bitten, meinen Widerspruch zur Kenntnis zu nehmen und die entsprechende Kontoberichtigung vorzunehmen.

Mit freundlichen Grüßen

Unterschrift

Anlage: Kopie der Kontoauszüge, ggf. Briefwechsel oder Gesprächsnotizen

2 Keine Gebühr für Freistellungsauftrag

Das Szenario:

Wenn Sie mit einer Bank Ärger haben, spielen meist Gebühren eine Rolle. Viele Banken versuchen, möglichst viele Leistungen mit Gebühren zu belegen, die sie so diskret wie möglich von ihren Kunden eintreiben. Der Brief behandelt einen Fall, wo eine Bank sogar für das Ausfüllen des Antrags auf Freistellung der Zinserträge eine Gebühr verlangte, obwohl sie gesetzlich dazu verpflichtet ist, dies zu übernehmen. Sollten Sie bemerken, dass Ihnen derartige Gebühren einfach vom Girokonto abgezogen werden, sollten Sie sich sofort schriftlich dagegen verwahren. Ihre Bank wird Sie dann vielleicht auch in anderen Fällen aufmerksamer behandeln.

Der rechtliche Hintergrund:

Der Bundesgerichtshof hat in einem Urteil klar festgestellt, dass eine Bank keine Kosten für das Ausfüllen eines Freistellungsantrags verlangen darf. Grundsätzlich dürfen Kreditinstitute keine Kosten auf den Kunden abwälzen, wenn sie zu dieser Leistung ohnehin gesetzlich verpflichtet sind.

Name
Adresse

An

....

Ort, Datum

Gebühr für Freistellungsauftrag

Sehr geehrte/r Herr/Frau ....,

vor kurzem hatte ich mich wegen des Antrags zur Freistellung der Zinserträge im Rahmen des gültigen Freibetrages für das Jahr ...... an Sie gewandt. Ihre Filiale .... *(genaue Ortsbezeichnung)* hat in meinem Namen den Antrag für mein Sparkonto Nr. .... ausgefüllt und weitergeleitet.

Leider musste ich nach Erhalt der letzten Kontoauszüge feststellen, dass Sie mir für das Ausfüllen dieses Freistellungsantrages Kosten in Höhe von .... Euro berechnet haben. Mit dieser Gebühr bin ich nicht einverstanden und bitte Sie, diese Abbuchung rückgängig zu machen.

Wie Sie sicher wissen, hat der Bundesgerichtshof entschieden, dass Banken ohnehin gesetzlich zu dieser Leistung verpflichtet sind (siehe die Entscheidungen des BGH, XI ZR 269/96 und XI ZR 279/96.) Außerdem erwarte ich, dass das Ausfüllen eines derartigen Antrages, der zur Führung eines solchen Kontos bei Ihrer Bank für den Kunden unerlässlich ist, zu den üblichen Serviceleistungen Ihres Hauses gehört.

Ich möchte Sie also darum bitten, mir künftig diese Dienstleistung nicht mehr gesondert zu berechnen.

Mit freundlichen Grüßen

Unterschrift

Anlage: Kopie des Kontoauszugs vom .... *(Datum)*

3 Keine Gebühr wegen fehlender Kontodeckung

Das Szenario:

Immer wieder die Gebühren! Viele Banken versuchen, so viele Kosten wie nur möglich auf den normalen Kontobesitzer abzuwälzen. Dies kann, wie im folgenden Beispiel beschrieben, sogar dazu führen, dass Gebühren berechnet werden für Überweisungen oder die Erfüllung von Lastschriftaufträgen, die mangels Kontodeckung überhaupt nicht ausgeführt wurden. Auch hier gilt: Zahlen Sie nicht unbesehen jede Gebühr – und wenn Sie sich zu Recht falsch behandelt fühlen, sollten Sie sofort schriftlich Widerspruch anmelden!

Der rechtliche Hintergrund:

Auf Grund eines Urteils des Bundesgerichtshofs darf eine Bank ihren Kunden für Aufträge, die sie wegen fehlender Kontodeckung nicht durchführt, keine Gebühr berechnen. Verweigert die Bank in solchen Fällen die Ausführung von Aufträgen oder die Einlösung von Lastschriften, handelt sie schließlich nur im Eigeninteresse.

Musterbrief 3

Name
Adresse

An

....

Ort, Datum

Gebühr für nicht ausgeführte Aufträge

Sehr geehrte/r Herr/Frau ....,

in den letzten Wochen musste ich leider mein Girokonto Nr. .... überziehen. Daraufhin wurden von Ihrer Filiale .... *(genaue Ortsbezeichnung)* mehrere Überweisungsaufträge sowie die Einlösung von Lastschriften verweigert.

Leider musste ich nach Erhalt der letzten Kontoauszüge feststellen, dass Sie mir für diese letztlich nicht durchgeführten Buchungen auch noch Gebühren in Höhe von .... Euro berechnet haben. Da hierfür keine Rechtsgrundlage existiert, bitte ich Sie darum, dies rückgängig zu machen.

Wie Sie sicher wissen, hat der Bundesgerichtshof entschieden, dass eine Bank keine Gebühren verlangen darf für Aufträge, die sie wegen fehlender Kontodeckung nicht ausführt (siehe Entscheidungen des BGH, Aktenzeichen: XI ZR 5/97, zuletzt das Urteil vom 9. April 2002, Aktenzeichen: XI ZR 245/01). Außerdem sollte es selbstverständlich sein, dass eine nicht erbrachte Leistung nicht berechnet werden kann.

Ich möchte Sie also darum bitten, mir künftig derartige Kosten nicht mehr gesondert zu berechnen.

Mit freundlichen Grüßen

Unterschrift

Anlage: Kopie des Kontoauszugs vom .... *(Datum)*

4 Keine Gebühr wegen Pfändung

Das Szenario:

Auch wenn es einem finanziell schlecht geht, hält das manche Bank nicht davon ab, trotzdem so viele Gebühren wie möglich zu verrechnen. In diesem Beispiel geht es um einen Fall, in dem ein Bankkunde eine Pfändung hinnehmen musste. Als ob dies nicht schon unangenehm genug wäre, hat die Bank für die Durchführung des Pfändungsbeschlusses auch noch Gebühren verlangt. Das darf sie aber nicht, weil sie gesetzlich dazu verpflichtet ist. Sollte Ihnen so etwas passieren, sollten Sie sofort schriftlich dagegen vorgehen und die Rückerstattung der abgebuchten Beträge und den Verzicht auf künftige Gebühren verlangen.

Der rechtliche Hintergrund:

Wie der Bundesgerichtshof entschieden hat, darf eine Bank oder Sparkasse einem Kunden keine zusätzlichen Gebühren berechnen, wenn sie einen Pfändungsbeschluss durchführen muss. Kreditinstitute können generell nur Gebühren verlangen, wenn sie für ihre Kunden oder zumindest in deren Interesse tätig werden. Eine Tätigkeit, die die Banken jedoch im eigenen Interesse vornehmen oder zu der sie gesetzlich verpflichtet sind, dürfen sie nicht als Dienstleistung für den Kunden ausweisen und dafür ein gesondertes Entgelt fordern.

Name
Adresse

An

....

Ort, Datum

Gebühr für durchgeführte Pfändungen

Sehr geehrte/r Herr/Frau ....,

wie Ihnen bekannt ist, wurde gegen mich ein Pfändungsbeschluss in Höhe von .... Euro erwirkt. Diese Pfändung wurde von Ihrer Filiale .... *(genaue Ortsbezeichnung)* am ....
(Datum) durchgeführt.

Leider musste ich nach Erhalt der letzten Kontoauszüge feststellen, dass Sie mir für die Durchführung dieser Pfändung auch noch Gebühren in Höhe von .... Euro berechnet haben. Da hierfür keine Rechtsgrundlage existiert, bitte ich Sie darum, dies rückgängig zu machen und mir diese Kosten wieder zurückzubuchen.

Wie Sie sicher wissen, hat der Bundesgerichtshof entschieden, dass eine Bank nur dann eine Vergütung von ihrem Kunden verlangen darf, wenn sie für diesen Kunden oder zumindest in dessen Interesse tätig wird. Es steht der Bank nicht frei, eine Tätigkeit, zu der sie gesetzlich verpflichtet ist oder die sie im eigenen Interesse vornimmt, als Dienstleistung für den Kunden auszuweisen und dafür ein gesondertes Entgelt zu fordern (siehe die Entscheidung des BGH, IX ZR 219/98).

Ich gehe davon aus, dass es sich um ein Versehen Ihres Hauses handelt, und möchte Sie darum bitten, mir künftig derartige Kosten nicht mehr gesondert zu berechnen.

Mit freundlichen Grüßen

Unterschrift

Anlage: Kopie des Kontoauszugs vom .... *(Datum)*

5   Keine Gebühr für nicht erhaltene PIN-Nummern

Das Szenario:

Manche Banken lassen wirklich nichts unversucht, um Gebühren auf ihre Kunden abzuwälzen. Gelegentlich wird dies sogar bei Leistungen versucht, die der Kunde gar nicht in Anspruch genommen hat. Bei diesem Brief geht es um einen Fall, in dem ein Kunde für sein Homebanking neue PIN-Nummern angefordert hatte, diese aber nicht nutzen konnte, weil der Brief nicht angekommen war. Der Kunde forderte daraufhin neue PIN-Nummern an, aber die Bank berechnete ihm dennoch Gebühren für die verloren gegangenen Nummern. Auch hier gilt: Weigern Sie sich schriftlich, die Gebühren zu bezahlen, denn Sie müssen nur für Leistungen bezahlen, die Sie auch wirklich in Anspruch nehmen.

Der rechtliche Hintergrund:

Wie das Landgericht Frankfurt festgestellt hat, darf eine Bank keine zusätzlichen Gebühren verlangen, wenn einem Kunden ein PIN-Nummern-Brief verloren geht, sofern er den Verlust nicht selbst zu verantworten hat. Auch wenn entsprechende Klauseln in den Allgemeinen Geschäftsbedingungen der Bank enthalten sein sollten, sind diese nichtig.

Musterbrief 5

Name
Adresse

An

....

                                          Ort, Datum

Gebühr für nicht erhaltene PIN-Nummern

Sehr geehrte Damen und Herren,

vor einigen Wochen sandten Sie mir einen Brief mit den neuen PIN-Nummern für das Homebanking zu. Leider habe ich diesen Brief nie erhalten, worauf ich Sie um neue PIN-Nummern gebeten hatte.

Nun musste ich nach Erhalt der letzten Kontoauszüge zu meinem Erstaunen feststellen, dass Sie mir für diese neuen PIN-Nummern zusätzliche Gebühren in Höhe von .... Euro berechnet haben. Gemäß jüngster Rechtssprechung ist dies allerdings nicht zulässig. Ich möchte Sie daher darum bitten, dies rückgängig zu machen.

In einem entsprechenden Urteil wurde festgelegt, dass es nicht zulässig sei, den Kunden beim Verlust eines PIN-Briefes mit Gebühren zu belasten (siehe die Entscheidung des Landgerichts Frankfurt, 2/2 O 46/99). Da meinerseits kein Missbrauch dieser Nummern oder ein anderes schuldhaftes Verhalten vorliegt, gehe ich davon aus, dass die Übermittlung dieser PIN-Nummern mir nicht doppelt in Rechnung gestellt werden kann. Den verloren gegangenen Satz an Nummern hatte ich ja nicht in Anspruch genommen.

Ich möchte Sie also darum bitten, mir diese Kosten nicht gesondert zu berechnen, und bitte um die Rückerstattung auf mein Konto.

Mit freundlichen Grüßen

Unterschrift

Anlage: Kopie des Kontoauszugs vom .... *(Datum)*

6 Maestro-Karte (EC-Karte) weg – nicht immer müssen Sie zahlen

Das Szenario:

Sie verlieren Ihre Scheckkarte – womöglich ist Sie Ihnen sogar gestohlen worden –, da meldet sich schon Ihre Bank bei Ihnen und verlangt eine Rückzahlung: Inzwischen sei nämlich mit dieser Karte von Ihrem Konto Geld abgehoben worden. Auch wenn Sie den Verlust erst nach einigen Tagen bemerkt und angezeigt haben sollten, müssen Sie diese Forderung nicht unbedingt erfüllen. Schreiben Sie gleich an Ihre Bank und erläutern Sie, dass Sie auf Grund eines Urteils des Landgerichts Mönchengladbach dieser Forderung nicht nachkommen müssen, da bei Ihnen kein Fall von grober Fahrlässigkeit vorliegt. Dies wäre nur dann der Fall, wenn Sie die Karte zusammen mit den Schecks aufbewahrt oder sogar die Geheimnummer auf die Karte geschrieben und jemandem anderen weitergegeben hätten.

Der rechtliche Hintergrund:

Laut einem BGH-Urteil vom 17.10.2000 ist nicht jeder Kartenverlust als grobe Fahrlässigkeit anzusehen (Aktenzeichen: XI ZR 42/00). Auch wenn der Verlust der Scheckkarte erst nach einigen Tagen bemerkt wird, kann nicht unbedingt der Kunde für einen Schaden durch den Missbrauch durch Dritte verantwortlich gemacht werden. Das Sicherheitssystem der Banken an sich sei in diesen Fällen in erhöhtem Maße missbrauchsanfällig. Dieses Missbrauchsrisiko können die Banken nicht uneingeschränkt auf ihre Kunden abwälzen.

Musterbrief 6

Name
Adresse

An

....

Ort, Datum

Verlust der Scheckkarte für Konto Nr. ..../ Schadenersatz

Sehr geehrte Damen und Herren,

am .... *(Datum)* habe ich Ihrer Filiale .... *(genaue Ortsbezeichnung)*, bei der ich mein Girokonto unterhalte, den Verlust der Scheckkarte für mein Konto Nr. .... gemeldet. In Ihrem Brief vom .... *(Datum)* haben Sie mich zur Zahlung von .... Euro aufgefordert, da in der Zwischenzeit von meinem Girokonto mit Hilfe dieser Scheckkarte Geld abgehoben worden sei.

Ich möchte Ihnen hiermit mitteilen, dass ich dieser Aufforderung nicht nachkommen werde. Ich habe den Verlust meiner Scheckkarte erst nach einigen Tagen bemerkt. Die entsprechenden Schecks habe ich stets an anderer Stelle, getrennt von den Schecks, aufbewahrt und sie sind auch nicht verloren gegangen. Auf der Scheckkarte hatte ich keine Geheimnummer notiert und diese auch an niemanden sonst weitergegeben.

Es ist bereits gerichtlich entschieden, dass die Haftung bei der Bank liegt, da nicht jeder Kartenverlust automatisch als grobe Fahrlässigkeit gelten kann und das Sicherheitssystem der Banken hierbei in erhöhtem Maße missbrauchsanfällig ist (siehe unter anderem die Entscheidung des BGH vom 17.10. 2000, Aktenzeichen: XI ZR 42/00).

Da ich in keiner Weise grob fahrlässig gehandelt habe, möchte ich Sie daher bitten, Ihre Forderung entsprechend zurückzunehmen.

Mit freundlichen Grüßen

Unterschrift

Anlage: Kopie des Briefwechsels

7 Falsche Angaben bei der Schufa – was kann ich tun?

Das Szenario:

Sie bekommen Post und sollen plötzlich Kredite zurückzahlen, die Sie nie aufgenommen haben. Oder Ihnen wird plötzlich ein Darlehen verweigert, obwohl Sie immer pünktlich gezahlt haben. Oder ein Versandhaus weigert sich, Ihnen Waren zu schicken. Sie haken nach und erfahren, dass Ihre negativen „Schufa"-Daten der Grund sind. Doch stimmen Sie auch? Sie besorgen sich bei der Schufa Holding AG, Hagenauer Straße 44, 65203 Wiesbaden, eine so genannte Eigenauskunft und stellen fest, dass Daten teilweise fehlerhaft sind. Was können Sie tun?

Der rechtliche Hintergrund:

Schufa steht für „Schutzgemeinschaft für allgemeine Kreditsicherung". Dies ist eine Gemeinschaftseinrichtung von Wirtschaftsunternehmen und Banken, die Verbrauchern Geld- und Warenkredite einräumen. Kritiker nennen die Schufa auch mitunter einen „Geheimdienst der Kreditwirtschaft". Doch ganz machtlos sind Sie diesem Geheimdienst gegenüber nicht ausgeliefert. Sind falsche Daten bei der Schufa gespeichert, haben Sie als Kunde gegenüber Ihrer Bank das Recht auf Widerruf der Datenübermittlung. Außerdem muss die Schufa dann die falschen Daten löschen. Für die Schufa waren falsche Daten in der Vergangenheit immer bedauerliche „Einzelfälle". Die Redaktion WISO bekam im Laufe der Jahre allerdings eine ganze Menge dieser „Einzelfälle" auf den Tisch. Auch als einmal die Mitarbeiter der WISO-Redaktion ihre eigenen Schufa-Daten per Eigenauskunft abfragten, waren etliche der gespeicherten Angaben nicht korrekt.

Selbst wenn die Informationen richtig sein sollten, könnten Sie einen Anspruch auf Widerruf haben. Dann nämlich, wenn Ihnen gar kein finanzielles Fehlverhalten vorzuwerfen ist. Die Bank ist nach ständiger Rechtssprechung zu einer „einzelfallbezogenen Interessenabwägung" verpflichtet. Und schließlich: Sind die Gründe der negativen Eintragungen unklar, dann kann der Kunde verlangen, dass diese Daten bis zur Klärung gesperrt bleiben.

Name
Adresse

An

....

Ort, Datum

Widerruf eines falschen Schufa-Eintrages

Sehr geehrte/r Herr/Frau ....,

ich habe von der Schufa eine Eigenauskunft erhalten. Ich musste feststellen, dass nicht alle Daten richtig sind. So auch die durch Ihr Institut veranlasste Eintragung über

....
Grund: ....
Oder:
Diese ist falsch, weil sich nach ständiger Rechtssprechung dadurch nicht auf meine Zahlungswilligkeit bzw. -fähigkeit schließen lässt.
Oder:
Diese Eintragung soll gesperrt werden, bis dieser Sachverhalt rechtlich geklärt ist.

Aus diesem Grund sind Sie verpflichtet, Ihre Meldung über mich gegenüber der Schufa zu widerrufen. Rechtsgrundlage dafür sind die §§ 823 und 1004 BGB.

Ich setze Ihnen für die Veranlassung der Löschung meiner Daten eine Frist bis zum ..... *(Datum)*. Außerdem erwarte ich von Ihnen bis dahin den Nachweis der aktualisierten Auskunft. Andernfalls werde ich den Gerichtsweg beschreiten. Zudem behalte ich mir Schadenersatzansprüche gegen Ihr Institut wegen Gefährdung meiner Kreditwürdigkeit nach § 824 BGB ausdrücklich vor.

Eine Kopie dieses Schreibens ist an die Schufa Holding AG, Hagenauer Straße 44, 65203 Wiesbaden, gegangen.

Mit freundlichen Grüßen

Unterschrift

8 Wenn Sie als Bürge nicht über das Risiko aufgeklärt wurden

Das Szenario:

Stellen Sie sich vor, Sie haben für jemanden gebürgt und sind jetzt dran. Ihr Partner hat ein Geschäft in den Sand gesetzt und die Bank oder ein anderer Kreditgeber fordert Sie nun auf, Ihren Verpflichtungen nachzukommen und die entsprechende Summe zu bezahlen. Normalerweise kommen Sie aus dieser Situation nicht mehr heraus – das ist auch der Grund, warum man sich eine Bürgschaft vorher gut überlegen sollte. Eine kleine Chance könnte darin bestehen, dass Sie nachweisen können, in bestimmten Fällen nicht über das Risiko der Bürgschaft aufgeklärt worden zu sein. Bei Bürgschaftsverträgen, in denen die Worte „auf erste Anforderung" oder „einredefrei" auftauchen, muss der Bürge im gleichen Schriftstück auf sein möglicherweise großes Risiko auf-

merksam gemacht werden. Hierbei ist es nämlich so, dass der Gläubiger dem Bürgen keinerlei Erklärung schuldig ist, das heißt, der Bürge muss sofort zahlen und hat keine Möglichkeit, seine Inanspruchnahme durch Einwände abzuschmettern. Lediglich dann, wenn der Bürge auf dieses Risiko nicht schriftlich aufmerksam gemacht wurde, muss der Bürge nicht einspringen.

Der rechtliche Hintergrund:

Der Bundesgerichtshof hat in einem Urteil festgestellt, dass eine Bürgschaft nur dann wirksam ist, wenn der Bürge sein Risiko kennt. Insbesondere wenn jemand „auf erste Anforderung" oder „einredefrei" bürgt, muss dieser Bürge vorher schriftlich auf sein mögliches Risiko aufmerksam gemacht werden. Kann dieser Bürge glaubhaft machen, die Risiken einer solchen Bürgschaft nicht gekannt zu haben, ist die Bürgschaft unwirksam.

Name
Adresse

An

....

Ort, Datum

Meine einredefreie Bürgschaft: Unkenntnis des Risikos

Sehr geehrte Damen und Herren,

in Ihrem Schreiben vom .... *(Datum)* fordern Sie mich auf, die Bürgschaft in Höhe von
.... Euro, die ich für Frau/Herrn .... *(Name)* am .... *(Datum)* eingegangen war,
zu begleichen. Hierzu möchte ich Ihnen mitteilen, dass ich dem nicht Folge leisten werde und
mich hierfür nicht in der Pflicht sehe.

Aus den Umständen des Falles wird das Ausmaß des Risikos deutlich, das Sie in diesem Geschäft eingegangen sind. Bei meiner Bürgschaft handelt es sich um eine „Bürgschaft auf erstes
Anfordern" oder auch „einredefreie" Bürgschaft. Auf das besondere Risiko bei diesem Geschäft
wurde ich jedoch nicht hingewiesen. Wie der Bundesgerichtshof aber festgestellt hat, muss der
Bürge bei einer solchen einredefreien Bürgschaft sogar ausdrücklich auf sein Risiko hingewiesen
werden (siehe die Entscheidung des Bundesgerichtshofs, IX ZR 79/97.) Eben dies haben Sie versäumt. Daher kann ich als Bürge nicht herangezogen werden.

Mit freundlichen Grüßen

Unterschrift

9 Nicht jede Bürgschaft ist rechtlich einwandfrei

Das Szenario:

Eine Bürgschaft zu übernehmen, sollte man sich sehr gut überlegen. Sie selbst haben davon keine Vorteile, können aber enorme Probleme bekommen, wenn die Bürgschaft fällig wird. Trotzdem gibt es immer wieder Situationen, wo gerade bei Verwandten Bürgschaften übernommen werden, um einem Menschen, dem man nahe steht, helfen zu können. Insbesondere bei Krediten bestehen Banken oft auf einer Bürgschaft, um sich abzusichern und für den Fall der Fälle jemanden zu haben, an dem sie sich schadlos halten können. Wenn Sie zum Beispiel als Selbstständiger zahlungsunfähig werden und Ihr Ehepartner eine Bürgschaft für einen Kredit unterschrieben hat, kann dieser nicht herangezogen werden, wenn er kein eigenes Einkommen oder Vermögen hat.

Nicht jede Bürgschaft, zu der Sie gedrängt werden, ist allerdings rechtlich einwandfrei. Übernehmen Sie etwa für einen Verwandten eine Bürgschaft für einen Kreditvertrag, so können Sie nicht herangezogen werden, wenn Sie selbst momentan nicht über eigenes Einkommen oder Vermögen verfügen. Also zum Beispiel auch, wenn Sie Student oder Rentner sind. Klar ist: Am besten überhaupt keine Bürgschaft übernehmen – aber wenn Sie das getan haben, müssen Sie nicht einstehen, wenn Ihnen objektiv die Möglichkeiten dazu fehlen.

Der rechtliche Hintergrund:

Ehegatten ohne eigenes Einkommen oder Vermögen können, wenn sie einen Kreditvertrag als Bürge unterschrieben haben, erst dann von der Bank haftbar gemacht werden, wenn sie über eigenes Einkommen oder Vermögen verfügen. Eine Klage der Bank ohne Rücksicht auf die wirtschaftliche Situation wäre gemäß einem Urteil des Bundesgerichtshofs ein Verstoß gegen Treu und Glauben.

Name
Adresse

An

....

Ort, Datum

Bürgschaft für meinen Ehegatten

Sehr geehrte Damen und Herren,

in Ihrem Schreiben vom .... *(Datum)* fordern Sie mich auf, die Bürgschaft in Höhe von .... Euro, die ich für meinen Ehegatten .... *(Name)* am .... *(Datum)* eingegangen war, zu begleichen. Hierzu möchte ich Ihnen mitteilen, dass ich dem nicht Folge leisten werde und mich hierfür auch nicht in der Pflicht sehe.

Am .... *(Datum)* habe ich für meinen Mann/meine Frau die Bürgschaft über ein Darlehen in Höhe von .... Euro übernommen, das diese(r) bei Ihrer Bank aufgenommen hatte. Gegenwärtig verfüge ich allerdings über kein eigenes Einkommen und auch nicht über Vermögen. Der Bundesgerichtshof hat in einem Urteil festgelegt (siehe die Entscheidung des Bundesgerichtshofs, IX ZR 69/96), dass in derartigen Fällen die Fälligkeit des Bürgschaftsanspruchs hinausgeschoben werden muss, bis der Bürge Vermögen erlangt hat. Da dies auf mich zutrifft, kann ich zur Einlösung dieser Bürgschaft nicht herangezogen werden.

Mit freundlichen Grüßen

Unterschrift

10 Wann eine Privatbürgschaft unwirksam ist

Das Szenario:

Wie gesagt: Eine Bürgschaft sollten Sie sich gut überlegen! Zumeist sieht man sich ja in der Pflicht, für einen Angehörigen eine Bürgschaft einzugehen, um diesem aus einer Zwangslage zu helfen. Aber selbst dann, wenn Sie als Bürge eintreten müssen, sind Sie nicht rechtlos. Sie haben ein Widerspruchsrecht von 14 Tagen, wenn Sie zu Hause eine private Bürgschaft unterschrieben haben. Und wenn Sie zum Beispiel für einen Kredit bürgen und eine Bank Sie nicht auf Ihr Widerspruchsrecht aufmerksam gemacht hat, kann die Bürgschaft unwirksam sein. Weigern Sie sich in einem solchen Fall, wie ihn auch der Brief beschreibt, schriftlich bei Ihrer Bank, der Bürgschaft nachzukommen.

Der rechtliche Hintergrund:

Wer zu Hause eine Bürgschaft für einen privaten Kredit unterschreibt, hat gemäß einem Urteil des Europäischen Gerichtshofs ein Widerspruchsrecht wie bei Haustürgeschäften. Diese Frist beträgt 14 Tage. Der Bürgschaftsvertrag ist auch unwirksam, wenn der Verbraucher über dieses Widerspruchsrecht nicht aufgeklärt wurde. Dies gilt aber nur für Privatkredite, nicht für Geschäftskredite!

Musterbrief 10

Name

Adresse

An

....

Ort, Datum

Privater Bürgschaftsvertrag: Unwirksamkeit wegen fehlender Information über Widerspruchsrecht

Sehr geehrte/r Herr/Frau ....,

am .... *(Datum)* bin ich für meinen Vater (Onkel usw.), ... *(Name),* zu Hause eine Bürgschaft für einen Privatkredit in Höhe von .... Euro bei Ihrer Filiale .... *(genaue Ortsbezeichnung)* eingegangen. In Ihrem Schreiben vom .... *(Datum)* verlangten Sie von mir die Begleichung dieser Bürgschaft, da der Kredit für Herrn .... *(Name)* von Ihnen am .... *(Datum)* gekündigt worden war.

Auf Grund neuester Rechtssprechung sehe ich mich allerdings nicht in der Pflicht, diese Bürgschaft erfüllen zu müssen. Laut einem Urteil des Europäischen Gerichtshofs (siehe die Entscheidung des Europäischen Gerichtshofs, C-45/96) besteht für eine Bürgschaft für einen privaten Kredit, die zu Hause unterschrieben wurde und nicht einer beruflichen oder gewerblichen Tätigkeit zuzurechnen ist, ein Widerrufsrecht wie bei einem Haustürgeschäft. Hier besteht eine Frist von 14 Tagen. Über dieses Widerrufsrecht bin ich aber weder schriftlich noch mündlich informiert worden. Gemäß diesem Urteil des Europäischen Gerichtshofs sind derartige Bürgschaftsverträge in einem solchen Fall unwirksam.

Da es sich in meinem Fall um eine private Bürgschaft handelt, die bei mir zu Hause unterzeichnet wurde, und ich über dieses Widerspruchsrecht in keiner Weise informiert worden bin, erachte ich den Bürgschaftsvertrag für nicht wirksam. Daher sehe ich mich nicht in der Pflicht, dieser Bürgschaft nachzukommen.

Mit freundlichen Grüßen

Unterschrift

Anlage: ggf. Kopie des Bürgschaftsvertrags

11 Wenn die Bürgschaft sittenwidrig ist

Das Szenario:

Bürgschaften sind immer ein besonders heißes Eisen. Dennoch kommt es immer wieder gerade bei den engsten Angehörigen vor, dass der eine für den anderen bürgt. Aber auch hier gilt, dass Sie nicht in jedem Fall zur Verantwortung gezogen werden, wenn es wirklich so weit kommen sollte. Eine wichtige Voraussetzung hierfür ist nämlich, dass der Bürge finanziell auch tatsächlich in der Lage sein muss, seinen Verpflichtungen nachzukommen. In diesem Beispiel wird ein Fall angesprochen, in dem ein Lebenspartner für den anderen Lebenspartner (Ehemann/Ehefrau oder Lebensgefährten) eine Bürgschaft übernommen hat, die ihn krass überfordern würde. In einem solchen Fall kann man sich zum Beispiel bei der kreditgebenden Bank von der Haftung befreien. Trotzdem: Vorsicht!

Der rechtliche Hintergrund:

Wer durch eine Bürgschaft für einen Kredit seines Lebenspartners finanziell krass überfordert ist, kann sich aus seiner Haftung befreien. Der Bundesgerichtshof hat in einem Urteil festgestellt, dass eine Bürgschaft dann sittenwidrig und damit nichtig ist, wenn sie aus emotionaler Verbundenheit mit dem Lebenspartner übernommen wurde und den Bürgen finanziell krass überfordert. Dies gilt für Ehepartner und eheähnliche Lebensgemeinschaften. Aber Vorsicht: Auch hier bezieht sich dies auf private Bürgschaften und nicht auf solche zwischen reinen Geschäftspartnern!

Musterbrief 11

Name
Adresse

An

....

Ort, Datum

Bürgschaft für meinen Ehegatten

Sehr geehrte Damen und Herren,

in Ihrem Schreiben vom .... *(Datum)* nehmen Sie mich aus der Bürgschaft in Höhe von
.... Euro, die ich für meinen Ehegatten .... *(Name)* am .... *(Datum)* eingegangen war, in Anspruch. Hierzu möchte ich Ihnen mitteilen, dass ich dem nicht Folge leisten werde und mich hierfür nicht in der Pflicht sehe.

Am .... *(Datum)* habe ich für meinen Mann/meine Frau die Bürgschaft für ein Darlehen in Höhe von .... Euro übernommen, das diese/r bei Ihrer Bank aufgenommen hatte. Diese Bürgschaft sollte als Sicherheit für den Bau eines Wohnhauses dienen.

Die Inanspruchnahme dieser Haftung überfordert meine finanziellen Möglichkeiten jedoch in hohem Maße. Ich habe diese Bürgschaft ohnehin nur meinem Partner zuliebe übernommen, ohne objektiv für den Fall der Haftung heranziehbar zu sein. Der Bundesgerichtshof hat in einem Urteil bekräftigt, dass eine Bürgschaft dann sittenwidrig und damit nichtig ist, wenn sie aus emotionaler Verbundenheit mit dem Lebensgefährten übernommen wird und den Bürgen finanziell krass überfordert (siehe die Entscheidung des Bundesgerichtshofs, IX ZR 198/98.)

Da diese beiden Faktoren auf meine Situation zutreffen, sehe ich mich nicht in der Pflicht, dieser Bürgschaft nachzukommen.

Mit freundlichen Grüßen

Unterschrift

Anlage: ggf. Kopie des Briefwechsels

12 Wenn die Bank eine Hypothekenkündigung verweigert

Das Szenario:

Gelegentlich verhalten sich Banken ihren Kunden gegenüber nicht so flexibel, wie sie könnten – vor allem dann, wenn sie befürchten, auf Gebühren verzichten zu müssen. Sie sollten jedoch auf jeden Fall versuchen, von Ihrer Bank so viel Entgegenkommen wie möglich zu erhalten. Schließlich gibt es ja genügend andere Banken, zu denen Sie gehen könnten! Dieser Brief beschreibt einen Fall, in dem ein Bankkunde eine Hypothek vorzeitig zurückzahlen wollte und Schwierigkeiten mit seiner Bank bekam. Sie sollten sich – wenn Sie dies vorhaben – unbedingt schriftlich bei Ihrer Bank melden, um diese vorzeitige Kündigung durchzusetzen, ohne dafür auch noch übertriebene Gebühren zahlen zu müssen (so genannte Vorfälligkeitsentschädigung). Ob die Bank ihre Forderung richtig berechnet hat, können Sie gegen Entgelt bei vielen Verbraucherzentralen berechnen lassen. Ein Urteil des Bundesgerichtshofs zwingt die Banken nämlich hier zu Entgegenkommen. Darauf sollten Sie sich berufen – und im Zweifelsfall auch darauf, dass Sie guter Kunde bei der Bank sind.

Der rechtliche Hintergrund:

Der Bundesgerichtshof hat entschieden, dass sich eine Bank nicht quer stellen darf, wenn ein Kunde eine Festzinshypothek vorzeitig kündigen will. Die Bank darf nur den Ausgleich der Nachteile beanspruchen, die ihr durch die vorzeitige Ablösung entstehen, aber nicht jeden Preis bis zur Grenze der Sittenwidrigkeit (siehe die Entscheidung des Bundesgerichtshofs, XI ZR 267/96).

Name

Adresse

An

....

Ort, Datum

Vorzeitige Rückzahlung einer Hypothek

Sehr geehrte Damen und Herren,

wie Ihnen bekannt ist, hatte ich am .... *(Datum)* in Ihrer Filiale .... *(genaue Ortsbe-zeichnung)* eine Hypothek in Höhe von .... Euro auf mein Grundstück in .... *(Be-zeichnung)* abgeschlossen. Die Hypothek war mit einer Laufzeit von … Jahren und einem festen Zinssatz von … Prozent abgeschlossen worden.

Aus persönlichen Gründen bin ich nun leider gezwungen, das entsprechende Anwesen mit dem beliehenen Grundstück zu verkaufen. Bei einem Gespräch mit Ihrer Filiale .... *(genaue Ortsbezeichnung)* wurde mir aber am .... *(Datum)* mitgeteilt, dass eine vorzeitige Rückzah-lung einer solchen Festzinshypothek überhaupt nicht möglich sei.

Gemäß aktueller Rechtssprechung des Bundesgerichtshofs ist dies jedoch in der Tat möglich. So hat dieser in einem Urteil bestätigt (siehe die Entscheidung des Bundesgerichtshofs, XI ZR 267/96), dass sich eine Bank nicht quer stellen darf, wenn ein Kunde eine Festzinshypothek vorzeitig kündigen will. Des Weiteren darf die Bank nur den Ausgleich der Nachteile beanspruchen, die ihr durch die vorzeitige Ablösung entstehen.

Daher möchte ich Sie nochmals darum bitten, den Vertrag über meine Festzinshypothek aufzulö-sen und mir die Rückzahlung des entsprechenden Darlehensbetrags unter Zugrundelegung ange-messener Gebühren zu ermöglichen. Im Übrigen wissen Sie, dass ich seit .... *(Angabe Jahr)* Kunde bei Ihrer Bank bin und mit dem Verlauf der Geschäftsbeziehung bisher immer zufrieden war.

Mit freundlichen Grüßen

Unterschrift

Anlage: Kreditunterlagen (ggf. Briefwechsel oder Gesprächsnotizen)

13 Wenn die Bank Ihre Kunden unzureichend berät

Das Szenario:

Geldangelegenheiten sind Vertrauenssache. Wenn Sie das Gefühl haben, Ihre Bank hat Sie bei bestimmten Geschäften schlecht beraten und Sie haben dadurch einen Verlust erlitten, können Sie unter Umständen Ihre Bank dafür haftbar machen. Der Beispielfall bezieht sich auf ein Urteil, nach dem eine Bank dazu verurteilt wurde, Verluste auszugleichen, die durch falsche Ratschläge entstanden waren. Der Kunde hatte sich auf die Empfehlung der Bank hin Wertpapiere gekauft, die kurz darauf stark im Kurs gefallen waren. Die Bank hatte den Kunden dabei nicht auf das besondere Risiko dieser Papiere hingewiesen. Sollte Ihnen Derartiges passieren, müssen Sie sich schriftlich an die Bank wenden. Möglicherweise kommt man Ihnen entgegen, ohne dass Sie mit rechtlichen Schritten drohen oder diese gar in die Wege leiten müssen. Weisen Sie freundlich, aber bestimmt auf die langen Geschäftsbeziehungen mit dieser Bank und das bisher vertrauensvolle Verhältnis hin. Je nach Reaktion sollten Sie dann mündlich nachfassen.

Der rechtliche Hintergrund:

Unter gewissen Umständen müssen Banken bei ungenügender Anlageberatung für die Verluste ihrer Kunden haften. Mehrere Gerichte verurteilten Banken bereits zur Zahlung von Schadenersatz, da diese ihre Beratungspflicht verletzt hätten (Landgericht Mannheim, 3 O 100/ 02, Oberlandesgericht Nürnberg, 12 U 2130/97 und 12 U 2131/9). Die Banken hätten die Kläger nicht sachgerecht auf die Risiken von empfohlenen Wertpapieren hingewiesen. Gegenüber Kapitalanlegern müssten Banken jedoch eine auf den Kenntnisstand des Kunden abgestimmte Beratung leisten. Dabei müsse dem Interessenten so viel Tatsachenwissen vermittelt werden, dass dieser eine fundierte Entscheidung treffen könne. Liegen ernst zu nehmende Risiken vor, müsse die Bank den Kunden darauf hinweisen.

Musterbrief 13

Name
Adresse

An

....

Ort, Datum

Haftung bei unzureichender Beratung

Sehr geehrte/r Herr/Frau ....,

wie Sie wissen, bin ich seit .... *(Datum)* Kunde bei Ihrer Bank. Bislang habe ich stets Ihrem fachlichen Rat vertraut, insbesondere bei Anlageentscheidungen verschiedener Art. Vor kurzem

bin ich jedoch auf Grund Ihrer ausdrücklichen Empfehlung ein Geschäft eingegangen, bei dem ich erhebliche Verluste erlitten habe. Auf Grund aktueller Rechtssprechung gehe ich davon aus, dass Sie für diesen Verlust haften.

In einem Gespräch am .... *(Datum)* in Ihrer Filiale .... *(genaue Ortsbezeichnung)* hatten Sie mir Empfehlungen für attraktive Anlagemöglichkeiten gegeben. Dabei hatten Sie mir dringend geraten, Aktien der Firma .... *(Name)* zu kaufen, da diese ein hohes Kurspotenzial hätten. Daraufhin habe ich .... Aktien der Firma in der Gesamthöhe von .... Euro über Ihre Bank geordert.

In den darauf folgenden Wochen hat diese Aktie jedoch dramatisch an Wert verloren. Da ich nach … Monaten den Verlust realisieren musste, habe ich insgesamt einen Schaden von .... Euro erlitten. Meiner Meinung nach war dies insofern vermeidbar, als offenbar – wie ich erst später erfahren habe – seit längerem Informationen über verschlechterte Zukunftsaussichten und Gewinnerwartungen der Firma .... *(Name)* kursierten, von denen Sie als Fachleute wissen mussten.

In einem Urteil des Oberlandesgerichts Nürnberg wurde festgelegt (siehe: Oberlandesgericht Nürnberg, 12 U 2130/97 und 12 U 2131/97), dass Banken gegenüber Kapitalanlegern zu einer auf den Kenntnisstand des Kunden abgestimmten Beratung verpflichtet sind. Das Geldinstitut muss den Interessenten so viel Tatsachenwissen vermitteln, dass dieser eine fundierte Entscheidung treffen kann. Auf die vorhandenen Risiken muss die Bank den Anleger hinweisen. Ist dies nicht der Fall, ist die Bank zum Schadenersatz verpflichtet.

Bei meinem Anlagegespräch wurden mir in keiner Weise die großen Risiken des Kaufs dieser Aktie vermittelt. Insbesondere Informationen über einen möglichen Ertragseinbruch oder andere interne Krisen der Firma wurden mir nicht weitergegeben. Insofern gehe ich davon aus, dass Ihre Beratung in diesem Fall angesichts des Kenntnisstandes der Fachwelt unzureichend war, und fordere Sie daher auf, mir den erstandenen Schaden in Höhe von .... Euro bis zum ....
(Datum) zu erstatten.

Mit freundlichen Grüßen

Unterschrift

Anlage: Kopien der Konto- und Depotauszüge

14 Wenn die Bank Ihre Adressdaten weitergibt

Das Szenario:

Ärgern Sie sich darüber, dass Sie mit zu viel Werbung bombardiert werden? Noch ärgerlicher kann es sein, wenn seriöse Institutionen wie Ihre Bank ungefragt Ihre Adresse oder Telefonnummer weitergeben und Sie mit Angeboten belästigt werden, die Ihnen alles andere als recht sind. Das müssen Sie aber auf keinen Fall hinnehmen. Der Brief beschreibt an einem Fallbeispiel, wie Sie das verhindern können, selbst wenn in den allgemeinen Geschäftsbedingungen der Bank solche Klauseln stehen und von Ihnen eine Zustimmung dafür verlangt wird. Sie sollten sich insbesondere dann schriftlich gegen eine solche Weitergabe wenden, wenn Sie verhindern wollen, mit sachfremder und ausufernder Werbung konfrontiert zu werden.

Der rechtliche Hintergrund:

Gemäß einem Urteil des Oberlandesgerichts Frankfurt dürfen Banken von ihren Kunden nicht die Freigabe persönlicher Daten verlangen (Aktenzeichen 1 U 271/96). Auch ein Einverständnis für Telefonwerbung kann nicht gefordert werden. Enthalten die allgemeinen Geschäftsbedingungen einer Bank derartige Klauseln, so sind sie unzulässig.

Name

Adresse

An

....

Ort, Datum

Datenklauseln in den allgemeinen Geschäftsbedingungen

Sehr geehrte Damen und Herren,

vor kurzem war ich in Ihrer Filiale .... *(genaue Ortsbezeichnung)*, um ein Girokonto (Fest-geldkonto usw.) auf meinen Namen bei Ihrer Bank zu eröffnen. Nach Lektüre der allgemeinen Ge-schäftsbedingungen, die Sie mir mitgegeben hatten, möchte ich Sie darauf hinweisen, dass ich vor Unterzeichnung des Kontoführungsvertrages auf der Änderung der dortigen Bestimmungen über die Weitergabe persönlicher Daten bestehe.

Die Klausel .... *(Bezeichnung)* des Vertrages sieht vor, dass die persönlichen Daten des Bank-kunden an Dritte für Werbemaßnahmen weitergegeben werden können. Damit ist zu erwarten, dass Sie meine Adresse, Telefonnummern oder e-Mail-Adresse an professionelle Werbefirmen weitergeben, von denen ich unaufgefordert Werbung in schriftlicher oder telefonischer Form erhalten könnte. Dies möchte ich jedoch in jedem Fall vermeiden.

In einem jüngeren Urteil hat das Oberlandesgericht Frankfurt festgelegt, dass derartige Klauseln in den allgemeinen Geschäftsbedingungen einer Bank unzulässig sind (siehe die Entscheidung des Oberlandesgerichts Frankfurt, 1 U 271/96). Die Freigabe persönlicher Daten sowie ein Einver-ständnis für Telefonwerbung darf von den Kunden nicht verlangt werden.

Ich bitte daher um die Erstellung eines geänderten Kontoführungsvertrages, der diese Klauseln nicht mehr enthält, beziehungsweise um schriftliche Benachrichtigung, dass er geändert wurde.

Mit freundlichen Grüßen

Unterschrift

15 Wenn die Versicherung nicht zahlen will – Beispiel Hausrat

Das Szenario:

Sie sind kurz einkaufen gegangen. In dieser Zeit sind Diebe in Ihre Wohnung eingestiegen. Als Sie zurückkommen, müssen Sie feststellen, dass die Diebe einen Fernseher, einen Computer und Schmuck mitgehen haben lassen. Da Sie eine Hausratversicherung abgeschlossen haben, wähnen Sie sich auf der sicheren Seite. Doch die Versicherung will nicht zahlen: Sie wirft Ihnen grobe Fahrlässigkeit vor, da Sie ein Fenster gekippt hatten.

Der rechtliche Hintergrund:

Gesetzt den Fall, es handelt sich im vorliegenden Beispiel um grobe Fahrlässigkeit, so galt bisher: Bei „grober Fahrlässigkeit" des Versicherungsnehmers ist die Versicherung von jeder Leistung frei. Doch die Rechtssprechung sah zunehmend ein Problem in dem „Alles-oder Nichts-Prinzip" und urteilte immer häufiger zugunsten der Versicherungsnehmer. Auch die Kommission zur Reform des Versicherungsvertragsgesetzes (VVG) ist für eine Abkehr der starren „Alles-oder-Nichts-Regelung", sodass im neuen Gesetz mit einer kundenfreundlicheren Regelung zu rechnen ist.

Im Übrigen erlischt der Versicherungsschutz, wenn die Wohnung länger als 60 Tage unbewohnt ist. Dann sollten Sie eine Vertrauensperson in Ihrer Wohnung einquartieren. Wenn das nicht möglich ist, versuchen Sie, mit der Versicherung gegen Beitragszuschlag eine besondere Vereinbarung zu treffen. Auf jeden Fall müssen Sie der Versicherung eine derartig lange Abwesenheit melden!

Es gibt drei wesentliche Fristen, die Sie bei berechtigten Forderungen nicht leichtfertig verstreichen lassen sollten. Die Erste und Kürzeste ist die Frist, innerhalb derer Sie sich beim Ombudsmann der Versicherer beschweren können. Sie beträgt acht Wochen, sofern das Versicherungsunternehmen den Kunden auf diese Frist hingewiesen hat und diese Frist nicht schuldhaft versäumt ist. Die zweite Frist ist die so genannte Klageausschlussfrist. Das bedeutet, dass Sie Ihren Anspruch gegen die Versicherung noch ein halbes Jahr, nachdem die Versicherung die Regulierung des Schadens abgelehnt hat, vor Gericht einklagen können. Die Frist beginnt erst dann, wenn Sie von der Versicherung eine unmissverständliche Ablehnung erhalten haben und auch über die Folgen eines Versäumens der Klageausschlussfrist belehrt wurden. Die dritte wichtige Frist ist die Verjährungsfrist. Nach nur zwei Jahren (jeweils am Jahresende) sind Ihre Ansprüche bereits verjährt, nur bei Lebensversicherungen dauert es fünf Jahre.

Die Klageausschlussfrist und die Verjährungsfrist sind für die Dauer des Ombudsmann-Verfahrens unterbrochen. Für die Einleitung des Ombudsmann-Verfahrens bei Versicherungen ist in jedem Fall Voraussetzung, dass Sie zuvor bei Ihrem Versicherungsunternehmen Ihren Anspruch erfolglos geltend gemacht haben.

Musterbrief 15

Name

Adresse

An

....

Ort, Datum

Diebstahlschaden/Ihr Schreiben vom .... *(Datum)*

Versicherungsscheinnummer: ....

Versicherte/r: ....

Sehr geehrte/r Herr/Frau ....,

mit der Ablehnung der Regulierung meines Diebstahlschadens vom .... *(Datum)* bin ich nicht einverstanden. Ich bin nicht der Meinung, dass ich grob fahrlässig gehandelt habe. Zwar war das Fenster gekippt, doch liegt das Fenster zur einsehbaren Vorderseite. Außerdem betrug meine Abwesenheit nur rund 90 Minuten. Und selbst wenn es sich um grobe Fahrlässigkeit gehandelt haben sollte, bin ich der Auffassung, dass mir zumindest ein Teil des Schadens ersetzt werden muss.

Ich zitiere im Folgenden aus dem Abschlussbericht der VVG-Kommission vom 19.04.2004: „Vor allem befriedigt aber die bisherige Regelung deswegen nicht, weil bei nur geringem Unterschied des Verschuldens – die Grenze zwischen einfacher und grober Fahrlässigkeit ist gerade überschritten – gegensätzliche Rechtsfolgen eintreten – in dem einen Fall voller Versicherungsschutz und in dem anderen, fast identischen Fall völlige Leistungsfreiheit. Dies wäre allenfalls weiterhin vertretbar, wenn das Verschulden des Versicherungsnehmers wie ein Datum oder ein Betrag rechnerisch feststellbar wäre; in Wirklichkeit kann Verschulden aber nur auf Grund einer Bewertung festgestellt werden, die nie frei von subjektiven Einschätzungen desjenigen ist, der sie vornimmt." (Zitat Ende)

Die Kommission tritt darum für eine angemessene Quote der Regulierung ein, statt dem bisher praktizierten Alles-oder-Nichts-Prinzip.

Sollten Sie meine Bitte ablehnen, werde ich den Ombudsmann der Versicherungen, bei dem Ihr Unternehmen Mitglied ist, um Unterstützung bitten und gegebenenfalls später meine Ansprüche gerichtlich weiterverfolgen.

Mit freundlichen Grüßen

Unterschrift

16 Versicherungen richtig kündigen

Das Szenario:

Wenn Sie eine Versicherung abschließen, dann geschieht dies zumeist auf einen längeren Zeitraum. Aber natürlich sind auch Versicherungen Verträge, die prinzipiell gekündigt werden können. Überhaupt sollten Sie sich von Zeit zu Zeit überlegen, welche Versicherungen Sie wirklich benötigen. Ernsthafte Studien belegen immer wieder, dass die Deutschen im Durchschnitt eher überversichert sind. Wenn Sie also eine bestimmte Versicherung nicht mehr benötigen, weil sich zum Beispiel Ihre Lebenssituation verändert hat, sollten Sie überlegen, ob Sie die Versicherung nicht kündigen sollten. Wenn Sie zum Beispiel in eine kleinere Wohnung ziehen, brauchen Sie vielleicht nicht mehr so eine aufwändige Hausratversicherung. Oder wenn Sie ein älteres Auto fahren, muss es vielleicht nicht unbedingt die teurere Vollkaskoversicherung sein – Beispiele gibt es viele, und so wie sich die Lebensumstände ändern, ändert sich auch der Versicherungsbedarf.

Der rechtliche Hintergrund:

Generell sollten Sie in Ihrem konkreten Versicherungsvertrag nachlesen, was dort über die Kündigungsmöglichkeiten enthalten ist. Grundsätzlich verlängern sich Versicherungsverträge, die für die Dauer von mindestens einem oder mehrere Jahre abgeschlossen werden, automatisch um ein weiteres Jahr, wenn diese nicht fristgerecht durch eine ordentliche Kündigung beendet werden. Die meisten Versicherungen lassen sich heute jährlich kündigen, und zwar drei Monate vor Ablauf (ordentliche Kündigung). Langfristige Verträge mit einer Laufzeit von mehr als fünf Jahren, die nach dem 24.06.1994 abgeschlossen wurden, können erstmals nach fünf Jahren gekündigt werden, und im Anschluss daran jährlich.

Außerordentliche Kündigungen sind möglich für Verträge ab 24.06.1994 nach Prämienerhöhungen, wenn sich die Leistung nicht erhöht hat. Auch nach jedem Schadensfall – egal, ob reguliert oder nicht – kann gekündigt werden. Die Kündigung muss vier Wochen nach der Erhöhungsmitteilung beziehungsweise Regulierung/Ablehnung des Schadenfalles ausgesprochen werden – am besten per Einschreiben! Entscheidend ist das Eingangsdatum, nicht das Absendedatum!

Auch wenn die versicherte Sache verkauft wurde, ist eine Kündigung möglich (zum Beispiel Auto-, Hausrat-, Wohngebäudeversicherung). Kfz-Versicherungen lassen sich ebenfalls jedes Jahr kündigen, hier gilt sogar nur ein Monat Kündigungsfrist. Unfallversicherungen können bei Entschädigungsanspruch gekündigt werden. Bei Personenversicherungen ist allgemein eine außerordentliche Kündigung bei Tod der versicherten Person möglich. Beim Todesfall eines versicherten Tieres genügt die Mitteilung an die Versicherung, damit ist der Vertrag erloschen.

1: Ordentliche Kündigung zum Ablaufdatum

Name
Adresse

An

....

Ort, Datum

Kündigung meiner ....**versicherung Nr.** .... **zum** .... *(Ablaufdatum)*

Sehr geehrte/r Herr/Frau ....,

hiermit kündige ich meine ....versicherung, die ich mit der Policenummer
.... mit Wirkung vom .... *(Datum)* bei Ihnen abgeschlossen hatte, zum ....
(Ablaufdatum). Ich gehe davon aus, dass Sie meine Kündigung zum gewünschten Datum umsetzen werden.

Mit freundlichen Grüßen

Unterschrift

2: Außerordentliche Kündigung nach Prämienerhöhung

Name
Adresse

An

....

Ort, Datum

Außerordentliche Kündigung meiner ....**versicherung Nr.** ....

Sehr geehrte/r Herr/Frau ....,

hiermit kündige ich meine ....versicherung, die ich mit der Policenummer
.... mit Wirkung vom .... *(Datum)* bei Ihnen abgeschlossen hatte, mit sofortiger
Wirkung beziehungsweise zum Wirksamwerden der Prämienerhöhung. Ich gehe davon aus, dass
Sie meine Kündigung zum gewünschten Datum umsetzen werden.

Mit freundlichen Grüßen

Unterschrift

3: Außerordentliche Kündigung nach Schadenfall

Name
Adresse

An

....

Ort, Datum

Außerordentliche Kündigung meiner ....**versicherung Nr.** ....

Sehr geehrte/r Herr/Frau ....,

nach Regulierung des Schadens kündige ich hiermit meine ....versicherung, die ich mit der Policenummer .... mit Wirkung vom .... *(Datum)* bei Ihnen abgeschlossen hatte, zum Ende des Versicherungsjahres. Ich gehe davon aus, dass Sie meine Kündigung zum gewünschten Datum umsetzen werden.

Mit freundlichen Grüßen

Unterschrift

17 Private Krankenversicherung zu teuer – wechseln Sie den Tarif!

Das Szenario:

Sie sind seit Jahren privat krankenversichert. Als Sie damals von der gesetzlichen in die private Krankenversicherung wechselten, schien sich das zu lohnen. Weniger Beitrag, mehr Leistung. Doch mittlerweile sind die Beiträge drastisch gestiegen. Gerade jetzt wurde wieder der Beitrag erhöht. Zurück in die gesetzliche Versicherung geht nicht, dafür verdienen Sie zu viel – nämlich über der so genannten Beitragsbemessungsgrenze. (Oder Sie sind schon über 55 Jahre – dann gibt es ohnehin kein Zurück mehr.) Doch ein Wechsel zu einer anderen privaten Krankenversicherung wird ebenfalls teuer, weil Sie die so genannten Altersrückstellungen, die Ihre jetzige Versicherung aus Ihren Beiträgen angesammelt hat, nicht zur Konkurrenz mitnehmen dürfen. Ergebnis: Dort müssten Sie mit einem noch höheren Beitrag beginnen. Was also tun?

Der rechtliche Hintergrund:

Das Recht des privat Krankenversicherten auf einen Tarifwechsel ist in § 178 f Versicherungsvertragsgesetz (VVG) geregelt. In Absatz 1 heißt es:

„Bei bestehendem Versicherungsverhältnis kann der Versicherungsnehmer vom Versicherer verlangen, dass dieser Anträge auf Wechsel in andere Tarife mit gleichartigem Versicherungsschutz unter Anrechnung der aus dem Vertrag erworbenen Rechte und der Alterungsrückstellung annimmt. Soweit die Leistungen in dem Tarif, in den der Versicherungsnehmer wechseln will, höher oder umfassender sind als in dem bisherigen Tarif, kann der Versicherer für die Mehrleistung einen Leistungsausschluss oder einen angemessenen Risikozuschlag und insoweit auch eine Wartezeit verlangen. Der Versicherungsnehmer kann die Vereinbarung eines Risikozuschlages und einer Wartezeit dadurch anwenden, dass er hinsichtlich der Mehrleistung einen Leistungsausschluss vereinbart.“

Auf gut Deutsch heißt das: Sie haben das Recht, einen günstigeren Tarif mit gleicher Leistung zu wählen, sofern er angeboten wird. Sie dürfen wegen Ihrer Altersrückstellungen nicht wie ein Neueinsteiger behandelt werden. Hat der neue Tarif jedoch bessere Leistungen oder weniger oder keinen Selbstbehalt, dann müssten Sie sich einer angeforderten Gesundheitsprüfung unterziehen. Ergebnis können ein höherer Beitrag und/oder Versicherungsausschlüsse sein. Das alles entfällt beim Wechsel in gleichwertige oder reduzierte Tarife – zum Beispiel mit höherem Selbstbehalt als vorher.

Name
Adresse

An

....

Ort, Datum

Vorschläge zur Beitragssenkung

Versicherungsschein-Nr.: ....
Versicherungsnehmer/in: ....

Sehr geehrte Damen und Herren,

der Beitrag zum genannten Versicherungsvertrag ist zum .... *(Datum)* wieder gestiegen. Dieser Beitrag ist mir zu teuer. Machen Sie mir daher bitte gemäß § 178f Versicherungsvertragsgesetz (VVG) geeignete Angebote, um meinen monatlichen Beitrag zu senken.

Wenn es Tarife geben sollte, die gleiche Leistungen wie mein Tarif beinhalten, jedoch zu einem günstigeren Beitrag, machen Sie mir bitte ein Angebot auf Umstellung in einen dieser Tarife. Das gilt natürlich auch, wenn ich in einem Tarif versichert bin, der aktuell nicht mehr von Ihnen angeboten wird. Machen Sie mir bitte außerdem ein Angebot für den von Ihnen angebotenen Standardtarif.

Sollte ich noch keinen Selbstbehalt vereinbart haben, so machen Sie mir zu meinen jetzigen tariflichen Leistungen bitte ein entsprechendes Angebot mit einem Selbstbehalt von 600 Euro im Jahr. Sollte ich bereits einen Selbstbehalt vereinbart haben, machen Sie mir bitte ein Angebot mit einem Selbstbehalt von 1.000 Euro im Jahr.

Vielen Dank im Voraus für Ihre Bemühungen!

Mit freundlichen Grüßen

Unterschrift

Teure Gesundheit

1 Falsches Medikament per Internet-Versand

Das Szenario:

Im Urlaub haben Sie zufällig eine Akne-Creme getestet, die Sie gut vertragen haben. Doch dieses Produkt ist auf dem deutschen Markt noch nicht erhältlich. Aber in den Zeiten des Electronic Commerce im World Wide Web kann man ja fast alles von überall her bestellen. So auch in diesem Fall. Bei einem Internet-Anbieter von Medikamenten werden Sie schnell fündig und ordern die Creme. Als die Bestellung bei Ihnen defekt ankommt und Sie zudem nur eine für Sie unverständliche Packungsbeilage finden, retournieren Sie das Ganze und legen einen entsprechenden Brief bei, natürlich ohne die Rechnung zu begleichen.

Der rechtliche Hintergrund:

Electronic Commerce ist der Handel über das Internet. Ganz gleich, was Sie auf diesem Wege bestellen, achten Sie darauf, dass der Anbieter unbedingt diese Qualitätskriterien erfüllt: Auf seiner Startseite muss er zum Beispiel mit vollständigem Namen, Anschrift, Rechtsform, Handelsregisternummer usw. identifizierbar sein. Sie müssen eine vollständige Preisinformation finden. Das heißt: Wie hoch ist der Endpreis (inklusive Umsatzsteuer, Zölle usw.), welche Zusatzkosten wie Verpackung, Porto usw. sind zu erwarten, wie hoch ist der Gesamtpreis, wenn Sie mehrere Waren bestellen? Achten Sie darauf, ob Sie auf Ihr Recht auf Widerruf und Rückgabe hingewiesen werden und ob Sie nähere Informationen zu Liefertermin und Bezahlung erhalten. Spätestens 24 Stunden nach Ihrer Bestellung sollte Ihnen außerdem eine Auftragsbestätigung vorliegen. Einen sehr guten Überblick über die Qualitätskriterien für den Wareneinkauf im E-Commerce bietet die Verbraucherzentrale NRW unter www.vz-nrw.de , „Markt&Recht".

In diesem Beispielfall geht es um die Medikamentenbestellung im Internet, die besonders hinsichtlich gesundheitlicher Gefährdungen ein heikles Thema ist. Denn solange noch keine endgültigen und internationalen Sicherheitsstandards gefunden sind, sind Sie als Verbraucher auf sich alleine gestellt. Bestellen Sie bei einem Versender mit Sitz in Deutschland, schützt Sie das Fernabsatzgesetz und die Verordnungpflicht für bestimmte Medikamente ganz gut vor materiellen und gesundheitlichen Schäden. Bestellen Sie im Ausland, können Sie Mängelreklamationen oder Haftungsansprüche nur sehr aufwändig geltend machen – wenn überhaupt! Dies gilt grundsätzlich auch für Anbieter, die ihre Preise oder Adresse nicht vollständig nennen. Hier sollten Sie auf Ihre Bestellung verzichten, denn falls es problematisch wird, haben Sie kaum eine Chance, Ihre Rechte durchzusetzen. Handelt es sich um einen seriösen Online-Anbieter von Medikamenten, gewährt er Ihnen zudem ein Widerrufs- beziehungsweise Rückgaberecht innerhalb von 14 Tagen.

Musterbrief 1

Name
Adresse

An

....

Ort, Datum

Retoure wegen Produktmängeln

Sehr geehrte Damen und Herren,

am .... *(Datum)* habe ich in Ihrer Online-Apotheke eine Akne-Creme bestellt, die in Deutschland zurzeit noch nicht erhältlich ist. Jetzt kam Ihre Lieferung leider in einem derartigen Zustand an, dass ich auf die Abnahme verzichten und Ihnen die bestellte Creme wieder zurückschicken muss: Die Packung war beschädigt, und außerdem war die Packungsbeilage nicht einmal in Englisch abgefasst, sondern in Spanisch. Damit ist es mir nicht möglich, mich über eventuelle Gegenanzeigen oder Nebenwirkungen zu informieren. Ihnen ist sicherlich bekannt, dass Sie sich durch das Versenden beschädigter Präparatpackungen strafbar machen!

Ich wundere mich sehr über dieses unseriöse Geschäftsgebaren und frage mich, was Sie sich davon versprechen. Ich sende hiermit die Akne-Creme zurück und wünsche auch keinen Ersatz dafür.

Mit freundlichen Grüßen

Unterschrift

Anlage: bestelltes Produkt

2 Kassen müssen häusliche Krankenpflege zahlen

Das Szenario:

Wenn Sie oder einer Ihrer Angehörigen auf häusliche Krankenpflege angewiesen sind, dann stehen Sie momentan ohnehin nicht auf der Sonnenseite des Lebens. Wenn Sie sich dann auch noch mit Ihrer Krankenkasse wegen der Kosten streiten müssen, macht das die Situation nicht schöner. Da die Kassen heute unter großem Kostendruck stehen, versuchen sie oft, bei derartigen Ausgaben einzusparen. Dies dürfen die Kassen aber nicht so ohne weiteres, wenn Leistungen der häuslichen Krankenpflege vom Arzt verordnet wurden und, wie in diesem Beispielfall, Angehörige die verordnete Pflege nicht übernehmen können. Also schreiben Sie am besten sofort einen Brief an Ihre Krankenkasse, wenn Ihnen eine Übernahme derartiger Kosten abgelehnt wird. Dieser Brief muss nicht ganz so freundlich sein, denn die Krankenkassen wissen heute, dass ihre Klienten die Kasse auch wechseln können.

Der rechtliche Hintergrund:

Das Bundessozialgericht hat in einem Urteil festgelegt (siehe die Entscheidung des Bundessozialgerichts, B 3 KR 14/99 R), dass die gesetzlichen Krankenkassen grundsätzlich die Leistungen der häuslichen Krankenpflege bezahlen müssen, wenn diese vom Arzt verordnet wurden. Diese Kosten für die Behandlungspflege, also Kosten für die Verhinderung oder Therapie einer Krankheit, müssen von den Kassen übernommen werden. Eine Ausnahme sei nur gegeben, wenn Angehörige die verordnete Pflege übernehmen könnten.

Name
Adresse

An

....

Ort, Datum

Leistungen für Behandlungspflege/Ihr ablehnender Bescheid vom .... *(Datum)*

Sehr geehrte/r Herr/Frau ....,

in Ihrem Bescheid Nr. .... vom .... *(Datum)* teilten Sie mir mit, dass Sie die Kosten für die häusliche Krankenpflege für meine Mutter .... *(Name)* nicht übernehmen können. Gegen diesen Bescheid lege ich hiermit Widerspruch ein.

Laut ärztlichem Gutachten von .... *(Name des Arztes)* vom .... *(Datum)* muss meine Mutter regelmäßig Medikamente einnehmen. Es konnte nicht sichergestellt werden, dass meine Mutter diese in ihrem Zustand selbstständig einnehmen kann. Da aber der Heilungserfolg sowie die vorbeugende Wirkung nur bei vollständiger und regelmäßiger Einnahme dieser Medikamente erwartet werden können, wurde mit der Verabreichung ein ambulanter Krankenpflegedienst beauftragt.

Ihre Weigerung zur Übernahme dieser Kosten ist mir unverständlich. Das Bundessozialgericht hat in einem Grundsatzurteil festgelegt, dass die gesetzlichen Krankenkassen grundsätzlich Leistungen der häuslichen Krankenpflege erstatten müssen, wenn diese vom Arzt angeordnet wurden. Dies bezieht sich auch auf die Kosten der Behandlungspflege, wie sie im Fall meiner Mutter vorliegen. Eine Ausnahme sieht das Gericht nur dann vor, wenn Angehörige die verordnete Pflege übernehmen könnten. Dies trifft in meinem Fall aber nicht zu, da mein Wohnsitz von dem meiner Mutter weit entfernt liegt *(hier ggf. andere Gründe zusätzlich anfügen, wie eigene Krankheit usw.)*.

Ich möchte Sie daher bitten, diesen Bescheid rasch zu korrigieren und die verordneten Kosten zu übernehmen.

Mit freundlichen Grüßen

Unterschrift

Anlage: ggf. neues Attest des Arztes

3 Wann Kassen alternative Heilmethoden zahlen müssen

Das Szenario:

Die Kosten des Gesundheitswesens steigen – und daher wollen auch Krankenkassen und Versicherungen immer stärker einsparen. Da sie die Beiträge nicht unbegrenzt erhöhen können, müssen Sie versuchen, auch die Leistungen für die Versicherten im Griff zu behalten. Das bedeutet oft, dass Sie als Patient und Versicherter damit rechnen müssen, bestimmte Leistungen des Arztes oder Krankenhauses nicht mehr oder nicht mehr ganz erstattet zu bekommen. Dies trifft oft dann zu, wenn sich die Versicherung auf den Standpunkt stellt, die vom Arzt durchgeführte Behandlung sei nicht wirklich nötig gewesen. Häufig wird vor allem bei so genannten alternativen Behandlungen argumentiert, die medizinische Methode sei in der Fachwelt nicht durchweg anerkannt und ihre Wirksamkeit zweifelhaft.

Dies müssen Sie nicht in jedem Fall hinnehmen. In der höchstrichterlichen Rechtssprechung des Bundessozialgerichts gibt es zahlreiche Urteile, die dem Patienten und dem Arzt dabei viel Spielraum einräumen. So genüge als Kriterium, dass eine neue Methode „hinreichend verbreitet" sei, damit die Versicherung sie erstatten muss. Die Urteile beziehen sich zwar auf schwer oder unheilbar erkrankte Patienten, aber auch diese Einteilung ist wohl Interpretationssache.

Wenn Sie also ernsthaft krank sind und Probleme mit der Kostenerstattung haben, sollten Sie nicht zögern, die Versicherung schriftlich auf diese Situation hinzuweisen. Am besten erkundigen Sie sich vorher bei Ihrer Versicherung, aber auch nach der Behandlung können Sie gegen die Nicht-Übernahme einer Kostenerstattung Einspruch einlegen. Die Versicherung hat bei ihren Entscheidungen immer etwas Spielraum, und wenn sie Sie als Kunden behalten will, reagiert Sie vielleicht in Ihrem Sinne, wenn Sie ihr einen freundlichen Brief schreiben.

Der rechtliche Hintergrund:

In mehreren Urteilen hat das Bundessozialgericht unterstrichen, dass Krankenkassen insbesondere bei unheilbar kranken Patienten verstärkt für Leistungen für so genannte alternative Behandlungen aufkommen müssen (siehe die Entscheidungen des Bundessozialgerichts, 1 RK 14, 17, 28, 30 und 32/95). Darin verzichtete das Bundessozialgericht auf den Grundsatz, dass die Wirksamkeit einer Methode für einen Kostenersatz zuerst in aufwändigen statistischen Reihenuntersuchungen nachgewiesen sein muss. Es genüge, wenn die neue Methode von einer nennenswerten Zahl von Ärzten bereits angewendet werde, wenn sie damit also „hinreichend verbreitet" sei.

Name
Adresse

An

....

Ort, Datum

Kostenübernahme für meine Behandlung (Versicherungsnr. ....)/Widerspruch

Sehr geehrte/r Herr/Frau ....,

seit einiger Zeit bin ich in Behandlung bei .... *(Name des Arztes/Krankenhauses)* wegen großer gesundheitlicher Beschwerden. Nach Aussage meines behandelnden Arztes leide ich unter .... *(Beschreibung der Krankheit)*. Auf Grund der Schwere meiner Erkrankung und der mangelnden Erfolgsaussichten herkömmlicher Behandlungsmethoden riet mir mein Arzt dringend zu einer neuen alternativen Therapie. *(Hier kurze Angaben zu dieser Methode).*
....
....

Als ich mich am .... *(Datum)* bei Ihnen nach der Kostenerstattung für diese Behandlung erkundigte, wurde mir mitgeteilt, die Kosten könnten nicht übernommen werden, weil es sich nicht um eine anerkannte Behandlungsmethode handle. Gegen diese Entscheidung möchte ich Widerspruch einlegen.

Es liegen mehrere Entscheidungen des Bundessozialgerichts vor, die die Krankenkassen bei schweren Erkrankungen zu einer Übernahme dieser Kosten auffordern, wenn eine neue Behandlungsmethode „hinreichend verbreitet" sei. Dies ist bei der für mich vorgesehenen Therapie der Fall. Ich möchte Sie daher bitten, mir rasch die Kostenübernahme für diese Behandlung zuzusichern, damit meine schwere und belastende Krankheit so schnell, so umfassend und so effektiv wie möglich behandelt werden kann.

Mit freundlichen Grüßen

Unterschrift

Anlage: Bestätigung des Arztes oder mehrerer Ärzte über Ihre Erkrankung und über die vorgeschlagene Therapie

4 Wenn Kassen Behandlungs- kosten im Ausland verweigern

Das Szenario:

Die Grenzen werden immer offener, die Einigung Europas schreitet immer weiter voran. Nicht nur das Reisen in verschiedene Länder gehört längst zum Alltag, sondern auch der Einkauf im Ausland. Warum sollte man sich daher also nicht auch im Ausland medizinische Hilfsmittel oder Behandlungen kaufen? Liegt das nicht nahe, vor allem, wenn man ohnehin dort Urlaub macht und die Leistungen womöglich sogar noch billiger sind? Nicht jeder will sich ausschließlich in Deutschland behandeln lassen.

Leider sehen das nicht alle Versicherungen und Krankenkassen in Deutschland genauso und verweigern daher oft ihren Kunden die Erstattung dieser Leistungen. Wenn Ihnen das auch passiert oder Sie eine ärztliche Behandlung für Ihre nächste Auslandsreise planen, müssen Sie die Verweigerung der Kostenübernahme aber nicht in jedem Fall so ohne weiteres akzeptieren. Immerhin liegen schon Urteile des Europäischen Gerichtshofes vor, die die Versicherungen und Krankenkassen zur Übernahme der Kosten solcher Hilfsmittel oder Behandlungen verpflichten, wenn diese in einem anderen EU-Staat getätigt worden sind. Schreiben Sie also vor Antritt Ihrer Reise oder notfalls auch nachträglich einen Brief an Ihren Versicherer, in dem Sie freundlich darauf hinweisen. Damit haben Sie gute Chancen, dass Ihre Versicherung die Kosten entsprechend übernimmt, wenn es sich um eine medizinisch sinnvolle Leistung handelt.

Der rechtliche Hintergrund:

Der Europäische Gerichtshof hat in verschiedenen Urteilen unterstrichen (siehe die Entscheidungen des Europäischen Gerichtshofs, C-120/95 und C-158/96, zuletzt Urteil vom 13.05.03 – Rechtssache C-385/99), dass Krankenkassen in der Europäischen Union ihren Versicherten medizinische Behandlungen und Erzeugnisse erstatten müssen, die diese in einem anderen EU-Staat gekauft oder in Anspruch genommen haben. Grundsätzlich dürfen Krankenkassen und Versicherungen ihre Versicherten nicht davon abhalten, sich an einen Arzt in einem anderen Mitgliedstaat der EU zu wenden. Eine grundsätzliche Weigerung der Kostenübernahme würde den freien Waren- und Dienstleistungsverkehr der EU behindern. Diese Rechtssprechung hat nun zu einer entsprechenden gesetzlichen Regelung für ambulante Behandlungen im Sozialgesetzbuch V, § 13 geführt. Künftig können daher Versicherte in einer gesetzlichen Krankenkasse ohne vorherige Genehmigung auch eine ambulante ärztliche Behandlung in den Mitgliedstaaten der EU in Anspruch nehmen. Sie erhalten die entsprechenden Kosten maximal bis zur Höhe der nationalen Kostensätze erstattet.

Musterbrief 4

Name

Adresse

An

....

Ort, Datum

Kostenübernahme für meine ärztliche Behandlung im Ausland

Krankenversicherung Nr. ....

Sehr geehrte/r Herr/Frau ....,

während meines letzten Aufenthalts in .... *(Name des Landes)* musste ich auf Grund akuter Zahnschmerzen die Behandlung des örtlichen Zahnarztes in Anspruch nehmen. Leider wurde mir am .... *(Datum)* von Ihnen mitgeteilt, dass Sie diese Leistungen nicht in vollem Umfang übernehmen können. Dagegen möchte ich hiermit Widerspruch einlegen.

Die durchgeführte Behandlung war aus medizinischen Gründen eindeutig erforderlich. Von daher ist eine Kostenübernahme gemäß meiner Krankenversicherung geboten. Die Tatsache, dass die Behandlung im Ausland durchgeführt wurde, darf meines Erachtens ebenfalls nicht zu einer Minderung der Versicherungsleistung führen. So wurde in Urteilen des Europäischen Gerichtshofs klar festgelegt, dass Krankenkassen und Versicherungen ihren Versicherten auch medizinische Behandlungen und Erzeugnisse erstatten müssen, die diese in einem anderen EU-Staat gekauft oder in Anspruch genommen haben. Diese Rechtssprechung wurde in § 13 SGB V in nationales Recht umgesetzt und gibt mir einen Anspruch auf Übernahme der Kosten für meine ambulante ärztliche Behandlung in Höhe der deutschen Sätze.

Ich möchte Sie daher nochmals bitten, die für mich angefallenen Kosten entsprechend zu erstatten.

Mit freundlichen Grüßen

Unterschrift

Anlage: ggf. nochmalige Bestätigung des Arztes über Art und Umfang der Leistungen

5 Ärztepfusch: Was Sie tun können

Das Szenario:

Zwei Implantate sollten in Ihrem Unterkiefer das Fehlen von zwei Zähnen ausgleichen. Sofort nach der langwierigen Operation bemerken Sie, dass etwas nicht stimmt. Die halbe Unterlippe bis hinunter zum Kinn bleibt gefühllos und taub. Die Implantate wurden (trotz vorhergehender Computertomografie) zu nahe am Nervenkanal gesetzt. Auch eine zweite Operation, bei der ein Implantat zurückgeschraubt, das andere komplett entfernt wird, kann die Gefühllosigkeit am Mund nicht beheben. Jetzt reicht es Ihnen!

Der rechtliche Hintergrund:

Nachdem die zweite Operation schon keinen Erfolg gezeigt hat, dürfte das Gespräch mit Ihrem Arzt noch erfolgloser verlaufen. Wenden Sie sich an Ihre Krankenkasse und teilen Sie den Beratern Ihren Kunstfehlerverdacht mit. Sie können Sie als Patienten unterstützen, nach Ärztepfusch zu Ihrem Recht zu kommen. Beispielsweise kann die Kasse Ihre komplette Krankheitsakte bei allen beteiligten Ärzten anfordern und veranlassen, dass der Medizinische Dienst der Krankenkassen kostenlos ein Gutachten zum Fall erstellt und Sie bis zur Klärung – und das kann unter Umständen sehr lange dauern – betreut. Sie können sich auch bei Ihrer Krankenkasse nach einer Beschwerde- oder Regressstelle für Behandlungsfehler erkundigen. Eines kann Ihre Kasse aber nicht: Ihnen einen Anwalt empfehlen oder gerichtlich aktiv werden. Wollen Sie nicht zu einem der Krankenkassengiganten gehen, wenden Sie sich doch an eine der zahlreichen unabhängigen Hilfseinrichtungen wie Patientenverbände, Notgemeinschaften oder Selbsthilfegruppen. Verbraucherverbände raten vom Gang zu den Gutachterkommissionen und Schlichtungsstellen, die von Ärztekammern und Ärztehaftpflichtversicherungen eingerichtet wurden, ab, da sie Parteilichkeit vermuten, und empfehlen stattdessen qualifizierte Rechtsanwälte.

Name
Adresse

An

....

Ort, Datum

Verdacht auf Falschbehandlung

Sehr geehrte Damen und Herren,

im Zusammenhang mit einer in der Zeit von .... bis .... *(Datum; hier nennen Sie ent-weder den Zeitraum oder geben, je nach Vorkommnis, den Behandlungstag an)* durchgeführten, ärztlichen Behandlung wegen .... *(Behandlungsgrund)* durch .... *(Name und Anschrift des Arztes oder bei Krankenhäusern auch der Station)* hat sich bei mir der Verdacht ein-gestellt, dass möglicherweise eine Falschbehandlung beziehungsweise ein Kunstfehler vorliegt. Mein Verdacht stützt sich auf folgende Sachverhalte *(Sachverhalte kurz beschreiben)*:

....

....

Ich möchte prüfen lassen, ob mein Verdacht begründet ist, und bitte hierbei um Ihre Unterstüt-zung. Ich darf Sie deshalb bitten, mir für klärende Gespräche zunächst einen Ansprechpartner in Ihrem Hause zu nennen und eine Terminvereinbarung mit mir vorzunehmen.

Den Inhalt dieses Schreibens bitte ich Sie bis dahin vertraulich zu behandeln.

Mit freundlichen Grüßen

Unterschrift

Vermieter und Mieter

1 Kündigung wegen Eigenbedarfs – was tun?

Das Szenario:

Für einen Mieter ist es wichtig, dass ein Mietvertrag vom Vermieter nicht ohne weiteres gekündigt werden kann. Der Vermieter muss hierfür ein berechtigtes Interesse haben und dies auch deutlich machen können. Dies ist etwa dann der Fall, wenn der Mieter seine Vertragspflichten schwer wiegend und schuldhaft verletzt; dann kann der Vermieter sogar fristlos kündigen. Kündigen kann der Vermieter auch – in diesem Fall aber nur fristgerecht –, wenn ihn die Vermietung an einer angemessenen wirtschaftlichen Verwertung hindert. Das ist aber oftmals schwer nachzuweisen.

Am häufigsten ist daher eine andere Form der Kündigung durch den Vermieter: die Kündigung wegen Eigenbedarfs. Wenn der Vermieter oder einer seiner Familienangehörigen in die vermietete Wohnung einziehen will, kann er Eigenbedarf anmelden und den Mietvertrag fristgerecht kündigen. Die Frist bemisst sich nach der Dauer des Mietverhältnisses.

Als Mieter kann es Ihnen also am ehesten passieren, dass Ihnen eine Eigenbedarfskündigung ins Haus flattert. Dies wird Ihnen natürlich eher bei einem privaten Vermieter als bei einer Wohnungsbaugesellschaft oder Ähnlichem widerfahren. Beachten Sie aber: Auch eine Eigenbedarfskündigung ist nur in bestimmten Fällen möglich! Insbesondere nach dem Verkauf einer Immobilie versuchen die neuen Eigentümer oft, die alten Mieter durch eine Ankündigung von Eigenbedarf loszuwerden, um die Wohnung dann neu und teurer verwerten zu können. Hier handelt es sich um einen vorgeschobenen Eigenbedarf, gegen den Sie sich wehren sollten.

Bemerken Sie also Anzeichen dafür, dass der alte oder neue Eigentümer Ihrer Wohnung den Eigenbedarf nur vorschiebt und Sie als Mieter lediglich loswerden will, sollten Sie unbedingt den Vermieter an die Rechtslage erinnern. Vielleicht reagiert er bereits auf Ihren Brief, denn wenn Sie ihn verklagen sollten, müsste er seinen Eigenbedarf genau nachweisen – und das ist in manchem Fall wohl nicht so einfach! Sie sollten den Brief eher freundlich abfassen, wenn Sie ernsthaft noch eine Zeit in dieser Wohnung bleiben wollen. Wenn Sie sich auf Grund der Umstände ohnehin mittelfristig auf einen Umzug einstellen, können Sie ruhig etwas deutlicher werden und mit rechtlichen Schritten drohen. Gerade dies werden viele private Vermieter zu verhindern versuchen, da dies für sie ja mit zusätzlichen Kosten und Schwierigkeiten verbunden sein könnte.

Der rechtliche Hintergrund:

Ein Vermieter, der seinem Mieter wegen Eigenbedarfs kündigt, muss die Wohnung auch selbst oder für Familienangehörige (Eltern, Kinder, Enkel oder Geschwister) benötigen. Wollen der Vermieter oder seine Angehörigen die Wohnung gar nicht wirklich nutzen, handelt es sich um vorgeschobenen Eigenbedarf. Damit ist die Kündigung unbegründet. Das Bundesverfassungsgericht hat in einer neueren Entscheidung nochmals unterstrichen, dass eine Eigenbedarfskündigung plausibel begründet sein muss. Bei unberechtigter Geltendmachung von Eigenbedarf kann der Vermieter sogar zu Schadenersatz gegenüber seinem Mieter verpflichtet sein, wenn dieser auf Grund einer unberechtigten Eigenbedarfskündigung aus der Wohnung ausgezogen ist (siehe die Entscheidung des Bundesverfassungsgerichts, 1 BVR 1797/95).

Eine Eigenbedarfskündigung ist ebenfalls unbegründet bei rechtsmissbräuchlichem Eigenbedarf, wenn der Vermieter zum Beispiel noch andere vergleichbare Wohnungen besitzt und diese leer stehen lässt (siehe die Entscheidung des Bundesgerichtshofs VIII ZR 276/02). Ebenfalls unbegründet kann eine Kündigung wegen überhöhtem Wohnbedarf sein, wenn also der Vermieter einen weit übertriebenen Platzbedarf für sich geltend macht. Es gibt auch noch andere Fälle von unbegründeter Eigenbedarfskündigung, wie den treuwidrigen und widersprüchlichen Eigenbedarf. Dies ist dann der Fall, wenn der Vermieter sich bei der Kündigung auf Gründe stützt, die schon beim Abschluss des Mietvertrages vorgelegen haben und bekannt waren. Wenn er etwa schon bei Abschluss des Mietvertrages gewusst hatte, dass er die Wohnung in naher Zukunft selbst benötigt, hätte er einen Mietvertrag so nicht abschließen dürfen und kann sich jetzt nicht auf Eigenbedarf berufen.

Name
Adresse

An

....

Ort, Datum

Kündigung meines Mietvertrages wegen Eigenbedarf/Widerspruch

Sehr geehrte/r Herr/Frau ....,

am .... *(Datum)* erhielt ich von Ihnen die Kündigung meines Mietvertrages für die Wohnung in .... *(Adresse)* vom .... *(Datum)*. Darin begründen Sie die Kündigung mit Eigenbedarf für Ihre Tochter. An diesem Eigenbedarf möchte ich begründete Zweifel anmelden und lege daher gegen diese Kündigung Widerspruch ein.

Soweit mir bekannt ist, lebt Ihre Tochter in einer eigenen Wohnung. Somit ist nicht ersichtlich, wieso sie ausgerechnet die von mir bewohnte Wohnung benötigt, da ihre noch dazu deutlich größer sein dürfte. Außerdem besitzen Sie und Ihre Familie nach meinen Informationen noch weitere Immobilien in dieser Gegend, die teilweise auch vermietet sind. Die Rechtslage sieht in diesem Falle so aus, dass es sich hierbei wohl um einen unbegründeten Eigenbedarf handeln dürfte, der die Kündigung unbegründet erscheinen lässt und damit gegenstandslos macht.

Ich möchte Sie daher bitten, diese Kündigung auch von Ihrer Seite zurückzunehmen. Dies würde weitere rechtliche Auseinandersetzungen überflüssig machen.

Mit freundlichen Grüßen

Unterschrift

Anlage: ggf. Liste weiterer Immobilien des Vermieters oder sonstige Belege hierfür

2 Ärger mit der Nebenkostenabrechnung

Das Szenario:

Eines der häufigsten Probleme von Mietern mit den Vermietern ist die Abrechnung der Nebenkosten. Immer wieder erleben Mieter dabei eine böse Überraschung, wenn sie zu Beginn des neuen Jahres eine saftige Nachzahlung leisten müssen, mit der sie so eigentlich nicht gerechnet haben. Wenn Sie so eine Nachzahlung für Heiz- oder andere Nebenkosten erhalten, sollten Sie diese sorgfältig prüfen. Vor allem sollten Sie nachsehen, was konkret in Ihrem Mietvertrag über die Nebenkosten vereinbart worden ist. In manchen Fällen, etwa in Alters- oder Pflegeheimen sowie Lehrlings- oder Studentenheimen, ist eine verbrauchsabhängige Heizkostenerfassung oft aus technischen Gründen gar nicht möglich, und deshalb sind dort oftmals die Nebenkosten gleich in der Miete enthalten. Eine darüber hinausgehende Nachzahlung brauchen Sie sich dann nicht gefallen zu lassen.

Falls Ihnen Ihre Abrechnung überhöht oder merkwürdig vorkommt, sollten Sie diese unbedingt von einem Mieterverein oder notfalls auch von einem Rechtsanwalt überprüfen lassen. In jedem Fall sollten Sie sich schriftlich an Ihren Vermieter wenden und um nähere Hinweise bitten, wenn Ihnen der Bescheid unklar oder fehlerhaft vorkommt. Sie haben zudem das Recht, die Belege des Vermieters einzusehen. Falls der Vermieter nämlich versuchen sollte, Kosten abzuwälzen, die er nicht umlegen darf, könnte ihn ein solches Schreiben schon vorsichtig machen. Der Vermieter muss nämlich seine Auslagen für diese Nebenkosten detailliert nachweisen können. Als Mieter müssen Sie Nebenkosten nur dann zahlen, wenn das im Mietvertrag steht. Was dort vereinbart werden darf, steht in der Betriebskostenverordnung: Unter anderem sind das Grundsteuer, Wasserkosten, Abwasser, Fahrstuhl, Straßenreinigung und Müllabfuhr, Sach- und Personalkosten für Hausreinigung und Gartenpflege, Schornsteinreinigung, Versicherungen, Hausmeister, Gemeinschaftsantenne, Kosten für Gemeinschaftswascheinrichtungen usw. Alles, was nicht in der Betriebskostenverordnung fixiert ist, darf auch nicht umgelegt werden. Das gilt ebenso für überhöhte Mietnebenkosten. So darf Ihr Vermieter die Fantasiepreise, die er unter Umständen für Wartungs-, Putz- und Hausmeisterleistungen bezahlt hat, nicht auf die Mieter abwälzen.

Sie können auch auf einer verbrauchsabhängigen Abrechnung bestehen, was immer vorzuziehen ist, wenn Sie verhindern wollen, für andere Mitbewohner teilweise die Nebenkosten mitzahlen zu müssen.

Der rechtliche Hintergrund:

Für Vermieter ist in der Heizkostenverordnung zwingend eine verbrauchsabhängige Heizkostenabrechnung vorgeschrieben für Häuser, die von zentralen Heizungs- und Warmwasseranlagen versorgt werden. Eine Ausnahme ist nur dann möglich, wenn die Verbrauchserfassung technisch nicht möglich ist. In solchen Fällen können die Heizkosten in der Miete enthalten sein oder auf die Wohnfläche der Mieter des Hauses aufgeteilt werden. Ansonsten gilt immer die Heizkostenverordnung, wonach der Vermieter mindestens 50 Prozent, aber höchstens 70 Prozent der Heizungs- und Warmwasserkosten nach Verbrauch verteilen kann. Hierzu müssen alle Wohnungen mit Erfassungssystemen ausgestattet sein, die einmal im Jahr abgelesen werden.

Musterbrief 2

Name
Adresse

An

....

Ort, Datum

Nachforderung für Nebenkosten/Widerspruch

Sehr geehrte/r Herr/Frau ....,

in Ihrer Abrechnung der Verbrauchskosten für meine Wohnung in ....
(Adresse) vom .... *(Datum)* erheben Sie eine Nachforderung in Höhe von .... Euro.
In dieser Form halte ich diese Nachforderung nicht für gerechtfertigt.

Insbesondere die Kosten für die erhöhten Heizungsausgaben sind nicht nachvollziehbar erläutert.
Ich möchte Sie daher bitten, die entsprechenden Kostennachweise, aus denen sich eine solche
Nachforderung ergeben soll, detailliert darzulegen.

Wie Sie wissen, ist der Vermieter verpflichtet, eine detaillierte verbrauchsabhängige Abrechnung
der Nebenkosten vorzulegen. Ich wäre Ihnen daher dankbar, wenn Sie die entsprechende
Kostenerhöhung, bezogen auf die von mir bewohnte Wohnfläche, genau erläutern könnten.

Mit freundlichen Grüßen

Unterschrift

Anlage: unter Umständen Ableseprotokolle der Heizkörper *(Falls Sie diese bisher nicht erhalten
haben, könnten Sie auch aus aktuellem Anlass die Abrechnung nicht gemäß der Wohnfläche, sondern auf Grund von Verbrauchsabrechnungen verlangen.)*

3 Wie Sie sich gegen eine Modernisierung wehren können

Das Szenario:

Normalerweise freuen Sie sich als Mieter, wenn der Vermieter an Ihrer Wohnung oder im Haus Modernisierungsmaßnahmen durchführen will. Wenn dies noch dazu Maßnahmen sind, die zu einer echten Verbesserung des Wohnwerts führen, wie optimierter Schallschutz oder neue Sanitäreinrichtungen, dann hat auch der Mieter meist nichts dagegen. Dies könnte der Mieter in der Regel auch gar nicht verhindern, wie etwa bei Verbesserungen der Wärmedämmung oder bei Maßnahmen zur Energieeinsparung. In jedem Fall muss der Mieter aber vorher (grundsätzlich drei Monate vorher) über den Beginn, den Umfang und die Dauer der Maßnahmen informiert werden. Solange keine ordnungsgemäße Ankündigung vorliegt, müssen Sie keine Handwerker ins Haus lassen.

Sie sollten aber noch bei anderen Begleiterscheinungen der Modernisierung aufpassen: Oftmals haben sie eine anschließende Mieterhöhung zur Folge, aber auch das muss vom Vermieter zuvor angekündigt werden. Außerdem darf er höchstens elf Prozent der Modernisierungskosten auf die Miete aufschlagen.

Aber nicht in jedem Fall brauchen Sie eine solche Modernisierung hinzunehmen. Als Mieter können Sie Modernisierungsmaßnahmen ablehnen, wenn diese für Sie eine nicht zu rechtfertigende Härte darstellen würden. Das kann sich, wie in diesem Beispielfall, schon auf die Bauarbeiten selbst beziehen – wenn Sie es etwa aus gesundheitlichen Gründen nicht aushalten könnten, dass in Ihrer unmittelbaren Umgebung längerfristiger Bau-

lärm und andere damit verbundenen Unannehmlichkeiten wie Schmutz und Gestank herrschen.

Aber auch in anderen Fällen können Sie sich aussichtsreich wehren, etwa wenn Ihre eigenen früheren Investitionen in Ihre Wohnung durch diesen Umbau nutzlos würden. Oder aber, wenn die zu erwartende Mieterhöhung für Sie praktisch nicht bezahlbar wäre, also bei so genannten Luxussanierungen. In all diesen Fällen sollten Sie es mit einer schriftlichen Intervention versuchen. Ansonsten sollten Sie sich beim Mieterverein oder einem Rechtsanwalt Beistand holen. Aber in jedem Fall gilt: Lassen Sie sich nicht einfach alles gefallen. Für den Vermieter können nämlich solche Verzögerungen sehr problematisch und kostenträchtig werden – vielleicht kommt er Ihnen da lieber im Vorfeld entgegen.

Der rechtliche Hintergrund:

Im Gegensatz zu Reparaturen ist der Vermieter zu Modernisierungen nicht verpflichtet. Die Ankündigung von Modernisierungsmaßnahmen muss drei Monate vor dem Beginn gegenüber dem Mieter schriftlich erfolgen. Darin muss erläutert werden, welchen Umfang sie haben, wann die Arbeiten beginnen, wie lange sie voraussichtlich dauern und welche Mieterhöhung zu erwarten ist. Baumaßnahmen sind nur dann als Modernisierung anzusehen, wenn sie zu einer Wohnwertverbesserung führen. Stellen die Arbeiten oder deren Folgen für den Mieter eine nicht zu rechtfertigende Härte dar, kann der Mieter die Maßnahmen ablehnen. In diesem Fall könnte er sogar dagegen klagen, wenn der Vermieter sie trotzdem durchführen will. Auch bei Zustimmung des Mieters kann nach Abschluss der Modernisierung die Miete nur um elf Prozent der Modernisierungskosten angehoben werden.

Musterbrief 3

Name
Adresse

An

....

Ort, Datum

Ankündigung von Modernisierungsmaßnahmen/Widerspruch

Sehr geehrte/r Herr/Frau ....,

in Ihrem Schreiben vom .... (Datum) kündigten Sie an, dass ab .... (Datum) im Anwesen .... (Adresse) umfangreiche Modernisierungsmaßnahmen durchgeführt werden sollen. Ich möchte Ihnen hiermit mitteilen, dass ich damit nicht einverstanden bin und gegen diese Modernisierung Widerspruch einlege. *(An dieser Stelle könnten Sie einige dieser Maßnahmen hervorheben.)* Diese würden für die Bewohner des Hauses und damit auch für mich unzumutbare Belastungen mit sich bringen, die ich aus gesundheitlichen Gründen nicht tragen kann. *(Auch hier könnten Sie ein Beispiel nennen.)* Außerdem sind diese Modernisierungen meines Erachtens nicht so notwendig, dass diese zur Aufrechterhaltung des Wohnwertes des Anwesens unbedingt nötig wären.

Da derart umfassende Baumaßnahmen für mich eine unzumutbare Härte bedeuten würden, möchte ich Sie bitten, davon Abstand zu nehmen.

Mit freundlichen Grüßen

Unterschrift

Anlage: ggf. ärztliche Gutachten über Ihren Gesundheitszustand und die Auswirkungen dieser Baumaßnahme

4 Ärger während einer Modernisierung

Das Szenario:

Wie im vorigen Beispiel erläutert, müssen Sie Modernisierungsmaßnahmen nicht immer hinnehmen. So rechtfertigen lange nicht alle Arbeiten eine Preiserhöhung. Achten Sie außerdem darauf, dass der Vermieter nicht etwa versucht, Ihnen eine Mieterhöhung aufs Auge zu drücken, die die erwähnten elf Prozent übersteigt. Ihr Hausherr darf elf Prozent der reinen Modernisierungskosten auf die jährliche Miete aufschlagen – mehr aber nicht. Hat er beispielsweise 8.000 Euro investiert, darf er die Jahresmiete um 880 Euro erhöhen – pro Monat sind das 73,33 Euro mehr Miete.

Aber auch andere Folgen der Modernisierung können Sie ärgern. Nicht nur Lärm, Gestank und Dreck können entstehen, es kann auch sein, dass bestimmte Leistungen gar nicht erbracht werden. Oft fällt etwa die Wasserversorgung oder die Heizung aus. In diesen Fällen muss der Vermieter für einen Ausgleich sorgen. Oder Sie können eine Mietminderung einfordern. Über die genaue Höhe dieser Mietminderung sollten Sie sich beim Mieterverein oder beim Rechtsanwalt informieren. In jedem Fall können Sie eine solche Mietminderung immer in Anspruch nehmen, wenn die vertraglich gesicherten Leistungen nicht erbracht werden. Empfehlenswert ist auch, wenn Sie eine genaue Dokumentation der für Sie entstandenen Nachteile erstellen, beispielsweise eine Liste der Zeiten ohne Heizung und Warmwasser, vielleicht ergänzt durch die Aussage anderer Mieter oder sonstiger Zeugen. Dies gilt natürlich auch für Ausfälle im Zuge von Umbaumaß-

nahmen. Beschweren Sie sich in einem solchen Fall immer sofort und fordern Sie Ihr Recht ein! Generell gilt auch hier: Wenn Sie noch längere Zeit in dieser Wohnung bleiben wollen, sollten Sie eher freundlich formulieren. Wenn Sie ohnehin bald ausziehen wollten, kann der Brief auch etwas forscher und Ihre Forderung etwas höher sein.

Der rechtliche Hintergrund:

Jedes Jahr investieren die deutschen Vermieter mehr als 25 Milliarden Euro in ihre Wohnungen. Aber als Mieter müssen Sie nicht alles, was der Vermieter will, akzeptieren. Grundsätzlich muss der Mieter eine Modernisierung dulden, aber er kann den Plänen widersprechen. Der Eigentümer darf sich nicht einfach über den Willen des Bewohners hinwegsetzen. Jedem ist klar, dass er ein gewisses Maß an Unannehmlichkeiten im Zusammenhang mit der Modernisierung in Kauf nehmen muss, nicht aber unangemessene Härten, wie zum Beispiel unzumutbaren Schmutz und Lärm. Wenn Ihnen als Mieter Ausgaben wegen der Modernisierung entstehen, muss sie der Eigentümer ersetzen. Das können die Kosten für eine Putzfrau sein oder für ein Hotel, falls die Wohnung vorübergehend nicht bewohnbar ist. Können Sie die Wohnung wegen des Lärms oder Schmutzes vorübergehend nicht voll nutzen, brauchen Sie auch nicht den vollen Preis zu bezahlen. Sie dürfen die Miete mindern, und zwar unabhängig davon, ob Sie der Modernisierung zugestimmt haben oder nicht. Fällt während des Umbaus im Winter etwa die Heizungsanlage aus, kann der Mieter grundsätzlich eine anteilige Minderung des Mietzinses in Anspruch nehmen.

Musterbrief 4

Name
Adresse

An

....

Ort, Datum

Ausfall der Heizungsanlage/Mietminderung

Sehr geehrte/r Herr/Frau ....,

im Anwesen .... *(Adresse)* werden seit .... *(Datum)* in Ihrem Auftrag umfangreiche Maßnahmen zur Modernisierung durchgeführt. Während dieser Zeit fiel mehrfach die Heizungsanlage aus. Dies hatte zur Folge, dass meine Wohnung während mehrerer Stunden nicht beheizt werden konnte. Außerdem war in dieser Zeit auch die Warmwasserversorgung unterbrochen.

Da dies neben den ohnehin laufenden Begleiterscheinungen der Baumaßnahmen eine erhebliche Minderung der Wohnqualität bedeutet, werde ich für die Dauer dieser Belastung eine Minderung der Miete um ... Prozent, also um .... Euro, vornehmen. Außerdem möchte ich Sie auffordern, für eine rasche Behebung dieser Ausfälle zu sorgen.

Mit freundlichen Grüßen

Unterschrift

Anlage: zum Beispiel eigenes Protokoll über die Zeiten ohne Heizung und Warmwasser

5 Was kann ich gegen eine Mieterhöhung tun?

Das Szenario:

Eine Mieterhöhung ist etwas, mit dem Sie als Mieter immer rechnen müssen und was Sie natürlich lieber vermeiden wollen. Wenn Sie längere Zeit in einer Wohnung sind, werden Sie um Mieterhöhungen meist nicht ganz herumkommen. Aber es ist wichtig zu wissen, dass der Vermieter die Miete auch nur innerhalb einer bestimmten Grenze erhöhen darf. Diese Kappungsgrenze beträgt zurzeit noch höchstens 20 Prozent in drei Jahren; also dürfte eine Miete in drei Jahren höchstens um 20 Prozent steigen. Weitere Voraussetzung für eine zulässige Mieterhöhung ist, dass die Miete zuvor 15 Monate lang unverändert geblieben ist. Diese Grenzen können sich aber wie andere Regelungen auch rasch ändern; Sie sollten sich daher immer beim Mieterbund oder einem Rechtsanwalt über die gegenwärtige Rechtslage erkundigen.

Der Mieter ist aber auch nach oben in der absoluten Miethöhe vor willkürlichen Anhebungen geschützt. So darf die Miethöhe die ortsübliche Vergleichsmiete nicht überschreiten. Auch hier kann Ihnen der örtliche Mieterverein die für Sie geltende Höhe nennen. Wenn Sie also eine Mieterhöhung bekommen und feststellen, dass Ihre Miethöhe jetzt über der ortsüblichen Vergleichsmiete liegen würde, sollten Sie sofort bei Ihrem Vermieter schriftlich Widerspruch einlegen. Falls der Vermieter für die Erhöhung keine Grundlage hat, wird er vielleicht darauf verzichten, bevor Sie mit weiteren rechtlichen Schritten drohen. Eine ungerechtfertigte Mieterhöhung müssen Sie sich jedenfalls nicht gefallen lassen! Probieren Sie es

also zuerst mit einem freundlichen Brief – härtere Maßnahmen können Sie sich dann mit juristischer Beratung immer noch vorbehalten, falls es nötig werden sollte.

Der rechtliche Hintergrund:

Bei frei finanzierten Wohnungen darf die Miete im Laufe des Mietverhältnisses nur auf das Niveau der ortsüblichen Vergleichsmiete angehoben werden, wenn keine andere Form der Mieterhöhung, wie Staffelmiete, vereinbart ist. Ortsüblich ist die Miete, die am Wohnort des Mieters durchschnittlich für vergleichbare Wohnungen gezahlt wird. Der Vermieter kann sich zum Nachweis entweder auf einen offiziellen Mietspiegel, ein Sachverständigengutachten oder auf drei Vergleichswohnungen berufen, in denen das von ihm geforderte Mietniveau bereits jetzt gezahlt wird.

Einer solchen Mieterhöhung hat der Mieter zuzustimmen. Der Mieter muss zustimmen, wenn die Mieterhöhung formal richtig ist, der Vermieter nicht mehr als die ortsübliche Vergleichsmiete fordert, die Kappungsgrenze (zurzeit 20 Prozent in höchstens drei Jahren) und die Sperrfrist von 15 Monaten eingehalten wurde. Der Mieter hat zur Überprüfung Zeit bis zum Ablauf von zwei Monaten nach Ende des Monats, in dem ihn das Schreiben des Vermieters erreicht hat. Kommt das Erhöhungsverlangen zum Beispiel im Februar an, hat der Mieter bis Ende April Zeit, sich zu entscheiden. Ausnahmen von der Erhöhung auf die ortsübliche Vergleichsmiete kann es für den Vermieter nur geben, wenn er Modernisierungen am Haus oder an der Wohnung durchgeführt hat oder die Kapitalkosten durch höhere Zinsbelastungen für ihn angestiegen sind.

Musterbrief 5

Name
Adresse

An

....

Ort, Datum

Anhebung des Mietzinses/Widerspruch

Sehr geehrte/r Herr/Frau ....,

in Ihrem Schreiben vom .... *(Datum)* kündigten Sie eine Anhebung des Mietzinses für meine Wohnung in .... *(Adresse)* zum .... *(Datum)* an. Daraus ging hervor, dass Sie beabsichtigen, die Miete auf nunmehr .... Euro anzuheben. Gegen diese Mieterhöhung lege ich Widerspruch ein.

Meine Recherchen haben ergeben, dass sich die ortsübliche Vergleichsmiete für die von mir bewohnte Wohnung momentan bei .... Euro pro Quadratmeter bewegt. Die von Ihnen geforderte Miete läge damit klar über diesem amtlich festgestellten Niveau. Da in Ihrem Fall auch keine Ausnahmen wie Modernisierungsleistungen vorliegen, ist diese Anhebung unzulässig. Ich möchte Sie daher bitten, diese Erhöhung auch von Ihrer Seite zurückzunehmen.

Mit freundlichen Grüßen

Unterschrift

Anlage: zum Beispiel Auszug aus dem offiziellen Mietspiegel oder vergleichbare Auskünfte

6 Eine Mieterhöhung per Fax brauchen Sie nicht zu akzeptieren

Das Szenario:

Freundlicherweise zum Wochenende läutet Ihr Fax und bringt die Ankündigung einer baldigen Mieterhöhung hervor. Doch der Vermieter hat nicht eigenhändig unterschrieben, weil er nur ein Fax geschickt hat. Wehren Sie sich, lehnen Sie seine Forderung ab. Sie haben gute Karten.

Der rechtliche Hintergrund

Bei wichtigen Rechtsgeschäften – und dazu gehören Mietangelegenheiten – dürfen Kommunikationsmittel wie Fax oder e-Mail nicht eingesetzt werden. Denn dann fehlt die gesetzlich vorgeschriebene, eigenhändige Unterschrift. Mieterhöhungen, die auf diesem Weg zu Ihnen gelangen, können Sie wegen Formfehlers widersprechen, wenn Sie nicht eigenhändig vom Vermieter unterschrieben wurden (siehe Entscheidung des Amtsgerichts Münster 8 C 228/98). Dahingestellt ist außerdem der Bezug auf die Vergleichsmieten. Der lapidare Hinweis auf den Mietspiegel reicht nicht aus, es sei denn, der neue Mietspiegel läge innerhalb einer Mietzinsspanne. Ist das nicht der Fall, ist die Erhöhung ungenügend begründet und rechtlich nicht annehmbar.

Musterbrief 6

Name
Adresse

An

....

Ort, Datum

Mietzinsanhebung per Fax

Sehr geehrte/r Herr/Frau ....,

am .... *(Datum)* erhielt ich von Ihnen per Fax die Ankündigung, dass Sie meine Miete zum
.... *(Datum)* auf .... Euro erhöhen werden. Als Anlage haben Sie einen Mietspiegel mit-
gefaxt und mich aufgefordert, der Mieterhöhung zuzustimmen.

Dieser Forderung widerspreche ich aus zwei Gründen: Der Mietspiegel begründet Ihre Anhebung
nicht ausreichend und ist außerdem rechtlich nicht akzeptabel. Dies gilt auch für das von Ihnen
gewählte Kommunikationsmittel Fax, dem die gesetzlich vorgeschriebene, eigenhändige Unterschrift fehlt.

In diesem Zusammenhang möchte ich Sie auf das Urteil des Amtsgerichts Münster, 8 C 228/98,
verweisen und werde weiterhin meine Miete in der vereinbarten Höhe überweisen.

Mit freundlichen Grüßen

Unterschrift

7 Wenn die Nachbarn zu laut sind

Das Szenario:

Eines der größten Probleme, die Mieter mit ihren Nachbarn haben, ist häufig die Lärmbelästigung. Aus welchen Gründen auch immer, empfindet mancher Nachbar das als Belästigung, was sein Gegenüber als normale Betätigung interpretiert. Besonders häufig entsteht Streit bei Feiern und Festen. Nicht jeder Zeitgenosse ist darüber erfreut, wenn sein Mitmensch im Haus oder der Wohnung gegenüber lange und vor allem laute nächtliche Feste feiert.

Lärm und Krawall müssen Sie sich nicht bieten lassen: Oftmals existiert die falsche Meinung, es gäbe ein „Gewohnheitsrecht", einmal im Monat oder einmal im Halbjahr in die Nacht hinein feiern zu dürfen. Das ist falsch! Wenn Sie ein lauter Nachbar mit seinen Festen nervt (auch wenn es der Hausbesitzer ist), sollten Sie sich dagegen wehren. Am besten schreiben Sie einen freundlichen Brief und erinnern ihn an die Rechtslage. Vielleicht ist Ihr Nachbar darüber nur nicht richtig informiert und nimmt in der Folge von selbst mehr Rücksicht auf seine Umwelt – so wie es sein sollte. Es muss nämlich auf jeden Fall und ohne Ausnahme zwischen 22 Uhr und 6 Uhr Nachtruhe herrschen. Unabhängig davon, wer den Lärm verursacht, ist der Hausherr und/oder Veranstalter des Festes verantwortlich.

Der rechtliche Hintergrund:

Grundsätzlich muss zwischen 22 Uhr und 6 Uhr Nachtruhe herrschen. Diese Nachtruhe darf nicht durch Feste oder Partys verletzt werden, durch die Nachbarn in dieser Zeit gestört werden können. Ein Gewohnheitsrecht, dennoch ab und zu oder in regelmäßigen Abständen auch während der Nachtruhe feiern zu dürfen, existiert nicht. Die Verantwortung für etwaige Störungen liegt stets beim Hausherrn oder Veranstalter des Festes. Darüber hinaus können die Immissionsschutzgesetze auf Landesebene genauere Regelungen, etwa für Grillpartys, vorsehen.

Name
Adresse

An

....

Ort, Datum

Lärmbelästigung durch Feiern

Sehr geehrte Familie ....,

am .... *(Datum)* haben Sie in Ihrer Wohnung in .... *(Adresse)* ein Fest veranstaltet, das bis in die späte Nacht andauerte. Der Lärm von dieser Feier dauerte bis weit nach 22 Uhr an und beeinträchtigte meine Nachtruhe erheblich. Da diese Feier in Ihrer Wohnung stattgefunden hat, gehe ich davon aus, dass Sie dafür verantwortlich sind. Ich möchte Sie daher bitten, Feste dieser Art künftig zu unterlassen.

Die Nachtruhe von 22 Uhr bis 6 Uhr ist rechtlich klar festgelegt und muss unbedingt eingehalten werden. Auch für private Feste gibt es hiervon keine Ausnahme. Die davon ausgehenden Störungen müssen von den Nachbarn keinesfalls hingenommen werden.

Ich möchte Sie also darum bitten, das Recht Ihrer Nachbarn auf ungestörte Nachtruhe zu respektieren und künftig keine Feste nach 22 Uhr mehr in dieser Form zu organisieren.

Mit freundlichen Grüßen

Unterschrift

8 Wenn der Kinderwagen im Hausflur verschwinden soll

Das Szenario:

Wenn Sie ein Kleinkind haben und in einem Mietshaus in einem oberen Stockwerk wohnen, kann Ihnen nicht zugemutet werden, den Kinderwagen ständig über mehrere Treppen nach oben zu tragen. Sie dürfen Ihren Kinderwagen dabei im Hausflur im Erdgeschoss stehen lassen. Fordert Sie der Hausmeister oder Hausbesitzer auf, den Kinderwagen wegzuräumen, weisen Sie ihn darauf hin, dass Sie dazu keinesfalls verpflichtet sind. Reagiert dieser nicht oder erhalten Sie eine schriftliche Aufforderung, schreiben Sie sofort einen Brief, in dem Sie auf Ihr Recht hinweisen.

Der rechtliche Hintergrund:

Das Oberlandesgericht Hamm hat in einem Urteil bekräftigt (siehe die Entscheidung des Oberlandesgerichts Hamm, 15 W 444/00), dass Mietern in den oberen Stockwerken eines Mietshauses gestattet werden muss, einen Kinderwagen im Hausflur des Erdgeschosses abzustellen. Den Mietern könne es nicht zugemutet werden, einen Kinderwagen ständig über mehrere Treppen hinauf- oder hinunterzutragen. Dies gilt auch, wenn ein solches Abstellverbot nur über Nacht ausgesprochen wurde.

Musterbrief 8

Name

Adresse

An

....

Ort, Datum

Abstellen des Kinderwagens im Hausflur/Ihre Aufforderung vom .... *(Datum)*

Sehr geehrte/r Herr/Frau ....,

am .... *(Datum)* haben Sie mich mündlich (*oder:* schriftlich) aufgefordert, das Abstellen des Kinderwagens im Erdgeschoss des Hauses in der ....-Straße Nr. ......, in dem ich wohne, zu unterlassen. Ich möchte Sie darauf hinweisen, dass für dieses Verbot keine Rechtsgrundlage existiert und ich unseren Kinderwagen auch weiterhin dort abstellen werde.

Wie Sie wissen, bin ich Mutter/Vater eines Kleinkindes im Alter von ... Monaten. Wie das Oberlandesgericht Hamm in einem neueren Urteil bekräftigt hat (siehe die Entscheidung des Oberlandesgerichts Hamm, 15 W 444/00), ist es Eltern, die in einem Mietshaus in einem oberen Stockwerk wohnen, nicht zuzumuten, den Kinderwagen ständig über mehrere Treppen nach oben zu tragen. Daher muss es grundsätzlich gestattet werden, Kinderwägen im Hausflur des Erdgeschosses abzustellen.

Solange ich für mein Kind auf einen Kinderwagen angewiesen bin, werde ich diesen daher auch weiterhin im Erdgeschossflur abstellen.

Mit freundlichen Grüßen

Unterschrift

Reisen: Wenn einer eine Reise tut ... bekommt er vielleicht Geld zurück

1 Wie Sie erfolgreich Reisemängel *während* der Reise reklamieren

Das Szenario:

Nach zehnstündiger Anreise kommen Sie erschöpft im Hotel an – und erfahren, dass Ihr Zimmer bereits vergeben wurde! Sollen Sie nun, nur weil Sie ein Pauschalurlauber sind, in der Abstellkammer neben dem Aufzug nächtigen? Nein! Sie sprechen mit der Reiseleitung, die dafür Sorge tragen muss, dass Sie eine zufrieden stellende Unterkunft erhalten. Angesichts der fortgeschrittenen Uhrzeit geben Sie ihr dazu nur zwei Stunden Frist. Der Ersatz ist für Sie aber nicht akzeptabel und kommt daher nicht in Frage. Auf eigene Faust suchen und finden Sie ein neues, etwas teureres Feriendomizil. Lassen Sie sich Ihr wohlverdientes Urlaubsvergnügen nicht trüben: Auf Ihre Reklamation, Ihre Minderungsansprüche und die Einforderung der Mehrkosten darf sich nun der Veranstalter freuen.

Der rechtliche Hintergrund:

Ein überbuchtes Hotel fällt unter die Kategorie „erheblicher Reisemangel". Wie definiert man überhaupt, ob eine Reise mangelhaft ist? Am besten vergleichen Sie dazu die Leistungen, die Ihnen der Reisevertrag zusichert, mit den Leistungen, die der Reiseveranstalter tatsächlich erbracht hat. Da sich Reiseverträge oft auf die Prospekte oder auf die Allgemeinen Geschäftsbedingungen beziehen, sollten Sie sich die Reisebestätigung genau ansehen. Hier müssten Sie die relevanten Vertragsbestandteile wiederfinden.

Damit Sie bei möglichen späteren Reklamationen oder Ersatzansprüchen erfolgreich sind, müssen Sie, sobald Sie einen Reisemangel feststellen, vom Veranstalter verlangen, dass er diesen Mangel beseitigt. Sprechen Sie dazu entweder mit der Reiseleitung vor Ort, der Zentrale des Veranstalters oder einer sonstigen Kontaktperson, die vom Veranstalter benannt wurde. Wenden Sie sich unverzüglich an den Ansprechpartner, warten Sie nicht bis zu seiner nächsten Sprechstunde.

Beschreiben Sie die Mängel genau und verlangen Sie sofortige Abhilfe. Das tun Sie am besten schriftlich oder im Beisein von Zeugen (idealerweise ein Gast des Hotels, nicht Ihr Ehepartner oder ein Mitreisender), denn sollte es hart auf hart kommen, sind Sie als Reisender in der Pflicht! Ihr „Abhilfeverlangen" muss der Veranstalter annehmen. Lassen Sie sich dann von der Reiseleitung schriftlich bestätigen, dass von Ihrer Reklamation Kenntnis genommen wurde. Da Sie für die behaupteten Reisemängel beweispflichtig sind, sollten Sie sich um deren Dokumentation kümmern. Beweismittel können sein: Fotos, Videoaufnahmen, Zeugenadressen, Hotelprospekte, genaue Beschreibungen der Mängel.

Sie sind nicht dazu verpflichtet, zur Mängelbeseitigung eine Frist zu setzen, aber Ihre Rechtsposition verbessert sich damit, da davon Ihr Recht zu einer entsprechenden Reaktion abhängt. Also setzen Sie einen angemessenen Zeitraum an. Im Fall des überbuchten Hotels können dies je nach Tageszeit auch nur wenige Stunden sein. Je nachdem, wie erfolglos die Bemühungen des Veranstalters dann ablaufen, haben Sie die Wahl: selbst für die Mängelbeseitigung sorgen, Ihren Reisevertrag kündigen, den Reisepreis mindern oder Schadenersatz vom Veranstalter verlangen.

Die Frankfurter Tabelle, die Sie im Internet auf der Website der Verbraucherzentrale Nordrhein-Westfalen unter www.vz-nrw.de finden, kann Ihnen dabei, was die Höhe Ihrer Forderung anbelangt, gute Dienste erweisen. Hier können Sie nachprüfen, wie in vergleichbaren Fällen entschieden wurde. Je realistischer nämlich Ihre Forderungen sind, desto größer Ihre Erfolgsaussichten! Nicht vergessen: Sie müssen sämtliche Ansprüche innerhalb einer so genannten Ausschlussfrist von einem Monat nach Reiseende geltend machen. Ansonsten verjähren sie innerhalb von zwei Jahren (siehe auch Kapitel „Reisemängel gibt es wie Sand am Meer").

1: Mängelanzeige bei der Reiseleitung

Name
Adresse

An

....

Ort, Datum

Teilnehmer- beziehungsweise Buchungsnummer ....**/Reklamation**

Sehr geehrte/r Herr/Frau ....,

die bisher von Ihnen erbrachten Reiseleistungen weichen von der Leistungsbeschreibung im Katalog beziehungsweise in der Reisebestätigung ab. Folgende Punkte entsprechen nicht dem vereinbarten Leistungsumfang:

....

....

Ich rüge diese Mängel und fordere Sie auf, sofort für Abhilfe zu sorgen.

Mit freundlichen Grüßen

Unterschrift

2: Mehraufwendungen

Name
Adresse

An

....

Ort, Datum

Einforderung von Mehraufwendungen/Buchungsnr.: ....

Sehr geehrte Damen und Herren,

ich habe am .... *(Datum)* bei Herrn .... *(Name)* meine Mängelanzeige schriftlich eingereicht.

Da er außerstande war, die reklamierten Mängel befriedigend und angemessen zu beheben (Zimmerstandard!), sah ich mich gezwungen, noch spät am Abend ein Zimmer in einem anderen Hotel zu suchen.

Die Mängel und sämtliche unangenehmen Umstände beziehungsweise Aufregungen haben meine Erholung maßgeblich beeinträchtigt. Ich fordere Sie daher fristgerecht auf, die Mehrkosten, die mir durch den Hotelwechsel entstanden sind, zu erstatten. Den Gesamtbetrag von .... Euro überweisen Sie bitte spätestens bis zum .... *(Datum)* auf mein Konto Nr. ...., BLZ (Bankleitzahl) .... bei der .... *(Name der Bank)*. Falls dies nicht geschieht, werde ich gerichtliche Hilfe in Anspruch nehmen.

Mit freundlichen Grüßen

Unterschrift

Anlage: Kopie der Mängelanzeige, Kopie der Hotelrechnung

2 Wie Sie erfolgreich Reisemängel *nach* der Reise reklamieren

Das Szenario:

Blumen-Riviera und Côte d'Azur: Das bedeutet Blütenpracht, Sonne, Palmen und Meer an einer der schönsten Küsten Europas. Sie freuen sich schon auf ein paar Tage im Süden. Der Reisevertrag verspricht einen komfortablen Fernreisebus mit WC, Klimaanlage, Bordküche und Nichtraucherzone. Aber als die Reise dann losgeht, sieht das Ganze nicht mehr so bequem aus. Gut, dass Sie Block und Stift dabei haben, jetzt können Sie sofort Ihre Mängelanzeige schriftlich niederlegen!

Der rechtliche Hintergrund:

Fehlt die im Reisevertrag schriftlich zugesicherte Ausstattung des Reisebusses, können Sie als Urlauber versuchen, einen Teil Ihres Reisepreises zurückzuverlangen. Damit Sie nachträglich Geld zurückfordern können, müssen Sie rasch handeln – also am besten sofort am Ort des Geschehens bei der Reiseleitung des Reiseveranstalters reklamieren. Da Sie die Abweichungen von den Vereinbarungen beweisen müssen, suchen Sie Zeugen und halten Sie die Missstände auf Fotos fest. Zeigen Sie die Mängel, die Sie festgestellt haben, sofort beim Reiseleiter an und behalten Sie sich dabei gleich eine Minderung des Reisepreises vor. Lassen Sie sich Ihre Mängelanzeige vom Reiseleiter gegenzeichnen, dazu ist ein „zur Kenntnis genommen" völlig ausreichend. Diese Unterschrift des Reiseleiters bedeutet aber noch nicht, dass die von Ihnen benannten Mängel als solche auch akzeptiert wurden. Trotzdem ist diese Bestätigung wichtig, da Sie damit die formale Voraussetzung schaffen, um Ihre Ansprüche nachträglich geltend machen zu können. Besser ist es außerdem, direkt beim Veranstalter zu reklamieren und nicht beim Reisebüro. Die Adresse des Veranstalters finden Sie in Ihren Reiseunterlagen.

Wie geht es weiter? Sofort, nachdem Sie aus Ihrem Kurzurlaub zurückgekehrt sind, sollten Sie schriftlich die Rückzahlung eines Teils des bereits gezahlten Reisepreises vom Reiseveranstalter verlangen. (Sie haben dazu einen Monat Zeit.) Schicken Sie Ihre Reklamation nachweisbar ab, am besten per Einschreiben mit Rückschein. Jetzt kann der Veranstalter nicht behaupten, er hätte Ihre Reklamation nie erhalten. Im Brief benennen Sie die Mängel ganz konkret und machen außerdem deutlich, was Sie nun vom Veranstalter erwarten: eine Preisminderung, die komplette Rückzahlung des Preises oder – bei ganz schwer wiegenden Mängeln – Schadenersatz. Zu diesem Zeitpunkt brauchen Sie sich noch nicht auf eine konkrete Summe festlegen, geben Sie einfach einmal Ihre prozentuale Vorstellung der Minderung an. Und nicht vergessen: Ihre Ansprüche verjähren nach zwei Jahren!

Name
Adresse

An

....

                           Ort, Datum

Mängelanzeige Buchungsnr.: ....

Sehr geehrte Damen und Herren,

wie gerade eben vor Ort mit Herrn/Frau .... *(Name des/der Reiseleiters/in)* besprochen, zeige ich Ihnen nachfolgende Mängel an:

....

....

Dies entspricht nicht der Ausstattung des Reisebusses, wie diese mir im Reisevertrag schriftlich zugesichert wurde. Ich behalte mir vor, deswegen den Reisepreis zu mindern.

Mit freundlichen Grüßen

Unterschrift

Zur Kenntnis genommen am .... *(Datum)*

Unterschrift der Reiseleitung

3 Flugverspätungen: Was Sie akzeptieren müssen – und was nicht

Das Szenario:

Endlich ein paar Ferientage in der Sonne! Feinsandiger Strand, Surfen, Segeln, Tennis – günstige Pauschalangebote machen es möglich, auch kurzfristig dem Alltag zu entfliehen. Sie haben sich gut erholt, als es wieder nach Hause geht. Doch da wird Ihre Geduld auf eine harte Probe gestellt: Sie sitzen stundenlang in der Abflughalle herum. Der Abflugtermin verschiebt sich von Stunde zu Stunde, mittlerweile ist eine Verspätung von fast sieben Stunden zustande gekommen. Und da niemand so recht weiß, wann es nun tatsächlich losgeht, können Sie die Zeit auch zu nichts anderem nützen. Am besten machen Sie sich sofort Notizen für einen deutlichen Brief an den Reiseveranstalter.

Der rechtliche Hintergrund:

Die Flugbewegungen im europäischen Flugraum werden immer dichter, das Resultat sind reichliche Verspätungen. Im Charterflugverkehr werden Verspätungen deshalb zum Beispiel prinzipiell als üblich akzeptiert. Ist es Ihnen passiert, dass Sie als Pauschalurlauber über vier Stunden auf den Abflug Ihrer Maschine warten mussten, sollten Sie trotzdem innerhalb von vier Wochen nach dem vertraglich vereinbarten Ende Ihrer Reise den Reisepreis mindern. Die Faustregel dazu lautet: Bis zu vier Stunden Wartezeit müssen Sie tolerieren, danach können Sie in der Regel für jede zusätzliche Stunde fünf Prozent des Tagesreisepreises vom Reiseveranstalter zurückfordern. Beträgt zum Beispiel der Reisepreis für eine zehntägige Reisedauer 900 Euro, beläuft sich der anteilige Reisepreis pro Tag auf 90 Euro. Davon sind fünf Prozent wiederum 4,50 Euro. Das heißt, nachdem Sie sich vier Stunden geduldet haben, dürfen Sie nun für jede weitere Stunde 4,50 Euro berechnen. Lassen Sie sich die Verspätung noch am Flughafen von Ihrer Fluggesellschaft oder am Infoschalter schriftlich bestätigen und senden Sie diese Bestätigung mit Ihrer Reklamation sicherheitshalber per Einschreiben mit Rückschein innerhalb der Ausschlussfrist. Dies bedeutet, dass Sie Ihre Ansprüche innerhalb eines Monats nach dem vertraglich vorgesehenen Ende Ihrer Reise gegenüber dem Veranstalter anmelden müssen.

Sollte der Reiseveranstalter Ihre Ansprüche schriftlich ablehnen, läuft die Zeit. Sobald Sie die Ablehnung in Händen haben, können Sie innerhalb von zwei Jahren Klage erheben.

Ansonsten verjähren Ihre Ansprüche. Grundsätzlich können Sie sich in der so genannten Frankfurter Tabelle über die mögliche Höhe Ihrer Ansprüche orientieren. (Sie finden sie unter anderem auf der Website der Verbraucherzentrale Nordrhein-Westfalen, www.vz-nrw.de.)

Name
Adresse

An

....

Ort, Datum

Reklamation Flugverspätung bei Rückreise am .... *(Datum)* **für Buchungsnr.:** ....

Sehr geehrte Damen und Herren,

am .... *(Datum)* wollte ich von .... *(Ort)* mit Flug Nr. .... nach .... *(Ort)*
fliegen. Leider verzögerte sich der Abflug von .... *(Ort)* zusehends, sodass ich am Ende
über sieben (!) Stunden sinnlos in der Abfertigungshalle des Flughafens verbringen musste. Über
diese Zeitverschwendung, die ich noch am darauf folgenden ersten Arbeitstag büßen musste,
habe ich mich sehr geärgert.

Sie werden Verständnis dafür haben, dass ich daher heute von meinem Recht Gebrauch mache,
Ihnen die Zeit der Verspätung über die Toleranzgrenze von vier Stunden hinaus, wie folgt in Rechnung zu stellen:

Reisepreis für eine ......-tägige Reisedauer	.... Euro,
anteiliger Reisepreis pro Tag	.... Euro.
Davon sind fünf Prozent	.... Euro,
Gesamtsumme für drei Stunden Wartezeit:	.... Euro.

Ich möchte Sie bitten, mir diese Summe zukommen zu lassen, und danke Ihnen für die Überweisung auf die folgende Bankverbindung: .... *(Bank, Bankleitzahl, Kontonummer).*

Mit freundlichen Grüßen

Unterschrift

Anlage: Kopie der schriftlichen Bestätigung der Verspätung durch den Flughafen ....,
Kopie des Reisevertrages

4 Flug abgesagt: Wann Sie reklamieren können

Das Szenario:

Endlich ist es so weit! Ihr zweiwöchiger Pauschalurlaub auf den Malediven kann beginnen. Doch vor die Erholung setzen die unsterblichen Götter die Anreise. Überraschend informiert Sie Ihr Reiseunternehmen darüber, dass der geplante Flug abgesagt wurde, doch noch bevor Ihre Enttäuschung zu groß wurde, bietet er Ihnen einen Alternativflug bei einer anderen Fluggesellschaft an. Auf Grund der Zeitnot könne er Ihnen die Flugtickets nicht mehr zuschicken, Sie sollten sie stattdessen direkt am Abflugtag am Schalter der neuen Fluggesellschaft in Empfang nehmen. Sie sind damit einverstanden und sagen zu. Sonne, wir kommen! Am Flughafen, als Sie endlich Ihre Tickets in Händen halten, stellen Sie entsetzt fest, dass der Rückflug nun drei Tage früher als ursprünglich geplant stattfinden soll. Sie wollen das nicht hinnehmen und verzichten kurzerhand auf die komplette Reise. Selbstverständlich versucht der Reiseunternehmer im Nachhinein zu retten, was zu retten ist, und fordert den noch offenen Reisepreis von mehreren tausend Euro ein. Jetzt sind Sie an der Reihe!

Der rechtliche Hintergrund:

Sie sind als Pauschalreisender nicht verpflichtet, eine Pauschalreise anzutreten und zu bezahlen, wenn Sie kurz vor Reiseantritt am Flughafen Tickets erhalten, nach denen der Rückflug um drei Tage früher als geplant stattfindet. Sie können dann vom gesamten Vertrag zurücktreten und brauchen den Reisepreis nicht zu bezahlen. Wann kann man überhaupt von einer Reise zurücktreten? Grundsätzlich können Sie als Reisender bis zum Reisebeginn jederzeit vom Reisevertrag zurücktreten und ihn somit kündigen. Der Reiseveranstalter kann dann aber eine angemessene Entschädigung verlangen, die meistens einem Teil des Reisepreises entspricht. Die Höhe einer derartigen Entschädigung ist meistens in den allgemeinen Reisebedingungen zu finden. Orientieren können Sie sich darüber in den Richtsätzen, die das Oberlandesgericht Frankfurt am Main 1982 aufgestellt hat: Bei Rücktritt bis 30 Tage vor Reisebeginn kann die Entschädigung vier Prozent des Reisepreises betragen, acht Prozent bei Rücktritt von 28 bis 22 Tagen, 25 Prozent vom 21. bis 15. Tag vor Reisebeginn, 40 Prozent vom 14. bis zum 7. Tag und 50 Prozent bei sechs Tagen vor Beginn der Reise. Das sind unverbindliche Richtwerte, die je nach Gericht unter- beziehungsweise überschritten werden können.

Treten Sie wegen höherer Gewalt (zum Beispiel wegen Bürgerkriegs oder Terroranschlägen) vom Reisevertrag zurück, ist keine Entschädigung vorgesehen. Dieses Rücktrittsrecht gilt auch, sollte sich der Reisepreis nach Zustandekommen des Reisevertrages um mehr als fünf Prozent erhöhen. Dann kann der Reiseveranstalter keine Entschädigung verlangen und muss Ihnen auch bereits geleistete Zahlungen voll rückerstatten. § 651e BGB regelt die Kündigung bei Unzumutbarkeit der Reisefortsetzung. Dies ist zum Beispiel der Fall, wenn sich die Rückreise um mindestens einen Tag verschiebt.

Wenn Sie sich gegen Entschädigungsforderungen des Reiseveranstalters bei einem Reiserücktritt absichern wollen, sollten Sie sich über eine Reiserücktrittskostenversicherung informieren.

Musterbrief 4

Name
Adresse

An

....

Ort, Datum

Teilnehmer- bzw. Buchungsnr.: ..../Reiserücktritt wegen Vorverlegung des Rückreisetermins um drei Tage

Sehr geehrte/r Herr/Frau ....,

mit Schreiben vom .... *(Datum)* fordern Sie von uns trotz Nichtantritts unserer Urlaubsreise den noch offenen Reisepreis von .... Euro. Dazu sind wir nicht bereit, sehen Sie diesen Brief daher als unsere förmliche Reiserücktritts-Erklärung, die am Flughafen am *.............. (Datum)* unter den gegebenen Umständen nicht möglich – und in unseren Augen auch nicht nötig – war.

Selbst wenn sich nun im Nachhinein herausgestellt hat, dass der verschobene Rückreisetermin nur ein Fehler der Fluggesellschaft war: Sie sind unser alleiniger Vertragspartner und deshalb für die mangelfreie Durchführung der Reise verantwortlich. Fehler Ihrer Subunternehmer können Sie nicht uns anrechnen.

Akzeptieren Sie bitte, dass der um drei Tage vorverlegte Rückreisetermin uns das Recht zur Kündigung des Reisevertrages gibt.

Sollte Sie weiterhin auf der Erstattung von .... Euro bestehen, werden wir uns anwaltlich beraten lassen und gegebenenfalls unsere Ansprüche gerichtlich durchsetzen.

Mit freundlichen Grüßen

Unterschrift

5 Wenn das Fluggepäck viel später als Sie ankommt

Das Szenario:

Tagung in den USA: verspätete Linienflüge, falsche Hinweise des Bodenpersonals und zu guter Letzt ein Koffer, der erst mit erheblicher Verspätung ankommt. Müssen Sie sich das gefallen lassen? Angesichts der hohen Flugpreise sollten Sie nichts unversucht lassen, um wenigstens einen Teil Ihrer Auslagen erstattet zu bekommen. Schreiben Sie an den Kundenservice der Fluggesellschaft.

Der rechtliche Hintergrund:

Muss ein Individualreisender während eines mehrtägigen Aufenthalts ohne Reisegepäck auskommen, weil die Fluggesellschaft erst nach Tagen seinen Koffer nachliefert, kann er einen Teil des Reisepreises zurückfordern, zumindest aber die Erstattung der Auslagen verlangen. Wie hoch die Minderung ausfällt, hängt aber von den einzelnen Umständen und auch vom Umfang der Reisebeeinträchtigung ab. Wird die Reise erheblich beeinträchtigt (wie fehlende Kleidung auf einer Tagung durchaus interpretiert werden könnte ...), besteht ein Anspruch auf Schadenersatz, auch sind zum Beispiel deswegen getätigte Aufwendungen zu ersetzen.

Musterbrief 5

Name

Adresse

An

....

Ort, Datum

Reiseprobleme mit .... *(Name der Fluggesellschaft)* **für Buchungsnr.:** .... /**Unmögliche Information und verspätetes Gepäck**

Sehr geehrte Damen und Herren,

vor kurzem traten bei meiner Dienstreise in die USA mit Ihrer Fluggesellschaft einige Probleme auf, von denen ich Ihnen hier berichten möchte. Ich möchte hinzufügen, dass ich bisher niemals Anlass gefunden habe, mich schriftlich über die Begleitumstände eines Fluges zu beklagen. Ich fliege im Jahr mehrfach in die USA; bei dienstlichen Reisen stets in der Business Class verschiedener Gesellschaften. Außerdem fliege ich viel innerhalb Deutschlands und Europas.

Am .... *(Datum)* flog ich mit .... *(Name der Fluggesellschaft)* von .... *(Ort)* über .... *(Ort)*, ... *(Flugnummer)*, nach .... *(Ort)*, USA, ... *(Flugnummer)*.

Beim Abflug in .... (Ort) wurde eine Verspätung von 15 Minuten angezeigt, die sich dann deutlich verlängerte. Dies hatte zur Folge, dass ich den Anschlussflug in .... (Ort) nur dadurch erreichte, dass ich durch den Flughafen rannte. Dies kommt sicherlich immer wieder vor, aber was ärgerlich war, ist, dass Ihr Personal in .... (Ort) die Passagiere nicht rechtzeitig darauf aufmerksam machte. Den Reisenden – so auch mir – wurde auf Nachfrage lediglich versichert, dass die Zeit noch ausreiche. Dass daneben keines der angegebenen Gates stimmte und die Maschine auch in einem anderen Terminal in .... (Ort) ankam, wurde nicht oder nur zu kurzfristig mitgeteilt.

Der ärgerlichste Effekt war jedoch, dass es dem Bodenpersonal nicht gelang, meinen Koffer in die Maschine nach .... (Ort) zu bringen. Das hatte zur Folge, dass ich dort, wo ich eine Konferenz zu leiten hatte, eineinhalb Tage lang keine frische Kleidung zur Verfügung hatte – unter diesen Umständen für mich eine äußerst unangenehme Situation! Auf mehrfaches Nachfragen beim Customer Service der .... (Name der Fluggesellschaft) in .... (Ort) wurde mir immer wieder mitgeteilt, sie hätten aus .... (Ort) keinerlei Mitteilung über den Verbleib meines Koffers. Nachdem ich am .... (Datum) abends angekommen war, wurde mir der Koffer am .... (Datum), am frühen Morgen ohne weitere Rückmeldung der Fluggesellschaft endlich ins Hotel zugestellt.

Sie werden verstehen, dass mich diese Probleme, die ich noch bei keinem anderen Flug jemals erfahren habe, sehr geärgert und mir enorme Unannehmlichkeiten verursacht haben. Ich möchte Sie daher freundlich bitten, mir dafür wenigstens einen gewissen Ausgleich zukommen zu lassen. Eine Quittung über vor Ort gekaufte Unterwäsche in Höhe von 45,40 US-$ lege ich bei.

Ich bitte um Überweisung auf folgende Bankverbindung: .... (Name der Bank, Kontonummer, Bankleitzahl).

Mit freundlichen Grüßen

Unterschrift

Anlage: Kopien der Belege

6 Wenn der Koffer weg ist, fordern Sie Schadenersatz!

Das Szenario:

Der lange Anflug ist vorbei, nun noch das Gepäck geschnappt und dann ab ins Hotel. Im Geiste sehen Sie sich bereits am Pool liegen ... Doch Ihre Vorfreude wird umso mehr getrübt, je länger Sie an der Gepäckausgabe auf Ihren Koffer warten müssen, der einfach nicht vom Band rollen will. Wenn auch das letzte Gepäckstück vom Band gehievt wurde, ohne dass Ihr Koffer aufgetaucht ist, sollten Sie folgende Sofortmaßnahmen ergreifen: Informieren Sie sofort den Reiseveranstalter und die Fluggesellschaft darüber, im Idealfall nehmen Sie sich zur Mängelanzeige einen Zeugen mit. Lassen Sie sich Ihre Information unbedingt schriftlich bestätigen.

Der rechtliche Hintergrund:

Je nachdem, ob Ihr Gepäck nur zum Teil oder überhaupt nicht ausgeliefert wurde, können Sie als Betroffener einen Teil des bereits gezahlten Reisepreises zurückfordern. Das heißt, durch die sofortige Beanstandung am Urlaubsort sichern Sie sich Ihre späteren Ansprüche. Monieren Sie den Reisemangel – sprich: den Kofferverlust – nicht gleich, sind spätere Forderungen meistens ausgeschlossen.

Sobald Sie nun aus dem Urlaub nach Hause zurückgekehrt sind, sollten Sie innerhalb eines Monates Ihre Ansprüche beim Reiseveranstalter anmelden. Ansprüche gegen den Reiseveranstalter müssen generell einen Monat nach dem Tag der Reiserückkehr geltend gemacht werden. Wichtig zu wissen ist dabei, dass der Rückreisetag immer dem in den Unterlagen angegebenen Tag entspricht, ganz gleich, wann Sie tatsächlich zurückgekommen sind. Während dieser Frist muss also Ihre Reklamation eingegangen sein! Damit Sie im Zweifelsfall nicht in Beweisnöte kommen, dass der Reiseveranstalter Ihre Reklamation auch wirklich erhalten hat, versenden Sie die Reklamation am besten per Einschreiben mit Rückschein.

Sollte spätestens nach vier bis sechs Wochen noch keine Reaktion des Reiseveranstalters zu Ihrer Reklamation vorliegen, sollten Sie Ihre Forderungen noch einmal schriftlich anmahnen.

II. Die Briefe

Name
Adresse

An

....

Ort, Datum

Schadenersatzforderung für mein verschwundenes Reisegepäck/ Buchungsnr.: ....

Sehr geehrte Damen und Herren,

am .... *(Datum)* bin ich mit Flug Nr. .... in .... *(Ort)* gelandet – dies kann man von meinem Gepäck nicht behaupten! Von meinen beiden Koffern kam nur einer am Reiseziel an. Über diesen Vorfall habe ich, wie Ihnen bereits bekannt sein dürfte, sofort Herrn .... *(Name)* vom Reiseveranstalter und die Fluggesellschaft .... *(Name)* informiert.

Fristgerecht möchte ich nun nach Beendigung meines Urlaubs Schadenersatz für mein verschwundenes Reisegepäck geltend machen. Wie Sie den Unterlagen der Fluggesellschaft entnehmen können, wog der verschollene Koffer ... Kilogramm.

Ich bitte Sie, meinen Schaden auf dieser Basis zu regulieren, und bitte um Überweisung auf folgende Bankverbindung: .... *(Name der Bank, Kontonummer, Bankleitzahl).*

Mit freundlichen Grüßen

Unterschrift

Anlage: Kopie der am Flughafen erstellten Mängelanzeige und der schriftlichen Bestätigung

7 Wenn die Ferienwohnung unerträglich ist

Das Szenario:

„Ferien auf dem Land" – gute Luft, ruhige Tage und Nächte, echte Erholung. Sie haben sich eine kleine Ferienwohnung gemietet, die Werbung im Katalog des Veranstalters hat Sie überzeugt, der Zimmerpreis pro Tag erscheint Ihnen akzeptabel. Doch vor Ort gehen Ihnen die Augen über: Die Räume sind verschmutzt, die dürftige Einrichtung erinnert an Sperrmüll und das Haus, in dem sich die Ferienwohnung befindet, steht an einer ziemlich frequentierten Straße – eine Katastrophe! Statt der geplanten – und auch gebuchten – Woche beschließen Sie, Ihre restlichen Urlaubstage zu Hause zu verbringen, und reisen vorzeitig ab. Freundlicherweise erstatten Sie dem Vermieter den vereinbarten Tagespreis für die Dauer Ihres Aufenthaltes. Der Vermieter ist nicht zufrieden und besteht auf Zahlung des vollen Preises. Das verweigern Sie. Mit Recht!

Der rechtliche Hintergrund:

Nach der „Verordnung über die Informationspflichten von Reiseveranstaltern" vom 28. November 2002 müssen im Reisekatalog zum Beispiel nicht nur klare und genaue Angaben über den Reisepreis enthalten sein, sondern auch über diverse Merkmale der Reise. Diese Prospektangaben sind der Vertragsinhalt des Reisevertrages und bestimmen somit die Leistungspflicht des Reiseveranstalters. Wenn nun die erbrachte Leistung (sprich: in diesem Fall Ausstattung und Lage der Ferienwohnung) negativ von der laut Prospektinhalt geschuldeten Leistung abweicht, handelt es sich um einen Reisemangel. Gemäß der §§ 651c ff. BGB kann der Reisende Gewährleistungsansprüche geltend machen. Zum Beispiel kann der Urlauber seinen Reisevertrag kündigen. So sollte bei der Vermietung einer Ferienwohnung das Preis-Leistungs-Verhältnis wenigstens einigermaßen im Lot sein. Klaffen Preis und Leistung zu stark auseinander, hat der Urlauber verschiedene Möglichkeiten zur Reaktion: Er kann das Vertragsverhältnis vorzeitig beenden, er kann es gar nicht erst antreten oder er mindert den Preis für die Zeit, während der er das Ferienappartement bewohnt hat.

Name
Adresse

An

....

Ort, Datum

Vorzeitiger Abbruch des Mietvertrages meiner Ferienwohnung wegen unangemessenem Auseinanderklaffen von Preis und Leistung/Buchungsnr.: ....

Sehr geehrte Damen und Herren,

Ihrer Aufforderung, die Restsumme von .... Euro zu bezahlen, muss ich widersprechen. Ich habe das Ferienappartement auf Grund der positiven Beschreibung in Ihrem Reisekatalog gebucht und bin von der Richtigkeit der Angaben (ruhige Lage, komfortable Ausstattung usw.) ausgegangen.

In der Realität sah das Ganze so aus, dass das Preis-Leistungs-Verhältnis nicht annähernd stimmig war, was zum Beispiel die Lage an einer stark befahrenen Straße und die miserable Ausstattung der Wohnung anbelangt. Da sich die Ferienwohnung somit deutlich von dem Standard unterschied, den ich mir anhand Ihrer Werbung und dem Preis erwartet hatte, habe ich das Vertragsverhältnis vorzeitig beendet.

Die Vergütung für die zwei äußerst unangenehmen Tage, die ich in dieser Ferienwohnung verbracht habe, habe ich Ihnen überwiesen. Von weiteren Überweisungsforderungen sollten Sie Abstand nehmen, da ich mich sonst gezwungen sehe, rechtliche Hilfe in Anspruch zu nehmen.

Mit freundlichen Grüßen

Unterschrift

8 Wenn der Reiseveranstalter Pleite geht

Das Szenario:

Reisen – eines der schönsten Hobbys für die ersehntesten Tage des Jahres! Umso größer die Enttäuschung, wenn es dann im Urlaub Probleme gibt, die bei der Buchung nicht abzusehen waren. Auseinandersetzungen mit dem Reiseveranstalter können die Folge sein, bis hin zum Anspruch auf Schadenersatz. Investieren Sie daher ruhig mehr Zeit auf das Studium des Reisekatalogs und die Beratung im Reisebüro, und letztendlich auch mehr Sorgfalt auf die eigentliche Buchung der Reise. Haken Sie nach und stellen Sie auch unangenehme Fragen, zum Beispiel, ob und wie der Reiseanbieter gegen Zahlungsunfähigkeit versichert ist; ob Sie im Konkurs- beziehungsweise Insolvenzfalle trotzdem unentgeltlich wieder nach Hause geflogen werden oder Ihnen zumindest der Preis des Rückflugs im Nachhinein erstattet wird. Dann dürfte Sie die Pleite des Reiseveranstalters, von der Sie unter dominikanischer Sonne erfahren, auch nicht über Gebühr erschüttern! Zwar ist der Urlaub drastisch verkürzt und Ärger mit dem Hotelier gab es auch, aber wenigstens bleiben Sie nicht auf Ihren Kosten sitzen. Zurück von den Ferien, machen Sie Ihre Forderungen sofort gegenüber dem Versicherer geltend.

Der rechtliche Hintergrund:

Bestehen Sie als Pauschalreisender vor Antritt Ihrer Reise darauf, einen Sicherungsschein zu erhalten. Sie finden diese Sicherung meistens auf der Rückseite der Reisebestätigung aufgedruckt. Dieser Sicherungsschein bestätigt das Vorhandensein einer Bankbürgschaft oder einer Versicherung für den Fall, dass der Reiseveranstalter zahlungsunfähig werden oder Konkurs anmelden sollte. Sie können damit sicher sein, dass Ihnen dann der volle Reisepreis und die notwendigen Kosten für die Rückreise erstattet werden. Das Bürgerliche Gesetzbuch sagt dazu in § 651k: „(1) Der Reiseveranstalter hat sicherzustellen, dass dem Reisenden erstattet werden: 1. der gezahlte Reisepreis, soweit Reiseleistungen infolge Zahlungsunfähigkeit oder Konkurses des Reiseveranstalters ausfallen, und 2. notwendige Aufwendungen, die dem Reisenden infolge Zahlungsunfähigkeit oder Konkurses des Reiseveranstalters für die Rückreise entstehen."

Sicherheitshalber sollten Sie immer überprüfen, ob die Angaben auf dem Sicherungsschein mit denen der Reisebuchung übereinstimmen. Auf dem Sicherungsschein finden Sie auch die betreffende Versicherungsgesellschaft ausgewiesen, sodass Sie sich im Zweifel direkt dort erkundigen können, ob der Sicherungsschein für die gebuchte Reise gültig ist. Außerdem dürfen Reiseveranstalter von Pauschalreisen nur dann eine Anzahlung auf den Reisepreis verlangen, wenn sie dem Kunden dafür diesen Sicherungsschein aushändigen.

Zur Vorsicht: Bezahlen Sie den restlichen Reisepreis immer nur dann, wenn Ihnen im Gegenzug die Originalunterlagen wie Flugtickets und Hotelgutscheine ausgehändigt werden. Haben Sie keinen Sicherungsschein ausgehändigt bekommen, brauchen Sie den Reisepreis erst nach Ende der Reise zu entrichten. Wenn der Nachweis einer solchen Versicherung nach der Buchung nicht erfolgt und Sie dementsprechend keinen Sicherungsschein erhalten, besteht ein Rücktrittsrecht ohne Kosten beziehungsweise ein Anspruch auf Schadenersatz.

Aber: Der Sicherungsschein schützt nur gegen Zahlungsunfähigkeit des Veranstalters selbst, nicht jedoch gegen eine Pleite des Reisebüros. Hat das Reisebüro die Zahlung noch nicht an den Veranstalter weitergeleitet, ist der Kunde ungeschützt.

Im Falle des Veranstalterkonkurses wird immer nur der Reisepreis für ausfallende Leistungen und für die notwendigen Aufwendungen für die Rückreise erstattet. Achten Sie deshalb darauf, wenn Sie sich selbstständig um eine Rückreise kümmern, dass Sie die Kosten so gering wie möglich halten. Wollen Sie wegen des Konkurses Ihren Urlaub nicht abbrechen, sondern am Urlaubsort bleiben und für Unterkunft und Verpflegung erneut zahlen, können Sie diesen Betrag nicht gegenüber dem Versicherer geltend machen.

Name
Adresse

An

.... *(Versicherung des Reiseveranstalters)*

Ort, Datum

Kostenerstattung wegen Veranstalterkonkurs/Buchungsnr.: ....

Sehr geehrte Damen und Herren,

am .... *(Datum)* habe ich die oben genannte Reise über das Reisebüro .... *(Name)*
beim Reiseveranstalter .... *(Name)* gebucht.

Während meines Ferienaufenthaltes erreichte mich schon nach wenigen Tagen die Nachricht vom
Konkurs des Veranstalters.

Diese Nachricht erhielt natürlich auch der Hoteleigentümer, der unmissverständlich meinen sofor-
tigen Auszug aus seinem Hause verlangte und auch die Bezahlung der schon verbrachten fünf
Übernachtungen – dies trotz meiner beim Veranstalter bereits eingegangenen Bezahlung.

Nun war ich gezwungen, mir bis zum nächstmöglichen Rückreisetermin eine Ersatzunterkunft zu
suchen, denn aus Ihnen verständlichen Gründen wollte ich meinen Urlaub nicht unnötig verteuern.

In den beigefügten Anlagen finden Sie sämtliche Belege meiner Auslagen, die mir aus dieser Situation entstanden.

Ich erwarte Ihre Regulierung meiner Rückreisekosten, Hotelkosten, Telefon- und Speiseaufwen-
dungen bis zum .... *(Datum)* auf mein Konto Nr. ...., Bankleitzahl (BLZ) ...., bei der
.... *(Name der Bank)*.

Zudem finde ich es angemessen, wenn Sie bis zum .... *(Datum)* über eine Erstattung beziehungsweise Minderung des Reisepreises nachdenken würden. Bei nur fünf von vierzehn Tagen
Puerto Plata scheint mir der Begriff „entgangene Urlaubsfreude" angemessen zu sein. In diesem
Zusammenhang sehe ich auch meine verdorbenen Urlaubstage und einen Erholungswert weit unter jeder Erwartung!

Mit freundlichen Grüßen

Unterschrift

Anlage: Kopien der Hotelrechnung, des Flugtickets für die Rückreise, Telefonabrechnung,
Taxispesen und Restaurantrechnungen

III. Adressen, die Ihnen weiterhelfen können

Themenbereich Mängel bei Waren und Dienstleistungen

Die deutschen Verbraucherzentralen:

Verbraucherzentrale Bundesverband e.V.
„Pillbox": Markgrafenstraße 66
Besuchereingang: Kochstraße 22
10969 Berlin
Telefon: 030/258 00-0
Fax: 030/258 00-218
Internet: www.vzbv.de

Verbraucherberatung Amberg
Kasernstraße 4
92224 Amberg
Telefon: 09621/141 30

Verbraucherberatung Augsburg
Zeugplatz 3
86150 Augsburg
Telefon: 0821/378 66

Verbraucherberatung Bamberg
Kleberstraße 33
96047 Bamberg
Telefon: 0951/282 00

Verbraucherberatung Bayreuth
Hohenzollernring 27
95444 Bayreuth
Telefon: 0921/215 36

Verbraucherberatung Deggendorf
Rosengasse 10
94469 Deggendorf
Telefon: 0991/5411

Verbraucherberatung Germering
Planegger Straße 9
82110 Germering
Telefon: 089/84 67 75

Verbraucherberatung Gröbenzell
J. F. Kennedy-Straße 6–10
82194 Gröbenzell
Telefon: 08142/505 64

Verbraucherberatung Hof
Bürgerstraße 20
95028 Hof
Telefon: 09281/846 80

Verbraucherberatung Kempten
Vogtstraße 17
87435 Kempten
Telefon: 0831/210 71

Verbraucherberatung Landshut
Neustadt 506
84028 Landshut
Telefon: 0871/213 38

Verbraucherberatung Memmingen
Ulmerstraße 9
87700 Memmingen
Telefon: 08331/899 44

Verbraucherberatung München
Mozartstraße 9
80336 München
Telefon: 089/53 98 70

Verbraucherberatung Nürnberg
Albrecht-Dürer-Platz 6
90403 Nürnberg
Telefon: 0911/245 21

Verbraucherberatung Rosenheim
Münchener Straße 36
83022 Rosenheim
Telefon: 08031/377 00

Verbraucherberatung Schweinfurt
Brückenstraße 6
97421 Schweinfurt
Telefon: 09721/217 17

Verbraucherberatung Weiden
Bürgermeister-Prechtl-Straße 31
92637 Weiden
Telefon: 0961/361 00

Verbraucherberatung Würzburg
Domstraße 10
97070 Würzburg
Telefon: 0931/591 86

Verbraucherzentrale Baden-Württemberg e.V.
Paulinenstraße 47
70178 Stuttgart
Telefon: 0711/6691-0

Verbraucherzentrale Bayern e. V.
Mozartstraße 9
80336 München
Telefon: 089/53 98 70

Verbraucherzentrale Berlin e. V.
Bayreuther Straße 40
10787 Berlin
Telefon: 030/214 85-0

Verbraucherzentrale Brandenburg e. V.
Templiner Straße 21
14473 Potsdam
Telefon: 0331/298 71-0

Verbraucherzentrale Bremen e. V.
Altenweg 4
28195 Bremen
Telefon: 0421/16 07 77

Beratungsstelle Bremen-Nord
Lindenstraße 1c
28755 Bremen
Telefon: 0421/66 67 76

Beratungsstelle Bremerhaven
Friedrich-Ebert-Straße 1a
27570 Bremerhaven
Telefon: 0471/26 19 4

Verbraucherzentrale Hamburg e. V.
Kirchenallee 22
20099 Hamburg
Telefon: 040/24 83 20

Verbraucherzentrale Hessen e. V.
Große Friedberger Straße 13–17
60313 Frankfurt/Main
Telefon: 069/97 20 10-0

Verbraucherzentrale Mecklenburg-Vorpommern e. V.
Strandstraße 98
PF 10 11 03
18002 Rostock
Telefon: 0381/49 39 80

Verbraucherzentrale Niedersachsen e. V.
Herrenstraße 14
30159 Hannover
Telefon: 0511/911 96 01

Verbraucherzentrale Nordrhein-Westfalen e. V.
Mintropstraße 27
40215 Düsseldorf
Telefon: 0211/380 90

Verbraucherzentrale Rheinland-Pfalz e. V.
Ludwigstraße 6
55116 Mainz
Telefon: 06131/284 80

Verbraucherzentrale Saarland e.V.
Trierer Straße 22
66117 Saarbrücken
Telefon: 0681/50 08 90

Verbraucherzentrale Sachsen e. V.
Bernhardstraße 7
04315 Leipzig
Telefon: 0341/688 80 80

Verbraucherzentrale Sachsen-Anhalt e.V.
Steinbocksgasse 1
06108 Halle
Telefon: 0345/298 03 29

Verbraucherzentrale Schleswig-Holstein e. V.
Bergstraße 24
24103 Kiel
Telefon: 0431/59 09 90

Verbraucherzentrale Thüringen e. V.
Eugen-Richter-Straße 45, PF 591
99085 Erfurt
Telefon: 0361/55 51 40

Handwerkskammern in Deutschland:

Handwerkskammer Aachen
52062 Aachen
Sandkaulbach 21
Telefon: 0241/471-0
Fax: 0241/471-103

Handwerkskammer Arnsberg
Brückenplatz 1
59821Arnsberg
Telefon: 02931/877-0
Fax: 02931/877-160

Handwerkskammer für Schwaben
Schmiedberg 4
86152 Augsburg
Telefon: 0821/3259-0
Fax: 0821/3259-281

Handwerkskammer für Ostfriesland
Straße des Handwerks 2
26603 Aurich
Telefon: 04941/1797-0
Fax: 04941/1797-40

Handwerkskammer für Oberfranken
Kerschensteinerstraße 7
95448 Bayreuth
Telefon: 0921/910-0
Fax: 0921/910-349

Handwerkskammer Berlin
Blücherstraße 68
10961 Berlin
Telefon: 030/259 03-01
Fax: 030/259 03-232

Handwerkskammer Ostwestfalen-Lippe zu Bielefeld
Obernstraße 48
33602 Bielefeld
Telefon: 0521/5608-0
Fax: 0521/5608-199

Handwerkskammer Braunschweig
Burgplatz 2 + 2a
38100 Braunschweig
Telefon: 0531/480 13-0
Fax: 0531/480 13-57

Handwerkskammer Bremen
Ansgaritorstraße 24
28195 Bremen
Telefon: 0421/305 00-0
Fax: 0421/305 00-10

Handwerkskammer Chemnitz
Limbacher Straße 195
09116 Chemnitz
Telefon: 0371/5364-0
Fax: 0371/5364-222

Handwerkskammer Coburg
Hinterer Floßanger 6
96450 Coburg
Telefon: 09561/517-0
Fax: 09561/517-60

Handwerkskammer Cottbus
Altmarkt 17
03046 Cottbus
Telefon: 0355/7835-0
Fax: 0355/7835-281

Handwerkskammer Dortmund
Reinoldistraße 7–9
44135 Dortmund
Telefon: 0231/5493-0
Fax: 0231/5493-115

Handwerkskammer Dresden
Wiener Straße 43
01219 Dresden
Telefon: 0351/4640-400
Fax: 0351/471 91 88

Handwerkskammer Düsseldorf
Georg-Schulhoff-Platz 1
40221 Düsseldorf
Telefon: 0211/8795-0
Fax: 0211/8795-147

Handwerkskammer Erfurt
Fischmarkt 13
99084 Erfurt
Telefon: 0361/6707-0
Fax: 0361/642 28 96

Handwerkskammer Flensburg
Johanniskirchhof 1
24937 Flensburg
Telefon: 0461/866-0
Fax: 0461/866-110

Handwerkskammer Rhein-Main
Hauptgeschäftsstelle Frankfurt/Main
Bockenheimer Landstraße 21
60325 Frankfurt/Main
Telefon: 069/971 72-0
Fax: 069/971 72-199

Handwerkskammer Rhein-Main
Hauptgeschäftsstelle Darmstadt
Hindenburgstraße 1
64295 Darmstadt
Telefon: 06151/3007-0
Fax: 06151/3007-299

Handwerkskammer Frankfurt/Oder
Bahnhofstraße 12
15230 Frankfurt/Oder
Telefon: 0335/5619-0
Fax: 0335/53 50 11

Handwerkskammer Freiburg/Breisgau
Bismarckallee 6
79098 Freiburg/Breisgau
Telefon: 0761/218 00-0
Fax: 0761/218 00-50

Handwerkskammer für Ostthüringen
Handwerksstraße 5
07545 Gera
Telefon: 0365/8225-111
Fax: 0365/8004830

Handwerkskammer Halle/Saale
Graefestraße 24
06110 Halle/Saale
Telefon: 0345/2999-0
Fax: 0345/2999-200

Handwerkskammer Hamburg
Holstenwall 12
20355 Hamburg
Telefon: 040/359 05-0
Fax: 040/359 05-307

Handwerkskammer Hannover
Berliner Allee 17
30175 Hannover
Telefon: 0511/348 59-0
Fax: 0511/348 59-32

Handwerkskammer Heilbronn
Allee 76
74072 Heilbronn
Telefon: 07131/791-0
Fax: 07131/791-200

Handwerkskammer Hildesheim
Braunschweiger Straße 53
31134 Hildesheim
Telefon: 05121/162-0
Fax: 05121/338 36

Handwerkskammer der Pfalz
Am Altenhof 15
67655 Kaiserslautern
Telefon: 0631/3677-0
Fax: 0631/3677-180

Handwerkskammer Karlsruhe
Friedrichsplatz 4–5
76133 Karlsruhe
Telefon: 0721/1600-0
Fax: 0721/1600-199

Handwerkskammer Kassel
Scheidemannplatz 2
34117 Kassel
Telefon: 0561/7888-0
Fax: 0561/7888-165

Handwerkskammer Koblenz
Friedrich-Ebert-Ring 33
56068 Koblenz
Telefon: 0261/398-0
Fax: 0261/398-398

Handwerkskammer zu Köln
Heumarkt 12
50667 Köln
Telefon: 0221/2022-0
Fax: 0221/2022-360

Handwerkskammer Konstanz
Webersteig 3
78462 Konstanz
Telefon: 07531/205-0
Fax: 07531/164 68

Handwerkskammer zu Leipzig
Dresdner Straße 11–13
04103 Leipzig
Telefon: 0341/2188-0
Fax: 0341/2188-198

Handwerkskammer Lübeck
Breite Straße 10–12
23552 Lübeck
Telefon: 0451/1506-0
Fax: 0451/1506-180

Handwerkskammer Lüneburg-Stade
Friedenstraße 6
21335 Lüneburg
Telefon: 04131/712-0
Fax: 04131/447 24

Handwerkskammer Magdeburg
Humboldtstraße 16
39112 Magdeburg
Telefon: 0391/6268-0
Fax: 0391/6268-110

Handwerkskammer Rheinhessen
Dagobertstraße 2
55116 Mainz
Telefon: 06131/9992-0
Fax: 06131/9992-63

Handwerkskammer Mannheim B 1, 1–2
68159 Mannheim
Telefon: 0621/180 02-0
Fax: 0621/180 02-57

Handwerkskammer für München und Oberbayern
Max-Joseph-Straße 4
80333 München
Telefon: 089/5119-0
Fax: 089/5119-295

Handwerkskammer Münster
Bismarckallee 1
48151 Münster
Telefon: 0251/5203-0
Fax: 0251/5203-129

Handwerkskammer Ostmecklenburg-Vorpommern
Hauptverwaltungssitz Neubrandenburg
Friedrich-Engels-Ring 11
17033 Neubrandenburg
Telefon: 0395/5593-0
Fax: 0395/5593-169

Handwerkskammer Ostmecklenburg-Vorpommern
Hauptverwaltungssitz Rostock
Schwaaner Landstraße 8
18055 Rostock
Telefon: 0381/4549-0
Fax: 0381/4549-139

Handwerkskammer für Mittelfranken
Sulzbacher Straße 11–15
90489 Nürnberg
Telefon: 0911/5309-0
Fax: 0911/5309-196

Handwerkskammer Oldenburg
Theaterwall 32
26122 Oldenburg
Telefon: 0441/232-0
Fax: 0441/232-296

Handwerkskammer Osnabrück-Emsland
Bramscher Straße 134–136
49088 Osnabrück
Telefon: 0541/6929-0
Fax: 0541/6929-104

Handwerkskammer Niederbayern-Oberpfalz
Hauptverwaltungssitz Passau
Nikolastraße 10
94032 Passau
Telefon: 0851/5301-0
Fax: 0851/5301-222

Handwerkskammer Niederbayern-Oberpfalz
Hauptverwaltungssitz Regensburg
Dithornstraße 10
93055 Regensburg
Telefon: 0941/7965-0
Fax: 0941/7965-222

Handwerkskammer Potsdam
Charlottenstraße 34–36
14467 Potsdam
Telefon: 0331/3703-0
Fax: 0331/3703-134

Handwerkskammer Reutlingen
Hindenburgstraße 58
72762 Reutlingen
Telefon: 07121/2412-0
Fax: 07121/2412-400

Handwerkskammer des Saarlandes
Hohenzollernstraße 47–49
66117 Saarbrücken
Telefon: 0681/5809-0
Fax: 0681/5809-213

Handwerkskammer Schwerin
Friedensstraße 4 A
19053 Schwerin
Telefon: 0385/7417-0
Fax: 0385/71 60 51

Handwerkskammer Region Stuttgart
Heilbronner Straße 43
70191 Stuttgart
Telefon: 0711/1657-0
Fax: 0711/1657-159

Handwerkskammer Südthüringen
Rosa-Luxemburg-Straße 7–9
98527 Suhl
Telefon: 03681/370-0
Fax: 03681/370-290

Handwerkskammer Trier
Loebstraße 18
54292 Trier
Telefon: 0651/207-0
Fax: 0651/207-115

Handwerkskammer Ulm
Olgastraße 72
89073 Ulm
Telefon: 0731/1425-0
Fax: 0731/1425-500

Handwerkskammer Wiesbaden
Bahnhofstraße 63
65185 Wiesbaden
Telefon: 0611/136-0
Fax: 0611/136-120

Handwerkskammer für Unterfranken
Rennweger Ring 3
97070 Würzburg
Telefon: 0931/309 08-0
Fax: 0931/309 08-53

Themenbereich Arbeitgeber und Mitarbeiter

AOK Hamburg (Mobbing-Telefon)
Pappelallee 22–26
22089 Hamburg
Telefon: 040/202 302 09

Arbeitslosen-Initiative 2000 e.V.
Nogenter Platz 4
53721 Siegburg
Telefon: 02241/59 08 88
Fax: 02241/59 07 77

Bundesagentur für Arbeit
Regensburger Straße 104
90478 Nürnberg
Telefon: 0911/179-0

Deutsche Angestellten-Gewerkschaft DAG
Bundesverband
Johannes-Brahms-Platz 1
20355 Hamburg
Telefon: 040/349 15-01
Fax: 040/349 15-400

Kirchlicher Dienst in der Arbeitswelt
Bundesgeschäftsstelle
Blumenstraße 1
73087 Boll
Telefon: 07164/2008

Themenbereich Banken

Kundenbeschwerdestelle beim Bundesverband
deutscher Banken
Postfach 04 03 07
10062 Berlin.
Formular: http://www.bdb.de/pic/artikelpic/112003/An-
schreiben-Ombudsmann-Formular.pdf

Kundenbeschwerdestelle beim Verband deutscher Hypothekenbanken
Postfach 64 01 36
10047 Berlin

Kundenbeschwerdestelle beim Bundesverband der
Deutschen Volksbanken und Raiffeisenbanken (BVR)
Postfach 30 92 63
10760 Berlin

Ombudsmann der Naspa
Rheinstraße 42–46
65185 Wiesbaden
Telefon: 0611/364 00-220
Fax: 0611/364 00-297

Verband der Privaten Bausparkassen e.V.
Kundenbeschwerdestelle
Postfach 30 30 79
10730 Berlin

Bundesanstalt für Finanzdienstleistungsaufsicht (Bafin)
– Bankenabteilung –
Graurheindorfer Straße 108
53117 Bonn
Telefon: 0228/4108-0
Fax: 0228/4108-1550

Adressen der regionalen Schlichtungsstellen der Sparkassen und der öffentlichen Banken:

Berlin:
Sparkassenverband Berlin
Schlichtungsstelle
Bundesallee 171
10715 Berlin

Baden-Württemberg, Landesteil Württemberg:
Württembergischer Sparkassen- und Giroverband
Schlichtungsstelle
Am Hauptbahnhof 2
70173 Stuttgart

Baden-Württemberg, Landesteil Baden:
Badischer Sparkassen- und Giroverband
Schlichtungsstelle
Karl-Ludwig-Straße 28–30
68165 Mannheim

Bayern:
Sparkassenverband Bayern
Schlichtungsstelle
Karolinenplatz 5
80333 München

Brandenburg:
Ostdeutscher Sparkassen- und Giroverband
Schlichtungsstelle
Otto-Braun-Straße 90
10249 Berlin

Bremen:
Die Sparkasse in Bremen
Beschwerdemanagement
Am Brill 1–3
28195 Bremen

Städtische Sparkasse Bremerhaven
Beschwerdemanagement
Bürgermeister-Smidt-Straße 24–30
27568 Bremen

Hamburg:
Hamburger Sparkasse
Vorstandsbeauftragter für Kundenbeanstandungen
Ecke Adolphsplatz/Gr. Burstah
20457 Hamburg

Hessen:
Sparkassen- und Giroverband Hessen-Thüringen
Schlichtungsstelle
Bonifaciusstraße 15
99084 Erfurt

Mecklenburg-Vorpommern:
Ostdeutscher Sparkassen- und Giroverband
Schlichtungsstelle
Otto-Braun-Straße 90
10249 Berlin

Niedersachsen:
Niedersächsischer Sparkassen- und Giroverband
Schlichtungsstelle
Schiffgraben 6–8
30159 Hannover

Nordrhein-Westfalen, Landesteil Rheinland:
Rheinischer Sparkassen- und Giroverband
Schlichtungsstelle
Kirchfeldstraße 60
40217 Düsseldorf

Nordrhein-Westfalen, Landesteil Westfalen:
Westfälisch-Lippischer Sparkassen- und Giroverband
Schlichtungsstelle
Prothmannstraße 1
48159 Münster

Rheinland-Pfalz:
Sparkassen-und Giroverband Rheinland-Pfalz
Schlichtungsstelle
Große Bleiche 41–45
55116 Mainz

Saarland:
Sparkassen- und Giroverband Saar
Schlichtungsstelle
Ursulinenstraße 46
66111 Saarbrücken

Sachsen:
Ostdeutscher Sparkassen- und Giroverband
Schlichtungsstelle
Otto-Braun-Straße 90
10249 Berlin

Sachsen-Anhalt:
Ostdeutscher Sparkassen- und Giroverband
Schlichtungsstelle
Otto-Braun-Straße 90
10249 Berlin

Schleswig-Holstein:
Sparkassen- und Giroverband für Schleswig-Holstein
Schlichtungsstelle
Faluner Weg 6
24109 Kiel

Thüringen:
Sparkassen- und Giroverband Hessen-Thüringen
Schlichtungsstelle
Bonifaciusstraße 15
99084 Erfurt

Beschwerdestelle für Landesbanken und die Postbank
Bundesverband Öffentlicher Banken Deutschlands e.V.
(VÖB), Berlin
Schlichtungsstelle
Lennéstraße 17
10785 Berlin
Postfach 110272
10832 Berlin
Telefon: 030/8192-0
Fax: 030/8192-222

Themenbereich Versicherungen

Versicherungsombudsmann e.V.
Postfach 080 632
10006 Berlin
Telefon: 018 04/22 44 24 (24 Cent pro Anruf)
Fax: 018 04/22 44 25
e-Mail: beschwerde@versicherungsombudsmann.de
Formular: http://www.versicherungsombudsmann.de/
pdf/beschwerdeformular__.pdf

Ombudsmann Private Kranken- und Pflegeversicherung
Leipziger Straße 104
10117 Berlin
Telefon: 0180/255 04 44
Fax: 030/204 589 31

Bundesanstalt für Finanzdienstleistungsaufsicht (Bafin)
– Versicherungsabteilung –
Graurheindorfer Straße 108
53117 Bonn
Telefon: 0228/4108-0
Fax: 0228/4108-1550

Bund der Versicherten e.V.
Postfach 11 53
24547 Henstedt-Ulzburg
Telefon: 04193/942 22
Fax: 04193/942 21

Themenbereich Gesundheit

Vereinigung der Deutschen Plastischen Chirurgen
Bleibtreustraße 12
10623 Berlin
Telefon: 030/885 516 15

Dt. Gesellschaft für Ästhetische Medizin Bodenseeklinik
Unterer Schrannenplatz 1
88131 Lindau/Bodensee
Telefon: 08382/5094

Dt. Gesellschaft für Plast. u. Wiederherstellungschirurgie
Diakoniekrankenhaus
Elise-Averdieck-Straße 17
27342 Rotenburg/Wümme
Telefon: 04261/77 21 27 und 77 21 26

Dt. Gesellschaft für Ästhetisch-Plastische Chirurgie
Beiertheimer Allee 18 b
76137 Karlsruhe
Telefon: 0721/35 66 93

Medizinisch-Ästhetische Gesellschaft e.V.
Hasenstraße 2
40789 Monheim
Telefon: 02173/93 89 22

Deutsche Dermatologische Lasergesellschaft
Achternstraße 21
26122 Oldenburg

Deutsche Gesellschaft für Ästhetische Medizin e.V.
Kurfürstenstraße 69
47829 Krefeld
Fax: 02151/45 23 66

Deutsche Gesellschaft für Dermatologie e.V.
c/o Uni-Hautklinik
Hauptstraße 7
79104 Freiburg/Breisgau

Deutsche Gesellschaft für Mund-, Kiefer- und Gesichts-
chirurgie
Referat Ästhetische Gesichtschirurgie
Richmodstraße 10
50667 Köln
Fax: 0221/257 07 43

Arbeitsgemeinschaft Rechtsanwälte im Medizinrecht e.V.
Wegenerstraße 5
71603 Sindelfingen
Telefon: 07031/95 05 50

Arbeitsgemeinschaft Medizinrecht im Deutschen
Anwaltverein e.V.
Adenauerallee 106
53113 Bonn
Telefon: 0228/2607-0

Bundesarbeitsgemeinschaft der Patientenstellen
c/o Gesundheitsladen München e.V.
Auenstraße 31
80469 München
Telefon: 089/77 25 65

Patienteninitiative Hamburg e.V.
Moorfuhrtweg 9E
22301 Hamburg
Telefon: 040/279 64 65

PatientInnenstelle Köln im Gesundheitsladen e.V.
Vondelstraße 28
50677 Köln
Telefon: 0221/32 87 24

Patientenstelle Bielefeld im Gesundheitsladen e.V.
August-Bebel-Straße 16
33602 Bielefeld
Telefon: 0521/13 35 61

Patientenstelle im Gesundheitsladen Barnstorf
Kampstraße 19
49406 Barnstorf
Telefon: 05442/8900

PatientInnenstelle Bremen im Gesundheitsladen e.V.
Braunschweigerstraße 53b
28205 Bremen
Telefon: 0421/49 35 21

PatientInnenstelle Göttingen
Gesundheitszentrum Göttingen e.V.
Albani Kirchhof 4–5
37073 Göttingen
Telefon: 0551/48 67 66

PatientInnenStelle Osnabrück
Gesundheitszentrum e.V.
Kokschen Straße 18
49082 Osnabrück
Telefon: 0541/842 64

PatientInnenstelle Berlin im Gesundheitsladen e.V.
Gneisenaustraße 2a
10691 Berlin
Telefon: 030/693 20 90

Notgemeinschaft Medizingeschädigter in NRW
Ulmenstraße 15
41540 Dormagen
Telefon: 02133/467 53

Notgemeinschaft Medizingeschädigter in Bayern e.V.
Vogelherd 2
91058 Erlangen
Telefon: 09131/60 24 26

Notgemeinschaft Medizingeschädigter Baden-Württemberg e.V.
Schillerstraße 23
88239 Wangen/Allgäu
Telefon: 07522/4255

Patientenschutz e. V.
Postfach 650364
13303 Berlin
Telefon: 01805/26 28 28

Allgemeiner Patientenverband
Ludwig-Juppe-Weg 3b
35039 Marburg
Telefon: 06421/647 35

Bürgerverein kritischer Patient
Postfach 1322
51674 Wiehl
Telefon: 02262/972 39

Allgemeine deutsche Patientenorganisation
Hausener Weg 3
60489 Frankfurt
Telefon: 069/978 78 10

Deutsche Gesellschaft für Versicherte und Patienten e.V.
Lehrstraße 6
64646 Heppenheim
Telefon: 06252/94 29 80

Zahnmedizinische Patienteninitiative
Linderhofstraße 33
81377 München
Telefon: 089/71 78 45

Bundesärztekammer
Herbert-Lewin-Straße 1
50931 Köln
Telefon: 0221/400 40

Landesärztekammern (mit angeschlossenen Gutachter- und Schlichtungsstellen):

Landesärztekammer Baden-Württemberg
Jahnstraße 38a
70597 Stuttgart
Telefon: 0711/769 89-0
Fax: 0711/769 89-50

Bayerische Landesärztekammer
Mühlbaurstraße
81677 München
Telefon: 089/414 77 22
Fax: 089/474 77 50

Ärztekammer Berlin
Flottenstraße 28–42
13407 Berlin
Telefon: 030/408 06-0
Fax: 030/408 06-126

Landesärztekammer Brandenburg
Dreifertstraße 12
03044 Cottbus
Telefon: 0355/780 10-0
Fax: 0355/780 10-36

Ärztekammer Bremen
Schwachhauser Heerstraße 30
28209 Bremen
Telefon: 0421/34 04 20-0
Fax: 0421/34 04 20-9

Ärztekammer Hamburg
Humboldtstraße 56
22083 Hamburg
Telefon: 040/22 80 20
Fax: 040/220 99 80

Landesärztekammer Hessen
Im Vogelsgesang 3
60488 Frankfurt
Telefon: 069/696 721 61
Fax: 069/976 722 22

Ärztekammer Mecklenburg-Vorpommern
Humboldtstraße 6
18055 Rostock
Telefon: 0381/492 80-0
Fax: 0381/492 80-44

Ärztekammer Niedersachsen
Berliner Allee 20
30175 Hannover
Telefon: 0511/380 02
Fax: 0511/380 224 40

Ärztekammer Nordrhein
Tersteegenstraße 31
40474 Düsseldorf
Telefon: 0211/430 22 14
Fax: 0211/430 22 00

Landesärztekammer Rheinland-Pfalz
Deutschenhausplatz 3
55160 Mainz
Telefon: 06131/288 22 25
Fax: 06131/288 22 88

Ärztekammer des Saarlandes
Faktoreistraße 4
66111 Saarbrücken
Telefon: 0681/4003-0
Fax: 0681/4003-340

Sächsische Landesärztekammer
Schützenhöhe 16–18
01099 Dresden
Telefon: 0351/8267-0
Fax: 0351/8267-41

Ärztekammer Sachsen-Anhalt
Doctor-Eisenbart-Ring 2
39120 Magdeburg
Telefon: 0391/605 46
Fax: 0391/605 47 00

Ärztekammer Schleswig-Holstein
Bismarckallee 8–12
23795 Bad Segeberg
Telefon: 04551/8030
Fax: 0451/899 79 28

Landesärztekammer Thüringen
Im Semmicht 33
07751 Jena-Maua
Telefon: 03641/640
Fax: 03641/61 41 69

Ärztekammer Westfalen-Lippe
Gartenstraße 210–214
48147 Münster
Telefon 0251/929 23 50
Fax: 0251/929 23 99

Bundeszahnärztekammer
Universitätsstraße 71–73
50931 Köln
Telefon: 0221/4001-0

Ombudsmann für Ärzte:

Ombudsmann
c/o Ärztekammer des Saarlandes
Faktoreistraße 4
66111 Saarbrücken

Ombudsmann
c/o Ärztekammer Westfalen-Lippe
Postfach 40 67
48022 Münster
e-Mail: ombudsmann@aekwl.de
Fax: 0251/929-2009

Themenbereich Mieter und Vermieter

Deutscher Mieterbund
Aachener Straße 313
50931 Köln
Telefon: 0221/940 77-0
Fax: 02 21/940 77-22

Landesverbände
Hier erhalten Sie die Adressen für die einzelnen Städte:

Deutscher Mieterbund
Landesverband Baden-Württemberg
Olgastraße77
70182 Stuttgart
Telefon: 0711/236 06 00
Fax: 0711/236 06 02

Deutscher Mieterbund
Landesverband Bayern, Sitz München
Geschäftsstelle: Weißenburger Straße 16
63739 Aschaffenburg
Telefon: 06021/158 87
Fax: 06021/296 85

Berliner Mieterverein e. V.
Landesverband im Deutschen Mieterbund
Wilhelmstraße 74
10117 Berlin
Telefon: 030/226 26-0
Fax: 030/226 26-161

Deutscher Mieterbund
Mieterbund Land Brandenburg e. V.
Schopenhauerstraße 31
14467 Potsdam
Telefon: 0331/95 10 89-0
Fax: 0331/95 10 89-1

Mieterverein zu Hamburg von 1890 R. V.
Landesverband im Deutschen Mieterbund
Glockengießerwall 2 (Wallhof), II. Stock
20095 Hamburg
Telefon: 040/879 79-0
Fax: 040/879 79-120

Deutscher Mieterbund
Landesverband Hessen e.V.
Adelheidstraße 70
65185 Wiesbaden
Telefon: 0611/308 17 19
Fax: 0611/37 80 70

Deutscher Mieterbund
Landesverband Mecklenburg-Vorpommern
Dr.-Külz-Straße 18
19053 Schwerin
Telefon: 0385/71 24 60
Fax: 0385/71 46 69

Deutscher Mieterbund
Landesverband Niedersachsen-Bremen
Herrenstraße 14
30159 Hannover
Telefon: 0511/121 06-0
Fax: 0511/121 06-16

Deutscher Mieterbund
Nordrhein-Westfalen e. V.
Luisenstraße 12
44137 Dortmund
Telefon: 0231/14 92 60
Fax: 0231/16 27 22

Rheinischer Mieterverband e.V.
Mühlenbach 49
50676 Köln
Telefon: 0221/24 61 18
Fax: 0221/240 25 37

Deutscher Mieterbund
Landesverband Rheinland-Pfalz
Walramsneustraße 8
54290 Trier
Telefon: 0651/99 40 97-0
Fax: 0651/99 40 97-4

Deutscher Mieterbund
Landesverband Saarland e.V.
Karl-Marx-Straße 1
66111 Saarbrücken
Telefon: 0681/321 48
Fax: 0681/321 07

Deutscher Mieterbund
Landesverband Sächsischer Mietervereine e.V.
Dresdner Straße 36
09130 Chemnitz
Telefon: 0371/402 40 97
Fax: 0371/402 40 95

Deutscher Mieterbund
Landesverband Sachsen-Anhalt e.V.
Alter Markt 6
06108 Halle
Telefon: 0345/202 14 67
Fax: 0345/202 14 68

Deutscher Mieterbund
Landesverband Schleswig-Holstein e.V.
Eggerstedtstraße 1
24103 Kiel
Telefon: 0431/979 19-0
Fax: 0431/979 19-31

Deutscher Mieterbund
Landesverband Thüringen e.V.
Schillerstraße 34
99096 Erfurt
Telefon: 0361/598 05-0
Fax: 0361/598 05-20

Formulare zum Thema Ombudsmann

Formular Bankenombudsmann

Name hier eintragen
Straße hier eintragen
PLZ   Ort hier eintragen

Tel.:   Hier eintragen
Fax   Hier eintragen
E-Mail: Hier eintragen

An den
Ombudsmann der privaten Banken
Bundesverband deutscher Banken
Postfach 04 03 07

D-10062 Berlin

Beschwerde   08.07.2004

Angaben zur Bank (Beschwerdegegnerin)

Name der Bank: Hier bitte eintragen

Zweigstelle/Filiale: Hier bitte eintragen

Was wollen Sie mit Ihrer Beschwerde erreichen (z.B. Vertragsrückabwicklung,

Schadensersatz oder Einrichtung eines „Girokontos für jedermann")?

Bitte hier eingeben

Bitte schildern Sie den Sachverhalt, der Ihrer Beschwerde zu Grunde liegt.

Bitte hier eintragen

Kopien aller relevanten Unterlagen habe ich diesem Schreiben als Anlage hinzu gefügt (z.B. Konto-/Depotauszüge, Darlehensvertrag, etwaiger bereits in dieser Angelegenheit geführter Schriftwechsel mit der Bank).

Ich versichere, dass in der vorbezeichneten Angelegenheit noch kein Gericht, keine Streitschlichtungsstelle und keine Gütestelle, die eine Streitbeilegung betreibt, angerufen und auch kein außergerichtlicher Vergleich mit der Bank abgeschlossen wurde (vgl. Ziff. 3 Abs. 1 Satz 3 der Ombudsmann-Verfahrensordnung).

Ort hier eintragen   08.07.2004

Ort, Datum   Unterschrift

Formular Versicherungsombudsman

OMBUDSMANN
für Versicherungen

Beschwerde

Persönliche Angaben

Familienname _____

Vorname _____

Anschrift _____

_____

Telefon (tagsüber) _____

Fax _____

E-Mail _____

Angaben zum Versicherungsunternehmen

Name _____

Anschrift _____

_____

Versicherungsschein-Nummer _____

Schadensnummer/
Aktenzeichen (falls vorhanden) _____

Versicherungssparte
(z. B. Rechtsschutzversicherung,
Hausratversicherung) _____

Haben Sie Ihren Anspruch bereits bei dem
Versicherungsunternehmen geltend gemacht ?   ☐ Ja   ☐ Nein
(Falls ja, nennen Sie bitte das Datum (soweit möglich))

_____
Datum

Haben Sie eine schriftliche Antwort des
Versicherungsunternehmens vorliegen ?   ☐ Ja   ☐ Nein
(Wenn ja, schicken Sie uns bitte das Antwortschreiben)

Haben Sie wegen des Anspruchs schon ein
Gerichtsverfahren eingeleitet ?   ☐ Ja   ☐ Nein

Gibt es bereits eine gerichtliche
Entscheidung über Ihre Beschwerde ?   ☐ Ja   ☐ Nein

Haben Sie sich bei der Bundesanstalt für Finanzdienstleistungsaufsicht (BAFin) beschwert ? (Wenn ja, dann schicken Sie uns   ☐ Ja   ☐ Nein
bitte die Stellungnahme, falls Ihnen diese bereits vorliegt)

III. Adressen, die Ihnen weiterhelfen können

Bitte nur ausfüllen, wenn Sie einen Dritten mit der Beschwerdeführung beauftragt haben (z. B. Anwalt oder Verwandten)

Name   _____

Anschrift   _____

                     _____

Telefon (tagsüber)   _____

Fax   _____

E-Mail   _____

Bitte nur ausfüllen, wenn Sie sich über einen Vermittler (Versicherungsvertreter) beschweren wollen

Name   _____

Anschrift   _____

                     _____

Telefon   _____

Fax   _____

E-Mail   _____

Was wollen Sie mit Ihrer Beschwerde erreichen (z. B. Zahlung) ?

_____

_____

Bitte schildern Sie den Sachverhalt, der Ihrer Beschwerde zugrunde
liegt. Hierzu sollten Sie den relevanten Schriftwechsel und die
Gespräche in zeitlicher Abfolge (wenn möglich mit Datum) auflisten

_____

_____

_____

_____

_____

_____

_____

_____

_____

_____

Ich wünsche, dass der Ombudsmann meine Beschwerde bearbeitet.

Ich bin damit einverstanden, dass

- Sie meine persönlichen Daten für die Zwecke des Schlichtungsverfahrens speichern und
  verwenden (u. a. auch dem betroffenen Versicherungsunternehmen mitteilen können).

- Sie meine Beschwerde als anonymisierten Beispielsfall veröffentlichen können.

_____

Datum   Unterschrift

Absender:

Ombudsmann
Private Kranken- und Pflegeversicherung
Leipziger Straße 104

10117 Berlin

Beschwerde

1) Angaben zum/zur Beschwerdeführer/in

Name: _____   Vorname: _____

geb. am: _____

Straße: _____

PLZ: _____

Ort: _____

Telefon*): _____

Telefax*): _____

_____
*) freiwillig

2) Angaben zum Versicherungsvertrag

Name des Versicherungsnehmers
(falls abweichend vom Beschwerdeführer): _____

Name des Versicherungsunternehmens: _____

Versicherungsnummer: _____

3) Ergänzende Angaben

- Haben Sie sich bereits erfolglos bei Ihrem Versicherer schriftlich beschwert?

  ❑ Ja   ❑ Nein

- Haben Sie bereits Beschwerde bei einer anderen Beschwerdestelle eingelegt?

  ❑ Ja   ❑ Nein

  Falls Ja, bei welcher?   _____

- Läuft oder lief in gleicher Sache ein Gerichtsverfahren?

  ❑ Ja   ❑ Nein

- Wurde ein Antrag auf Prozesskostenhilfe (PKH) wegen mangelnder Erfolgsaussichten abgewiesen?

  ❑ Ja   ❑ Nein

4) Kurze Schilderung des Sachverhalts – unter Angabe des Beschwerdebegehrens
(Evtl. gesondertes Blatt verwenden und notwendige Unterlagen in Kopie beifügen.)

_____

_____

_____

_____

_____

_____

_____

_____

_____

Im Rahmen des Ombudsmann-Verfahrens kann es erforderlich werden, meine Gesundheitsdaten einzusehen. Mit meiner Unterschrift erkläre ich mich mit einer vertraulichen Einsichtnahme durch den Ombudsmann bereit. Gleichzeitig befreie ich die in Betracht kommenden Angehörigen von Heilberufen oder Krankenanstalten sowie meinen Versicherer von der Schweigepflicht (§ 203 Abs. 1 Nr. 1 und 6 StGB) auch bezüglich der durch mich gesetzlich vertretenen und mitversicherten Personen, die am Ombudsmann-Verfahren beteiligt sind und die Bedeutung dieser Erklärung nicht selbst beurteilen können.

_____

Ort, Datum   Unterschrift

Der WISO-Zuschauerservice

WISO im ZDF ist eine der erfolgreichsten Wirtschaftssendungen im deutschen Fernsehen. Die WISO-Tipps und andere geldwerte und informierende Sendungen haben schon vielen Zuschauern geholfen, ihre Rechte als Arbeitnehmer oder Verbraucher zu wahren, Geld zu verdienen oder zu sparen. Die Redaktion bietet darüber hinaus zur Ergänzung und Vertiefung der Tipps und Themen zahlreiche sendungsbegleitende Informationen: zum Abruf per Fax, im Internet (www.wiso.de), als Video-Text oder in Form von Büchern und Software. Hier ein Überblick über diese Dienstleistungen und Angebote.

WISO. Das Wirtschaftsmagazin – immer montags, 19.25 bis 20.15 Uhr, im ZDF.

WISO im ZDF.text auf den Tafeln ab 530.

WISO-Faxabruf. Kompakte „geldwerte" Informationen zu den Themen aus der WISO-Sendung. Den aktuellsten WISO-Tipp finden Sie immer unter 0190-25 00 25 3, das komplette Inhaltsverzeichnis aller abrufbaren Infos erhalten Sie unter 0190-25 00 25 (0,62 Cent pro Minute) sowie im ZDF.text, Tafel 533.

WISO im Internet. Unter www.zdf.de oder unter www.wiso.de mit Kurzfassungen der WISO-Tipps, aktuellen Zinskonditionen, Börseninformationen und vielen anderen Infos, die Ihnen helfen können, Geld zu sparen oder zu verdienen.

WISO-Magazin. Vierfarbige Monatszeitschrift. Mit vielen zusätzlichen Informationen zu den Beiträgen der WISO-Sendungen. Preis: 4,70 Euro als Einzelexemplar, 48,00 Euro im Jahresabonnement. Bestellung unter Telefon 01805-35 45 55 oder e-Mail wiso-service@zdf.de.

WISO-CD. Das monatlich erscheinende Medium für den PC. Ebenso wie das WISO-Magazin mit zahlreichen Zusatzinformationen zu den WISO-Tipps und anderen persönlich nutzbaren Themen. Dazu mit dem WISO-Wirtschaftslexikon, Grafikbibliothek und zusätzlichen „Knüllern" (nützliche Software). Hypertext ermöglicht einfaches Durchblättern und Zugriff auf Querverweise. Jederzeitiger Rückgriff auf die gesamte Wissensbank. Preis pro Stück: 7,14 Euro, im Abonnement 70,56 Euro. Bestellung unter Telefon 01805-35 45 55, per e-Mail wiso-service@zdf.de oder unter www.zdf.de im „WISO-Shop".

WISO-Bookware

Buch und Software in einem Paket

Software-Produkte aus der WISO-Redaktion. Viele Testsieger in ihrem Segment, zum Beispiel:

WISO-Sparbuch. Erscheint jährlich in aktueller Ausführung; Begleitbuch und Software auf CD-ROM. Hilft Steuern zu sparen und macht das Ausfüllen der Steuerformulare zum Kinderspiel.

WISO-Börse: Software zur Analyse und Verwaltung Ihrer Wertpapiere. Begleitbuch mit einer Einführung in das Geschehen an der Börse und zahlreichen Tipps. Bezug: siehe oben.

WISO-Mein Geld: Mehr als nur Homebanking. Ein umfangreiches Software-Paket zur Verwaltung Ihrer privaten Finanzen. Dazu ein Ratgeberbuch zum cleveren Umgang mit Geld.

Bezugsquelle: Buch- und Softwarehandel oder „WISO-Shop" unter www.zdf.de. Dort finden Sie auch die komplette Übersicht.

WISO-Bücher im Überblick

WISO Aktien Fonds Futures
Eine Einführung in die Börse
herausgegeben von Michael Jungblut
320 Seiten, Paperback, 2000
ISBN 3-8323-0624-2

WISO Bewerbungsberater
Überzeugende Unterlagen / perfekter Auftritt /
Online-Bewerbungen / Networking / Bewerbermessen
herausgegeben von Michael Opoczynski
288 Seiten, Paperback, 2001
ISBN 3-8323-0740-0

WISO Börsen-Buch
Das aktuelle Lexikon der Geldanlage
3., aktualisierte und erweiterte Auflage
herausgegeben von Michael Jungblut
448 Seiten, Paperback, 2001
ISBN 3-8323-0745-1

WISO Clever einkaufen
Schnäppchen finden / Kaufen im Internet / Fabrikverkauf /
Preisverhandlungen / Kundenkarten und Rabattsysteme
von Michael Opoczynski
288 Seiten, Paperback, 2004
ISBN 3-636-01132-4

WISO Die richtige Immobilie
– suchen, finden, bewerten
von Claudia Krafczyk und Holger Zimmer
ca. 300 Seiten, Paperback, 2004
ISBN 3-636-01105-7

WISO Die 99 besten Tipps
Rund um Geld, Familie, Eigentum, Gesundheit
herausgegeben von Michael Jungblut
392 Seiten, Paperback, 2003
ISBN 3-8323-0942-X

WISO Erben und Vererben
Testament / Erbfolge / Pflichtteil / Steuern
4., aktualisierte und erweiterte Auflage
von Michael Opoczynski und Jürgen E. Leske
ca. 240 Seiten, Paperback, 2004
ISBN 3-636-01161-8

WISO Euro-Berater
199 Fragen & Antworten rund um die neue Währung
von Michael Jungblut
192 Seiten, Paperback, 2001
ISBN 3-8323-0835-0

WISO Existenzgründung
Business-Plan / Finanzierung und Rechtsform / Steuern
und Versicherungen / Checklisten und Adressen
2., aktualisierte und erweiterte Auflage
von Michael Opoczynski und Willi Fausten
304 Seiten, Paperback, 2002
ISBN 3-8323-0848-2

WISO Fondsführer
Aktienfonds / Immobilienfonds / Mischfonds / Indexfonds
Mit Lexikon & Glossar
Ein Ratgeber der ZDF-Wirtschaftsredaktion
von Rudolf Rauschenberger
280 Seiten, Paperback, 2000
ISBN 3-8323-0668-4

WISO Geld-Buch
Einkommen / Vermögensverwaltung / Kredite /
Versicherungen / Gewährleistungen
4., aktualisierte und erweiterte Auflage
Ein Ratgeber der ZDF-Wirtschaftsredaktion
herausgegeben von Michael Jungblut
396 Seiten, Paperback, 2000
ISBN 3-8323-0683-8

WISO Gekündigt – was nun?
Formalitäten / Finanzen / Selbstorganisation / Networking
von Annette Fuß, Anke Trutter und Bettina Blaß
384 Seiten, Paperback, 2004
ISBN 3-8323-1054-1

WISO Immobilienfinanzierung
Kassensturz / Kapitalbedarf / Finanzierungsformen /
Förderungen. Mit vielen Checklisten und Rechenbeispielen
4., aktualisierte Auflage
Ein Ratgeber der ZDF-Wirtschaftsredaktion
von Michael Hölting
272 Seiten, Paperback, 2004
ISBN 3-8323-1098-3

WISO Immobilienrecht

Probleme mit: Maklern, Bauträgern, Architekten,
Handwerkern
Mit vielen Fallbeispielen und Formbriefen
Ein Ratgeber der ZDF-Wirtschaftsredaktion
von Michael Hölting und Ines Gaedtke
304 Seiten, Paperback, 2000
ISBN 3-8323-0625-0

WISO Kinder, Familie, Geld

Geld vom Staat / Weniger Steuern / Erziehungsurlaub /
Kindesunterhalt / Stipendien
Ein Ratgeber der ZDF-Wirtschaftsredaktion
herausgegeben von Michael Jungblut
368 Seiten, Paperback, 2002
ISBN 3-8323-0933-0

WISO Krankenkassenberater

Gesetzlich oder privat? / Kassenwechsel / Leistungs-
vergleiche / Alternative Medizin / Billiger im Ausland? /
Pflegeversicherung
2., aktualisierte Auflage
Ein Ratgeber der ZDF-Wirtschaftsredaktion
herausgegeben von Michael Jungblut
328 Seiten, Paperback, 2004
ISBN 3-636-01095-6

WISO Mein Auto

Kauf / Versicherung / Steuern / Mängel / Service
von Thomas J. Kramer
288 Seiten, Paperback, 2002
ISBN 3-8323-0866-0

WISO Mein Recht

Das Wichtigste aus den Bereichen Arbeitsrecht / Mietrecht /
Familienrecht / Erbrecht / Verkehrsrecht / Baurecht
von Sigrid Born und Nicole Würth
304 Seiten, Paperback, 2002
ISBN 3-8323-0899-7

WISO Meine Rechte im Job

Vertragsgestaltung / Urlaub / Krankheit / Kündigung /
Zeugnis
von Axel Breuckmann und Nicole Würth
296 Seiten, Paperback, 2003
ISBN 3-8323-0944-6

WISO Pflegeversicherung

Einstufungen / Leistungen / Streitfälle
von Thomas J. Kramer
264 Seiten, Paperback, 2004
ISBN 3-8323-1066-5

WISO Ratgeber für Behinderte

Pflege / Wohnen / Finanzen / Arbeit / Recht
von Wolfgang Jüngst und Matthias Nick
336 Seiten, Paperback, 2004
ISBN 3-636-01104-9

WISO Ratgeber Haustier

Steuern / Haftung / Versicherung / Tierpension /
Mietklauseln
von Sigrid Born und Nicole Würth
264 Seiten, Paperback, 2003
ISBN 3-8323-0943-8

WISO Ratgeber Rechtsstreit

Anwaltssuche / Prozesskostenhilfe / Rechtsschutzversiche-
rung / Prozesstaktik / Streitschlichtung
Von Axel Breuckmann und Nicole Würth
320 Seiten, Paperback, 2003
ISBN 3-8323-1009-6

WISO Rentenberater

Riester-Rente / Lebensversicherung / Fondssparen / betrieb-
liche Altersvorsorge / Direktversicherung
2., aktualisierte Auflage
herausgegeben von Michael Jungblut
320 Seiten, Paperback, 2004
ISBN 3-636-01130-8

WISO Scheidungsberater

Unterhalt / Sorgerecht / Zugewinnausgleich
von Sigrid Born und Nicole Würth
3., aktualisierte Auflage
264 Seiten, Paperback, 2003
ISBN 3-8323-1053-3

WISO Sicher im Alter

Gesundheit / Wohnen / Geldanlage / Versicherungen
von Wolfgang Jüngst und Matthias Nick
336 Seiten, Paperback, 2004
ISBN 3-8323-1051-7

Der WISO-Zuschauerservice

WISO Start Up
Die besten Konzepte der erfolgreichen Gründer
Von Michael Opoczynski und Frank Thomsen
264 Seiten, Paperback, 2003
ISBN 3-8323-0934-9

WISO Steuerberater 2002/2003
Schenken Sie nichts dem Finanzamt
von Günter D. Alt und Klaus Bothmann
336 Seiten, Paperback, 2003
ISBN 3-8323-0932-2

WISO Vermögensberater
Karriere / Wohlstand / Sicherheit
2., aktualisierte und erweiterte Auflage
herausgegeben von Michael Jungblut
352 Seiten, Paperback, 2001
ISBN 3-8323-0800-8

WISO Versicherungsberater
Finanzielle Sicherheit zum fairen Preis
2., aktualisierte und erweiterte Auflage
herausgegeben von Michael Jungblut
320 Seiten, Paperback, 2003
ISBN 3-8323-1034-7

WISO Vorsorgeplaner
Hinweise für die Nachlassregelung / Formulare für den Todesfall / Entwürfe für Patienten- Betreuungs- und Organverfügungen
Alle persönlichen Daten im Überblick / Mit vielen Checklisten und Musterschreiben
von Thomas J. Kramer, Karin Meyer-Götz, Heinrich Meyer-Götz
208 Seiten, A4, Ringbindung, 2002
ISBN 3-8323-0869-5

WISO Wirtschaftswissen
Von Abfindung bis Zahlungsbilanz
Ein Nachschlagewerk der ZDF Wirtschaftsredaktion
herausgegeben von Michael Jungblut
552 Seiten, Hardcover, 1999
ISBN 3-8323-0583-1

in Vorbereitung:

WISO Aktien Fonds Futures
Eine Einführung in die Börse
2., aktualisierte und erweiterte Auflage
herausgegeben von Michael Jungblut
ca. 300 Seiten, Paperback, 2004
ISBN 3-636-01184-7

WISO Arbeitslosengeld II
von Wolfgang Jüngst und Matthias Nick
ca. 250 Seiten, Paperback, 2005
ISBN 3-636-01187-1

WISO Mieten und Wohnen
Verträge / Mängel und Mietminderung / Nebenkosten / Musterbriefe & Checklisten
3., aktualisierte und erweiterte Auflage
von Thomas J. Kramer
ca. 300 Seiten, Paperback, 2005
ISBN 3-636-01175-8